Cadra Peterson McDaniel

·

American–Soviet Cultural Diplomacy

The Bolshoi Ballet's American Premiere

Lexington Books

2015

Кадра Петерсон Макдэниэл

•

Советско-американская культурная дипломатия

Американский дебют
Большого театра

Academic Studies Press

Библиороссика

Бостон / Санкт-Петербург

2025

УДК 327.8+792.8
ББК 85.335.42+:77.4
    М15

Перевод с английского Анны Овсянниковой

Серийное оформление и оформление обложки Ивана Граве

Макдэниэл, Кадра Петерсон.
М15   Советско-американская культурная дипломатия. Американский дебют Большого театра / Кадра Петерсон Макдэниэл; [пер. с англ. А. Овсянниковой]. — СПб.: Academic Studies Press / Библиороссика, 2025. — 350 с. — («Современная западная русистика» = «Contemporary Western Rusistika»).

ISBN 979-8-887199-58-0 (Academic Studies Press)
ISBN 978-5-907918-43-6 (Библиороссика)

«Советско-американская культурная дипломатия. Американский дебют Большого театра» — первое масштабное исследование гастролей Большого балета в США в 1959 году как инструмента внешней политики СССР. После подписания соглашения о культурном обмене Советский Союз стремился произвести впечатление на американскую публику мощью своей хореографии и исполнительского мастерства, превратив сцену в арену культурного соперничества.

Кадра Петерсон Макдэниэл исследует, как формировался репертуар, сочетавший коммунистические идеи и переработанную классику, и как турне было воспринято с обеих сторон «железного занавеса». Работа показывает, что культурный обмен стал формой «изящной войны» и подчеркивает: роль искусства в политике времен холодной войны остается актуальной и в наши дни.

УДК 327.8+792.8
ББК 85.335.42+:77.4

ISBN 979-8-887199-58-0
ISBN 978-5-907918-43-6

Филиппу Пайперу — неугасимому источнику моего вдохновения, благодаря которому я открыла для себя первую книгу о России, посвящается

С любовью к моей семье, Мэлоунам, Мэбрисам, Миллерам и Петерсонам, которые поколениями работали, боролись, принося себя в жертву, чтобы их потомки могли жить американской мечтой

Список иллюстраций

Рис. 2.1. С. Юрок с ведущими представителями балетной труппы Большого театра. Слева направо: Г. С. Уланова, С. Юрок, Г. А. Орвид (директор Большого театра), Л. М. Лавровский (главный балетмейстер), В. Ф. Рындин (главный художник). Сувенирный буклет гастролей Большого театра в Метрополитен-опере, 1959 год.

Рис. 3.1. Первый акт, четвертая картина. Сцена с подушками. Сувенирный буклет гастролей Большого театра в Метрополитен-опере, 1959 год.

Рис. 3.2. Галина Уланова в партии Джульетты и Юрий Жданов в партии Ромео. Театральная программа балета Большого театра. Сувенирный буклет гастролей Большого театра в Метрополитен-опере, 1959 год.

Рис. 4.1. Второй акт. Сувенирный буклет гастролей Большого театра в Метрополитен-опере, 1959 год.

Рис. 4.2. Владимир Левашёв в партии Ротбарта. Четвертый акт. Сувенирный буклет гастролей Большого театра в Метрополитен-опере, 1959 год.

Рис. 5.1. В партии Жизели. Сувенирный буклет гастролей Большого театра в Метрополитен-опере, 1959 год.

Рис. 5.2. Второй акт. Сцена виллис. Сувенирный буклет гастролей Большого театра в Метрополитен-опере, 1959 год.

Рис. 6.1. Екатерина Максимова и Владимир Васильев. Сувенирный буклет гастролей Большого театра в Метрополитен-опере, 1959 год.

Рис. 6.2. Нина Тимофеева и Владимир Левашёв. Второй акт. Сувенирный буклет гастролей Большого театра в Метрополитен-опере, 1959 год.

Рис. 7.1. Балетные сцены «Вальпургиева ночь» из оперы «Фауст». Сувенирный буклет гастролей Большого театра в Метрополитен-опере, 1959 год.

Рис. 7.2. Вальс Мошковского. Сувенирный буклет гастролей Большого театра в Метрополитен-опере, 1959 год.

Все фотографии публикуются с разрешения Нессы Хайамс Пикер и семьи С. Юрока.

Список таблиц

Таблица 2.1. Список артистов и персонала Большого театра.
Таблица 7.1. Концертные программы.

Слова благодарности

Это книга не увидела бы свет без содействия со стороны многочисленных лиц. В первую очередь мне бы хотелось высказать слова благодарности редакторам Ирен Валпоул и Эмили Фрадзетте, помощнику редактора Скотту Луцки, всем сотрудникам издательства «Лексингтон букс» и рецензенту, пожелавшему сохранить в тайне свое имя, за их советы и оказанную помощь.

Я ощущаю себя в неоплатном долгу перед факультетом Университета Хендерсона за предоставление мне ценнейшего фонда гуманитарных наук. К тому же стоит поблагодарить сотрудников Библиотеки Хьюи Университета Хендерсона за обеспечение необходимыми материалами.

Помимо вышеперечисленных лиц, были еще и те, которые внесли свой вклад в эту работу, дав добро на публикацию фотографий, а также позволив использовать в книге их мысли по поводу культурного обмена. С одобрения госпожи Нессы Хайамс Пикер, внучки Сола Юрока, было разрешено разместить в книге фотографии из буклета Большого театра от 1959 года. Необходимо к тому же отдать должное доктору Бренде Понсфорд, декану Школы бизнеса Университета Хендерсона, Джону Раньи, заместителю заведующего библиотекой Университета Хендерсона, и доктору У. М. Джеймсу, профессору политологии из Университета Хендерсона, за то, что согласились поделиться своими взглядами на культурный обмен. Кроме того, я выражаю свою признательность доктору Джульетте Парнелл, редактору материалов Европейской конференции по научным исследованиям, за предоставленную мне возможность воспользоваться материалами 36-й Европейской конференции по научным исследованиям, а также материалами конференции, опубликованными в 2011 году.

Помощь в обеспечении необходимыми ресурсами была предоставлена и многочисленными сотрудниками архивов и библиотек США. Не могу не отметить, насколько ценной для меня оказалась работа, проводимая совместно с Джоном Пеннино, архивистом Метрополитен-оперы, который проявил заботливость, направив мне копию буклета Большого театра от 1959 года, что подтвердило огромную ценность этого источника. Безмерная благодарность библиотекарям и сотрудникам Славянской и Восточноевропейской библиотеки Иллинойсского университета в Урбане-Шампейне. В особенности мне хотелось бы сказать огромное спасибо доктору Хелен Салливан и Жану Адамчику за их живое участие в моей работе в библиотеке и то длительное время, которое они уделили, способствуя разрешению вопросов даже по окончании моего визита. Помню и ценю их за предоставление консультаций по вопросам касательно российских архивов. В Национальном управлении архивов в городе Колледж-Парке (штат Мэриленд) весь персонал был весьма любезен, оказав неоценимую помощь. Особая благодарность архивистам доктору Дэвиду Лангбарту и Эми Рейтар за предоставление услуг в поиске документов. Сотрудники Президентской библиотеки Дуайта Дэвида Эйзенхауэра в городе Абилине (штат Канзас) заслуживают не менее теплых слов. Кроме того, необходимо отметить многолетний интерес, проявленный Валуазой Армстронг, которая приняла участие в моей работе над этим проектом. К тому же понимаю, насколько необходимой оказалась поддержка Челси Миллнер и Кэтрин Кейн. В добавлении ко всему прочему, хотелось бы высказать свое восхищение сотрудникам Фонда Эйзенхауэра за милый прием в Абилине, выразив особое почтение господину и госпоже Уильямс-Сирс.

Не меньшее содействие оказали архивисты и библиотекари в Российской Федерации. В частности, следует отметить большой труд архивистов Музея Государственного академического Большого театра (Музей ГАБТа), а также сотрудников Российской государственной библиотеки по искусству (РГБИ) и Российской государственной библиотеки (РГБ). Я также считаю своим долгом найти исключительные слова благодарности для главного хранителя Музея Государственного академического Большого театра, Катерины Алексеевны Чураковой, за предоставление доступа к особо ценным документам по турне Большого театра. Эти документы существенно повлияли на формирование аргументации этой научной работы. Помимо этого, считаю важным отметить работу помощника архивиста в Российском государственном архиве новейшей истории (РГАНИ) и сотрудников Российского государственного архива литературы и искусства (РГАЛИ). Не забываю я выразить свою признательность Людмиле Ивановне и Ларисе Александровне Фирсовым, сотрудникам РГАНИ, за их помощь в получении необходимых материалов. Если говорить о РГАЛИ, отдельную благодарность я выражаю всему персоналу за их терпение и помощь. Полагаю, что ни в коей мере нельзя не сказать о прекрасной работе Дарьи Ушаковой по сопровождению в архивах с целью получения отчетливого представления о принципах работы этих организаций.

Я должна выразить личную благодарность своим крестным родителям, Уильяму и Мари Свейм, которые при жизни неустанно верили в меня. Особо нужно отметить доктора Джона Симпсона за его моральную поддержку. Хотела бы поблагодарить доктора Шэрон Грейс за оказанное доверие и помощь. Без постоянной поддержки доктора Мартина Джеймса эта книга не была бы завершена. Не могу не помянуть добрым словом мою бабушку, Эллу Дикерсон Петерсон, которой больше нет с нами, но именно благодаря ей я смогла продолжить свое образование, а ее любовь и милосердие остаются для меня примером в жизни. Кроме того, я в долгу перед моей матерью, Олой Джо Петерсон Макдэниэл, которая никогда не позволяла мне падать духом и всегда верила в то, что мне хватит сил и профессионализма написать эту научную работу. В довершение всего мне хотелось бы выразить огромную благодарность моему другу Филиппу Пайперу, чья дружба служит источником вдохновения.

Введение

Политики и общество на Западе часто рассматривают культурные связи либо как надежное средство для ослабления международного напряжения, либо как весьма неэффективные усилия, обращенные лишь к небольшой части населения [Prevots 1998: 1–9]. Сторонники культурной дипломатии придерживаются того мнения, что обмен артистами, музыкантами и исполнителями дает странам с диаметрально противоположными идеологиями возможность пользоваться нестандартными дипломатическими методами. По мнению политиков, поскольку такие традиционные дипломатические меры, как встречи и саммиты, не приносят никаких плодов, культурные связи позволят жителям противоборствующих стран лучше понять друг друга, что впоследствии снизит градус непримиримости на международной арене. Согласно другому суждению, культурные связи являются явными дипломатическими жестами, имеющими целью создание иллюзии улучшения отношений между странами. Такого рода обмены сами по себе не имеют ценности и не столь важны, как долгосрочные экономические, военные или политические факторы. Оба мнения породили понимание того, что культурный обмен и культурная дипломатия не обязывают к доскональному изучению проблемы.

Американцы, в памяти которых свежи воспоминания о холодной войне, порой придерживаются иного понимания целей культурного обмена, осознавая, правда, важность его роли в дипломатии. По словам Дж. Раньи, заместителя заведующего библиотекой Университета Хендерсона, культурный обмен способен сблизить людей. Раньи вспоминает, как в 1960-е годы, будучи молодым человеком, смотрел по телевизору советско-американские соревнования по легкой атлетике. Эти события, по утверждению Раньи, показали, что СССР может быть гуманным, а не внушающим ужас, каким его изображали СМИ[1]. Доктор У. М. Джеймс, профессор политологии, пишет, что в СССР осознавали пропагандистскую ценность культурного обмена. Советы не только страстно желали, чтобы американцы из Университета Хендерсона оценили их выдающихся исполнителей, спортсменов, художников и артистов, но и не меньше вожделели поразить американцев, приезжающих в СССР. Группы американцев, которые прибывали по культурному обмену, «видели золотые улицы Советского Союза, но не суровую реальность коммунизма»[2].

У. Р. Пендергаст в статье «Политическое применение культурных связей» («The Political Uses of Cultural Relations») отмечает, что ученые нередко смотрят на культурную дипломатию в сравнении с экономическими, политическими и военными аспектами внешнеполитического курса [Pendergast 1973]. После распада СССР большинство американцев не осознавали важности изучения этого явления периода холодной войны [Arndt 2005: XXI]. Это в особенности справедливо по отношению к советской культурной дипломатии. Несмотря на то что в последние годы ученые серьезно занимались проблемами, связанными с программами и целями американского культурного обмена, всеобъемлющее научное исследование роли советского культурного обмена в период холодной войны отсутствует. Советская культура не должна оставаться без внимания лишь по той причине, что СССР не считался победителем в холодной войне. В сфере советских культурных дипломатических мер исследуется только американская программа культурного обмена, и в результате мы обладаем лишь частичными знаниями о культурных дипломатических состязаниях, которые проходили во время холодной войны.

---

[1] Раньи Дж., заместитель заведующего библиотекой Университета Хендерсона. Личная беседа с автором, февраль 2014 года.

[2] Джеймс У. М., профессор политологии факультета общественных наук Университета Хендерсона. Личная беседа с автором, апрель 2014 года.

Необходимо изучить причины, приведшие к турне в рамках программы СССР по культурному обмену, ввиду того что культура занимала в советском обществе важное положение, а в СССР придерживались позиции, что в объединении всех народов искусство играет ключевую роль.

Согласно официальной советской доктрине, роль искусства в трансформации общества весьма важна. В. И. Ленин (1780–1924) и другие советские лидеры верили в свою миссию по созданию нового человека. Марксистское учение утверждало, что природа человека является результатом исторического развития и что революция способна изменить характер человека. Большевики рассчитывали на то, что этот новый человек будет «существом рациональным, дисциплинированным и общественным» [Figes 1996: 733]. Искусство играет значительную роль в создании нового советского человека. Для Ленина мозг был всего-навсего механическим устройством, которое реагирует на внешние раздражители. Искусство нового общества должно было содержать социальные и дидактические послания, побуждающие людей смотреть на мир свежим взглядом [Figes 1996: 733, 736–737].

Под руководством советских лидеров, пришедших на смену предыдущей власти, чиновники придерживались того мнения, что искусство занимает в революции передовую позицию. И. В. Сталин (1878–1953) приказал внедрить соцреализм — официальную художественную политику, которая внушала бы новые советские ценности. Это направление в искусстве воспевало труд пролетариев по формированию нового коммунистического общества, возвещая о конечном триумфе коммунизма [Гройс 2013: 19]. С позиции советского руководства, в послевоенный период искусство служило «образованию, обучению, мотивации и мобилизации» масс [Roth-Ey 2011: 11]. Народ фактически считался гибким материалом, который можно было трансформировать в культурных граждан [Roth-Ey 2011: 11].

Парадоксально, что балетный репертуар, в который входили произведения эпохи царизма, создавался для формирования нового советского человека. Невзирая на то что в одобрении этих балетов обществом, нацеленным на абсолютно новый социальный, экономический и политический порядок, видится противоречие, доктрины советского искусства включали в себя признание дореволюционных достижений. В 1920-е годы советские лидеры выражали желание сберечь русское искусство [Ленин 1957: 395; Krebs 1970: 37; Ferenc 2004: 9]. Спустя десятилетие, в 1930-е годы, соцреализм с его акцентом на признание художественного наследия России утвердил включение этих догм и принципов. Такие композиторы, как П. И. Чайковский (1840–1893), признавались образцами в искусстве. Большинство дореволюционных произведений, в том числе «Лебединое озеро», интерпретировалось советскими музыкальными критиками в соответствии с марксистскими принципами [Fitzpatrick 1992: 205; Глебов 1934: 32]. При соцреализме, который в 1950-е годы оставался официальной художественной политикой, все еще признавались некоторые произведения эпохи царизма[3]. Таким образом, поскольку эти композиторы и созданные ими произведения приспосабливались к соцреалистическим догмам, они гармонично вписывались в советский художественный канон и служили образцом достижений России и Советского Союза в искусстве.

По мнению советского руководства, во внешнеполитическом курсе искусство играло наиважнейшую роль. В нем видели эффективное средство распространения коммунистической идеологии. Н. С. Хрущёв (1894–1971) и его поколение считали принципиально важным мировой успех советской культуры. Хрущев, в частности, хвалил советскую систему за то, что она сделала из него культурного человека [Roth-Ey 2011: 4, 19–21]. Эти новые, культурно подкованные граждане должны были не только развивать в себе способность ценить изящные искусства, но и благодаря неоднократному просмотру спектаклей постепенно перенимать политически правильную точку зрения. Под влиянием идейных посылов коммунизма людей, по сути, намеревались перепрограммировать в новых мужчин и женщин. Эти

---

[3] РГАСПИ. Ф. 556. Оп. 16. Д. 51. Л. 193. Казьмин Н., Туманова З., Тумачев С. ЦК КПСС. 3 декабря 1958 года; The Bolshoi Ballet: Souvenir Booklet. Metropolitan Opera House, 1959. P. 32–34, 58–60.

новые граждане должны были стать новыми советскими людьми — бескорыстными и готовыми к полному самопожертвованию ради построения советского общества [Figes 1996: 733–737].

Искусство не только играло жизненно важную роль в самом СССР, но и занимало важное место в деле мировой коммунистической революции. Официальная советская идеология поддерживала мнение, что различные формы искусства, даже те, которые были созданы в некоммунистических государствах, содержат реалистические изображения, выходящие за пределы лживой политической доктрины. Эти выдающиеся художественные достижения способны оценить представители любого класса. Тем самым искусство может объединить всех в «общечеловеческое братство» [Bakst 1977: 276–278]. В дальнейшем идеологическая роль искусства нашла отражение в речах советского лидера Хрущёва, который говорил: «Печать и радио, литература, живопись, музыка, кино, театр — острое идейное оружие нашей партии. И она заботится о том, чтобы это ее оружие было всегда в боевой готовности, метко разило врагов» [Хрущёв 1963: 27].

Балет Большого театра в качестве оружия показан через научное исследование целей гастрольного турне. Директор Большого театра Г. А. Орвид подчеркивает, что задачей гастролей было продемонстрировать возможности советской хореографии американцам[4]. Он говорит:

> Балетная труппа Большого театра занята сейчас напряженной работой по подготовке к предстоящим гастролям. Каждый артист, каждый работник нашего театра старается лучше подготовиться к этим гастролям, чтобы лучше показать советское хореографическое искусство народу Соединенных Штатов Америки[5].

---

[4] Москва, Музей ГАБТа. США, 1959, 1962, 1966. Л. 1–3. Заявление директора Государственного академического Большого театра Союза ССР Георгия Орвида на пресс-конференции советских и иностранных журналистов 20 марта 1959 года в 16:00 в связи с предстоящими гастролями балетной труппы ГАБТа в США и Канаде.

[5] Там же.

Притом очевидно, что через главные полнометражные балеты, несущие идеологическое послание, Советы стараются не афишировать идейное содержание, а вместо этого сосредоточиться на культурных достижениях России и Советского Союза[6].

С началом гастролей Большого театра в Америке советская пресса пишет о долгожданном турне как об успешном. Эти сообщения основывались на положительных отзывах американских балетных критиков и, помимо всего прочего, полагались на громогласные аплодисменты и овации публики. В завершение гастрольного турне и Орвид, и главный балетмейстер Большого театра Л. М. Лавровский отметили, что аплодисменты исполнителям были рукоплесканиями Советскому Союзу и советскому искусству[7]. Советские власти полагали, что американцы будут мысленно протягивать невидимую нить, которая соединит эти выдающиеся спектакли с коммунизмом. Когда американцы устроили овации танцовщикам, они фактически чествовали советскую систему. Бесспорно, еще несколько спектаклей и гастрольных туров — и американцы в открытую стали бы прославлять советский строй.

Между тем гастрольный репертуар Большого театра создавался с целью переломить негативное мнение американцев о коммунизме. Советы планировали приезд балета ГАБТа на 1959 год в период с 16 апреля по 8 июня [Robinson 1994: 371][8]. Гастроли проходили по четырем главным американским городам, таким как Нью-Йорк — с 16 апреля по 16 мая, Вашингтон (округ Колумбия) — 14 мая, Лос-Анджелес — с 19 по 30 мая, Сан-Франциско — с 5 по 7 июня. На выступление в столицу Вашингтон

---

[6] Sorell W. Bolshoi's «Swan Lake» Dazzling // The Providence Sunday Journal. 1959. May 3. В СССР финал балета «Лебединое озеро» был переделан в свете учения марксизма-ленинизма. Однако, как объяснял Орвид американцам, финал балета изменили по причине вдохновляющего характера музыки Чайковского (см. гл. 4).

[7] Зарапин Д. Встреча на родной земле // Правда. 1959. 23 июня; Керемецкий Я., Широков О. Они вернулись победителями! // Советская культура. 1959. 23 июня.

[8] Впервые в США и Канаду // Литературная газета. 1959. 9 апреля.

приехала лишь часть труппы⁹. Балетный репертуар, основу которого составляли четыре полнометражных балета («Ромео и Джульетта», «Лебединое озеро», «Жизель» и «Каменный цветок»), также содержал концертные программы, включавшие в себя популярные отрывки из произведений (Highlights Programs), среди которых — фрагменты многочисленных дореволюционных балетов, а также балетов, созданных после революции¹⁰. Такой репертуар позволял советским артистам продемонстрировать свои исполнительские способности в различных жанрах — от классического балета до современных танцевальных сюит.

Однако весь репертуар невозможно было представить во всех городах из-за ограничений по времени. В Метрополитен-опере и Медисон-сквер-гардене в Нью-Йорке, а также в «Штайн-аудиториум» в Лос-Анджелесе зрители смогли оценить постановки всех четырех полнометражных балетов и концертные программы¹¹. В Вашингтоне на единственном выступлении в Капитолийском театре ГАБТ решил исполнить отрывки из популярных балетных произведений¹². В Военном мемориальном оперном театре в городе Сан-Франциско ГАБТ также представил сокра-

⁹ Bolshoi Opening Hailed by Crowd: Glittering Audience Cheers «Romeo and Juliet» at «Met» // The New York Times. 1959. April 17; Bolshoi Ends Run Here // The New York Times. 1959. May 16; Battey J. Vociferous Welcome Is Given Bolshoi Ballet // The Washington Post and Times Herald. 1959. May 15; 3,000 Bolshoi Fans Mob Box Office for Tickets Sold Out in 4 Hours // The Washington Post and Times Herald. 1959. May 3; Smith C. 6,600 Roar Welcome to Bolshoi Ballet on Its Glittering Opening // Los Angeles Times. 1959. May 20; «Swan Lake» Demand Brings Second Staging // Los Angeles Times. 1959. May 10; Gessler C. Ulanova, Bolshoi Perfection Thrill First Nighters // Oakland Tribune. 1959. June 6; Gessler C. Bolshoi Dancers in Spirited Finale // Oakland Tribune. 1959. June 9.

¹⁰ The Bolshoi Ballet: Souvenir Booklet. Metropolitan Opera House, 1959. P. 19, 24, 32–34, 48, 53, 58–60.

¹¹ Programs Listed for Bolshoi Visit // The New York Times. 1959. March 19; Bolshoi Ends Run Here // The New York Times. 1959. May 16; Goldberg A. Bolshoi Ballet Billed // Los Angeles Times. 1959. May 17.

¹² The Bolshoi's Night // The Washington Post and Times Herald. 1959. May 16; Battey J. Vociferous Welcome Is Given Bolshoi Ballet // The Washington Post and Times Herald. 1959. May 15.

щенную программу, исполнив «Жизель», «Лебединое озеро» и фрагменты из популярных балетов[13].

В отношении турне Большого театра в этой работе исследуется концепт оттепели. Понятие оттепели используется многими историками для описания постсталинистского Советского Союза, особенно в период сразу после кончины Сталина в 1953 году. Обычно люди ассоциируют оттепель с эпохой десталинизации — снижением ограничений и доктриной внешнеполитического курса мирного сосуществования. Первым термин «оттепель» употребил советский писатель Илья Эренбург, сделав его названием своего романа. В романе Эренбурга, опубликованном в мае 1954 года, затрагиваются такие прежде запрещенные цензурой темы, как массовые аресты; помимо этого, поднимается вопрос, способны ли люди достичь настоящего счастья, посвятив себя строительству социализма [Bittner 2008: 2–3]. Как объясняет С. Биттнер, Эренбург не хотел, чтобы его читатели ассоциировали оттепель с весной, поскольку небольшие «морозы» все же случались [Bittner 2008: 3]. Напротив, идея оттепели, скорее, понимается как длительный процесс, во время которого периодически возвращаются «морозы», что вызывает чувство неуверенности [Bittner 2008: 2–3]. Подобное восприятие оттепели — ключ к анализу турне Большого театра.

Начиная с 1920-х годов советское руководство, включая Ленина, понимало культурную дипломатию как средство, способствующее налаживанию связей со странами, с которыми Советы не имели традиционных дипломатических отношений [Fayet 2010; Coombs 1964: 87–88]. К 1950-м годам Хрущёв понимал мирное сосуществование как дозволенное ненасильственное соревнование между коммунистическими и капиталистическими государствами. По его мнению, такое соревнование должно было предоставить СССР возможность показать превосходство своей системы и выйти из игры победителем [Coombs 1964: 87–88;

---

[13] Bolshoi Ballet Bows on Coast // The New York Times. 1959. June 7; S. Hurok and ANTA Present the Bolshoi Ballet: This World. Vol. 23. № 2 // San Francisco Chronicle. 1959. May 3.

Barghoorn 1960: 11]. Это культурное соревнование между двумя ведущими державами доказывало беспрецедентность поиска каждой из сторон с целью не упустить ни одного момента в процессе культурного обмена для привлечения сторонников и показа превосходства своей системы [Caute 2003: 3, 5]. Многие американцы понимали, что Советы тратят на программы по культурному обмену неимоверное количество денежных средств. Доктор Б. Понсфорд, декан Школы бизнеса Университета Хендерсона, вспоминает, как в ее семье время от времени обсуждались гигантские затраты СССР на эти программы, что увеличивало разрыв между жизнью простых советских граждан и жизнью элиты. В то время как советская элита, иными словами — номенклатура (лица, занимавшие высокие правительственные посты, а также ведущие танцовщики и балерины), имела доступ к предметам роскоши, простые советские граждане страдали от таких тягот жизни, как нехватка основных товаров потребления. Зато Советы вливали свои ресурсы в пропагандистские мероприятия, такие как турне Большого театра, ради того, чтобы все увидели, что их система и образ жизни способны затмить западный капитализм[14].

Гастроли ГАБТа в 1959 году служили примером таких мероприятий и, следовательно, указывали на готовность Советов использовать балет как оружие, созданное для утверждения победы СССР в холодной войне. В то же время американцы приветствовали яркий талант и способности советских исполнителей и музыкантов[15]. В некотором смысле гастроли Большого театра были в состоянии имитировать «общечеловеческое братство» [Bakst 1977: 278], но это «братство» было ограничено пониманием искусства обеими сторонами, и оно не представлялось способным сократить разницу между политическими и идеологическими убеждениями. Через метафору оттепели в этом исследовании

---

[14] Понсфорд Б. Дж., профессор, декан Школы бизнеса Университета Хендерсона, Аркадельфия, Арканзас. Личная беседа с автором, 20 июля 2014 года.

[15] Сведения о специальных обзорах содержатся в отчетах об американских новостных репортажах (см. гл. 3–7).

утверждается, что восхищение американцев Большим театром можно рассматривать как «весенний» период в оттепели, хотя намерения Советов, стоявшие за этим гастрольным турне, являются подтверждением присутствия «морозов». Культурная дипломатия посредством гастролей ГАБТа, таким образом, создала оттепель в артистической среде, сблизив США с Советским Союзом на базе их общей любви к искусству. Однако в политическом отношении эти гастроли остались свидетельством вновь возвращающихся «морозов», поскольку принимаемые в области культурной дипломатии меры, включая визит Большого театра, были нацелены на победу в холодной войне и получение поддержки коммунистической идеологии в дальнейшем.

Расчет советских лидеров на искусство также опирался на анализ мирового положения коммунизма. В 1950-е годы эти лидеры довольно быстро осознали, что привлекательность коммунистических идей меркла на фоне популярности американской культуры с ее акцентом на политические и экономические свободы. Осознавая, что оно находится в оборонительной позиции, советское руководство пришло к заключению, что культурная дипломатия остается единственным плацдармом для продвижения коммунистических воззрений и привлечения сторонников. С позиции властей, наилучшим и единственно возможным способом переманивания сторонников из числа американцев являлось использование культурной дипломатии [Magnúsdóttir 2010: 50–58, 64–65]. Однако этим лидерам не удалось понять роль искусства в американском обществе.

В отличие от Европы, где искусство и правительство находились в тесной зависимости друг от друга, Конституция США не предполагала назначения министра, который занимался бы вопросами искусства или культуры. В условиях отсутствия финансовой поддержки со стороны государства покровителем искусства стал американский народ. Это не означало, что американцы не ценили изящных искусств, таких как балет. В XIX веке многие выдающиеся европейские балерины, такие как Фанни Эльслер, отправлялись на гастроли по стране, где их выступления удостаивались несмолкаемых оваций [De Mille 1963: 119–122].

Преклоняться перед балетным искусством продолжали и в конце XIX — начале XX века. В частности, после падения царской России многие балерины эмигрировали в Западную Европу и нередко гастролировали в США, так что американская публика формально была знакома с искусством великих русских балерин [Homans 2010: 450–451]. Хотя американцы в целом ценили балет, поклонники этого вида искусства по большей части считали его лишь формой развлечения. В отличие от европейцев, американские зрители не зависели от отзывов балетных критиков, так как предпочитали опираться на свои впечатления [Maynard 1959: 306–307]. В итоге представления американцев о балете и их ожидания от балетных спектаклей заметно разнились с ролью балета в советском обществе.

В СССР власть использовала искусство, в том числе балет, как образовательный инструмент для поднятия культурного уровня рабочих [Roth-Ey 1963: 119–122]. Одной из целей балета было мотивировать и вдохновлять советских людей на свершение великих деяний. В соответствии с идеей о том, что Советский Союз был обществом рабочих, изящные искусства нуждались в привлечении представителей этого класса. Между тем советские хореографы, композиторы, сценографы и исполнители были задействованы в создании и постановке балетов, посыл которых был очевиден. Балеты должны были иметь незатейливый сюжет и содержать исключительно просоветскую повестку, смысл которой легко было бы понять без слов и подробных объяснений [Volkov 1955: 80]. В работе Дж. Хоманс говорится, что балет фактически стал неофициальным государственным искусством Советского Союза. Стараниями советской власти балет больше не служил простым развлечением для элит, а являлся средством просвещения народных масс и к тому же выступал визуальным отражением советского человека. По сравнению с иными художественными формами, такими как кино, театр и опера, для того чтобы наслаждаться балетом, от аудитории не требовалось глубокого знания русского языка. Хоманс отмечает, что балет может понять каждый, в том числе американский зритель [Homans 2010: 342].

Когда советские лидеры решили воспользоваться культурной дипломатией как оружием в холодной войне, они верили, что этот план окажется действенным в экспорте достижений коммунизма и поможет обрести сторонников среди американцев [Magnúsdóttir 2010: 50–58]. Советское руководство заключило, что рукоплескания Большому театру были, по сути, аплодисментами советской системе [Magnúsdóttir 2010: 50–58][16], и сделало вывод о том, что спектакли ГАБТа снижали антикоммунистические настроения американцев. Ослабление антисоветских взглядов американцев являлось важной победой в холодной войне, что рано или поздно должно было привести к окончательной победе Советского Союза над капитализмом.

Хотя цели СССР свидетельствовали о том, что США остается вражеским государством, советские люди, подобно своим предшественникам, продолжали смотреть в сторону Запада в надежде в очередной раз убедиться в таланте своих артистов [Homans 2010: 384]. По словам Алексея Юрчака, одно из объяснений этого кажущегося противоречивым взгляда на Запад получено путем осмысления парадокса Лефора. Роль искусства в советском обществе стала иллюстрацией парадокса Лефора, сводящегося к несоответствию между декларацией идеалов Просвещения и идеологической практикой государства [Юрчак 2014: 48–49]. Но это противоречие может замалчиваться господствующей фигурой (master), которая остается вне идеологического дискурса. Вопросы о легитимности возникают тогда, когда внешняя господствующая фигура (master), то есть точка отсчета, подвергается сомнению либо разрушается [Юрчак 2014: 49–50].

В СССР различие между идеологическими высказываниями и идеологической практикой проявлялось в постулируемой цели создания полностью свободного общества и народа путем контролирования партией всех социальных аспектов и индивидов [Юрчак 2014: 50]. Внешней господствующей фигурой, по сути,

---

[16] См.: Зарапин Д. Встреча на родной земле // Правда. 1959. 23 июня; Керемецкий Я., Широков О. Они вернулись победителями! // Советская культура. 1959. 23 июня.

был Сталин. В период его правления возникло движение, которое ставило на первое место необходимость изучения объективных научных законов. Их приоритеты являлись частью механизма устранения любого рода идеалистических понятий, продолжавших свое существование. Сталин принял участие в научной дискуссии, призвав советских лингвистов к изучению этих объективных законов [Юрчак 2014: 98, 105]. Поскольку они не были известны заранее, не находились под контролем специальных лиц и не создавали объединенной внешней системы верований, идея о господствующей фигуре угасала. В связи с этим учение марксизма-ленинизма приобретало двоякое значение. К примеру, зарубежные интернационалистские музыкальные явления преподносились как свидетельства передовой культуры. В других случаях зарубежные музыкальные тенденции отражали космополитизм, выставляя буржуазные концепты в невыгодном свете [Юрчак 2014: 108, 330–331]. Подобным образом, если говорить о потребности в признании советского искусства на Западе, западные репортажи, в которых отмечались незаурядные таланты артистов Большого театра, приводились в пример как реакция прогрессивных людей во всем мире на достижения Советского Союза. Другие репортажи, в которых советские исполнители и прочие аспекты жизни в СССР освещались в негативном ключе, клеймились как буржуазная пропаганда.

По сообщениям ведущих американских газет, ни публика, ни критики ни в коей мере не были в курсе советской концепции педагогической роли искусства. Напротив, они ценили талант исполнителей и воспринимали балет как роскошное общественное событие[17]. Многие американцы положительно отзывались о спектаклях, а балерины и танцовщики удостаивались наивысших похвал, так что Орвид без затруднений справился со своей задачей показать выдающиеся достижения советской хореогра-

---

[17] Для того чтобы прийти к этому выводу, использовались рецензии из репортажей американских критиков, посвященных спектаклям Большого театра, а также репортажи из ведущих газетных изданий Нью-Йорка, Лос-Анджелеса и Сан-Франциско — мест проведения гастролей Большого театра. Цитаты и статьи по теме см. в этой работе в гл. 3–7.

фии. Но теплые слова американцев не переходили в восторженные замечания о советской системе. Несмотря на то что турне явилось основой для продолжительного процесса перемен в идеологии, пристальное научное внимание к вопросу о советских усилиях в культурной сфере имеет первостепенное значение, поскольку, как будет показано в этом исследовании, ученые имеют возможность понять, что в СССР культурную дипломатию считали необходимой для победы в холодной войне. Официальное советское учение о роли искусства и намерения Хрущёва использовать его как оружие позволяют рассматривать турне ГАБТа как часть всеобщей культурной атаки, имевшей целью способствовать тому, чтобы СССР вышел победителем в системе мирного соревнования. Эта работа даст исследователям более глубокое понимание плана СССР, лежавшего в основе тактики и использовавшегося как часть его основной стратегии — насаждать коммунизм во всем мире.

С учетом того, когда стали доступны письменные источники по культурному обмену и дипломатии, очевидно, что ученые приступили к изучению советско-американских отношений 1950-х годов только в последние десятилетия. На начальном этапе эти исследования обычно были посвящены использованию культурного обмена американскими чиновниками с намерением подорвать Советский Союз. Среди известных работ — «Приоткрывая занавес: Пропаганда, культура и холодная война в 1945–1961 годах» («Parting the Curtain: Propaganda, Culture, and the Cold War, 1945–1961») У. Л. Хиксона и «Советско-американские отношения в 1953–1960 годах: Дипломатия и культурный обмен в период президентства Эйзенхауэра» («Soviet-American Relations, 1953–1960: Diplomacy and Cultural Exchange during the Eisenhower Presidency») В. Розенберга. В обеих книгах авторы делают упор как на использование американскими лидерами культурной дипломатии в подрывных целях, так и на их сопутствующие призывы к смягчению напряженности между двумя сверхдержавами посредством культурной дипломатии [Hixson 1997; Rosenberg 2005]. Работы других историков дополняют эти исследования, так как подробно останавливаются на вопросе о специализированных выставках и изучают внутренние и международные факторы, влиявшие на их содержание. К примеру, М. С. Кушнер в статье «Показ произведений искусства на Американской национальной выставке в Москве в 1959 году» («Exhibiting Art at the American National Exhibition in Moscow, 1959») описывает попытки представить Америку этнически объединенной страной в ответ на обвинения со стороны СССР в расовом неравенстве [Kushner 2002].

Притом что эти исследования сосредоточены на усилиях, прилагаемых Америкой, в целом научных работ, где отмечается значимость культуры, национально-этнической принадлежности и внешнеполитического курса, не так много. Сергей Жук в статье «Популярная культура, идентичность и советская молодежь в Днепропетровске в 1959–1984 годах» («Popular Culture, Identity, and Soviet Youth in Dniepropetrovsk, 1959–1984») отмечает, что советские чиновники были сильно обеспокоены как проникновением в страну американской культуры, так и ростом украинского национализма. Такие аспекты, как американская культура и украинский национализм, стали важными факторами в создании постсоветской украинской идентичности. В работе говорится, что страх перед иностранными (или несоветскими) идеями не прошел с окончанием сталинской эпохи, а сохранялся на протяжении последующего десятилетия [Zhuk 2008]. Марша Зейферт в работе «От холодной войны до опасного мира: Американская культура в России и СССР» («From Cold War to Wary Peace: American Culture in the USSR and Russia») исследует меры, которые применяли Советы с целью контроля воздействия американских идей на население страны. Зейферт объясняет, что не все аспекты американской культуры принимались недружелюбной советской, а сегодня и российской молодежью, которая продолжает гордиться культурой и достижениями своей страны [Siefert 2006]. Самое глубокое исследование танцевального жанра в период холодной войны — работа Наймы Прево «Танцевальное искусство на экспорт: Культурная дипломатия и холодная война» («Dance for Export: Cultural Diplomacy and the Cold War») [Prevots 1998]. Прево рассматривает, как США стремились продемонстрировать, что американский концепт свободы ведет к неограниченной свободе творчества и художественного выражения. Американские лидеры намеревались дать понять Советам, что США являются культурным обществом, способным производить исполнителей, не уступающих артистам Большого театра. Исследуя реакции американских лидеров, Прево приходит к выводу о том, что в холодной войне танец играл важнейшую роль и использовался как Соединенными Штатами Америки, так и Советским Союзом с целью продемонстрировать превосходство и в итоге незамедлительно объявить себя победителем.

Если эти исследователи сфокусировались на результатах культурной дипломатии в период холодной войны, другая группа ученых сосредоточила свое внимание на роли искусства в распаде СССР и советско-американских отношениях. Аналитик Й. Ричмонд в своей статье «Культурный обмен и холодная война: Как Запад стал победителем» («Cultural Exchange and the Cold War: How the West Won») утверждает, что в отличие от экономического, политического и военного курсов, нацеленных на то, чтобы вывести Советский Союз из состояния равновесия, культурная дипломатия успешно воздействовала на взгляды высокопоставленных советских чиновников, что ускорило окончание холодной войны и обеспечило Америке победу. Среди многочисленных примеров, приводимых Ричмондом, — А. Н. Яковлев, сподвижник М. С. Горбачёва и главный сторонник гласности, прошедший годичное обучение в Колумбийском университете в Нью-Йорке. Позднее Яковлев рассказывал, как он часами сидел в библиотеке, читая книги, которые не были доступны ему в СССР, и что этот один год обучения оказал на него больше влияния, чем вся его последующая работа за рубежом [Richmond 2005]. Аналогичным образом в своей книге «Культурный обмен и холодная война: Приподнимая железный занавес» («Cultural Exchange and the Cold War: How the West Won») Ричмонд пишет, что благодаря контакту с США советская интеллигенция познакомилась с западными идеями, что содействовало распаду СССР [Richmond 2003]. В другой работе, «Советско-американский культурный обмен в 1958–1959 годах: Кто победитель?»

(«U.S.-Soviet Cultural Exchange, 1958–1959: Who Wins?»), Ричмонд анализирует экономические и политические причины, приведшие к программам культурного обмена. Поскольку США и СССР разнились в своих намерениях в отношении культурного обмена, весьма затруднительно понять, на чьей стороне была победа при взаимном сотрудничестве такого типа. Однако Ричмонд делает заключение, что оба государства извлекли из этого обмена пользу [Richmond 1987].

Наконец, несколько ученых провели общие исследования политических целей Советов, преследуемых в рамках культурной дипломатии и культурного обмена, а также связи курса культурной дипломатии с традиционным дипломатическим курсом. По мнению этих ученых, Советы намеревались использовать культурные турне, чтобы добиться крупных политических побед. Одним из примеров, достойных внимания, является труд Фредерика Баргхорна «Атака советской культуры: Роль культурной дипломатии в международной политике СССР» («The Soviet Cultural Offensive: The Role of Cultural Diplomacy in Soviet Foreign Policy»). Еще в 1960 году Баргхорн утверждал, что Советы воспользовались искусством, включая работу Большого театра, с целью продвижения своего имиджа успешного государства. Турне в рамках культурной дипломатии разрабатывались для того, чтобы американцы забыли о негативных аспектах коммунизма и вместо этого стали ассоциировать СССР с выдающимися достижениями советских деятелей искусства и культуры [Barghoorn 1960]. В последующие десятилетия некоторые исследователи, в том числе Барух Хазан в работе «Советская пропаганда: Анализ проблемы ближневосточного конфликта» («Soviet Propaganda: A Case Study of the Middle East Conflict»), делали упор на то, что использование Советами культурного обмена имело целью заполучить союзников по всему миру. Хазан подчеркивал, что советские лидеры считали такой вид сотрудничества крайне важным для привлечения сторонников. Советские власти воспринимали делегации исполнителей как культурных представителей, чья роль была сравнима с ролью традиционных дипломатов [Hazan 1976].

За последнее время новым поколением ученых было написано большое количество научных работ на эту тему, что позволило раздвинуть границы исторического понимания роли культуры во внешней политике. К примеру, Найджел Гулд-Дэвис в статье «Логика советской культурной дипломатии» («The Logic of Soviet Cultural Diplomacy») говорит, что ученые лишь начинают осознавать роль культурной дипломатии в советском внешнеполитическом курсе. Но из доступных нам материалов становится очевидно, что исследователям этой области необходимо пересмотреть значение искусства в период холодной войны. В СССР культурную дипломатию рассматривали как крайне необходимое средство для победы в холодной войне, поэтому исследования, в которых традиционная дипломатия рассматривается наряду с культурной, дадут более отчетливое понимание советского внешнеполитического курса [Gould-Davies 2003]. Наряду с работой Гулд-Дэвиса в своем труде «Миссия неосуществима? Продажа советского социализма американцам в 1955–1958 годах» («Mission Impossible? Selling Soviet Socialism to Americans, 1955–1958») Роза Магнусдоттир исследует применение Советами культурной дипломатии в послевоенную эпоху. Как отмечает Магнусдоттир, советское руководство осознавало, что Советы не в состоянии в полной мере достичь одного с Америкой уровня материального благополучия. Зато они могли обрести американских сторонников посредством проведения турне в рамках культурного обмена, благодаря чему достижения коммунизма будут выставлены на всеобщее обозрение. По утверждению Магнусдоттир, культурная дипломатия была неотъемлемым и жизненно важным аспектом советского внешнеполитического курса [Magnúsdóttir 2010: 50–72].

Две недавние работы, касающиеся использования Советами танцевального искусства как меры культурной дипломатии, «Лебеди Кремля: Балет и власть в Советской России» Кристины Эзрахи («Swans of the Kremlin: Ballet and Power in Soviet Russia») и «История балета. Ангелы Аполлона» («Apollo's Angels: A History of Ballet») Дженнифер Хоманс, демонстрируют глубокое понимание этой темы. Эзрахи замечает, что этот советский культурный проект был нацелен на создание нового общества и повышение культурного уровня всего населения. Считалось, что советские граждане должны обладать базовыми знаниями о высочайших достижениях культуры своей страны. В период холодной войны культурная политика СССР включала в себя использование достижений в области культуры в качестве подтверждения превосходства советской системы [Ezrahi 2012]. Равным образом Хоманс отмечает, что в период холодной войны огромный успех гастрольных выступлений Большого театра, по сути, означал, что балетная труппа (артисты, выполнявшие функцию послов культуры) стала символом культурных достижений и могущества Советского Союза [Homans 2010; Хоманс 2020].

Наряду с исследованиями культурной дипломатии непосредственное отношение к этой теме имеют научные работы о задачах Хрущёва во внешнеполитическом курсе. Поскольку культурная дипломатия является аспектом международных отношений, изучение взглядов Хрущёва касательно внешнеполитического курса дает контекст для понимания его подхода к советско-американским отношениям. Ученые расходятся во мнениях, высказывая предположения, что Хрущёв на самом деле желал улучшить отношения с США или питал злобу к Соединенным Штатам Америки либо что его политика балансировала между жесткой коммунистической позицией и более сдержанным коммунистическим курсом.

В соответствии с версией, которую выдвигала первая группа ученых, Хрущёв хотел лучших отношений с Соединенными Штатами Америки. Александр Верт в своей работе «Россия при Хрущёве» («Russia under Khrushchev») и Уильям Томпсон в книге «Хрущёв. Жизнь в политике» («Khrushchev: A Political Life») подчеркивают, что главной задачей внешнеполитического курса советской власти было ослабление напряженности между СССР и США. Хрущёв делал активные попытки уменьшить это напряжение, занимаясь решением текущих вопросов, таких как послевоенное отделение Австрии от Германии [Werth 1961; Thompson 1995]. Высказывая подобные идеи, советские историки Рой и Жорес Медведевы в своей работе «Никита Хрущёв. Годы у власти» выражают мнение, что по отношению к Соединенным Штатам Америки Хрущёв развивал политику разрядки напряженности. В частности, авторы полагают, что политика мирного соревнования Хрущёва свидетельствовала о его искреннем желании лучших отношений с капиталистическим миром [Медведев, Медведев 2012].

Вторая группа историков отмечает, что перестановки в советском руководстве вели к смене тактики; ко всему прочему, эти исследователи указывают на наличие преемственности между различными политическими курсами и целями лидеров. Джордж Кеннан в своей знаменитой статье «Истоки советского поведения» («The Sources of Soviet Conduct») утверждает, что принципы революции 1917 года (классовая борьба, а также врожденная взаимная неприязнь между капиталистическим и коммунистическим обществом) оставались направляющей силой для советских лидеров. Кеннан подчеркивает, что в СССР продолжали верить в конечный триумф коммунизма. Хотя Маркс предрекал неизбежную революцию, в Советском Союзе не знали точных сроков, когда именно произойдут эти события, и не испытывали потребности совершать опрометчивые поступки. Кроме того, Кеннан предупреждает, что любые внешние признаки реформ или изменения внутри советской системы являются лишь прикрытием и направлены на получение американской поддержки [Кеннан 1989]. В недавних научных работах аргументация Кеннана получила развитие. В книге «Природные враги: США и СССР (1917–1991)» («Natural Enemies: The Unites States and the Soviet Union in the Cold War, 1917–1991») Роберт Грогин отмечает, что все три советских лидера делали все возможное для распространения коммунизма, хотя и полагаясь на различные средства: Ленин стремился совершить быструю мировую революцию, Сталин поддерживал поэтапный переход к победе коммунизма путем военного завоевания, а Хрущёв желал превзойти Запад посредством поддержки национально-освободительных движений в развивающихся странах. Несомненно, все три лидера продолжали заниматься завоеванием Запада и распространением коммунизма [Grogin 2001].

В дальнейшем подобная аргументация встречается у Мартина Макколея в работе «Эпоха Хрущёва: 1953–1964 годы» («The Khrushchev Era, 1953–1964»). Макколей утверждает, что Хрущёв закрепил принципы правления Сталина, в числе которых был частичный контроль искусства, однако инициировал такие реформы, как частичная децентрализация плановой экономики, с тем чтобы сделать СССР государством с высокой производительностью. Таким образом, Хрущёв пытался модифицировать сталинистскую систему, но не уничтожить ее полностью [McCauley 1995]. Гарри Хэнк в статье «Международная политика» («Foreign Policy») пишет о том, что Хрущёв видоизменил теорию Ленина о войне и стремление Сталина к завоеваниям территорий. Хрущёв говорил, что из-за социального давления внутри капиталистических стран война между капиталистическим и коммунистическим миром более не является неизбежной. Он выдвигал аргументы в пользу мирного сосуществования, то есть возможности для коммунистических и капиталистических стран существовать параллельно. Эта система международных отношений должна была позволить США и СССР соревноваться между собой, выставляя напоказ превосходство своей системы. Как сказано в работе Хэнка, Хрущёв верил, что невоенные ресурсы, такие как займы и вербальная поддержка, приведут к созданию большего числа просоветских коммунистических правительств [Hank 1987].

Группа советских историков также отмечает преемственность между базовыми принципами внешнеполитического курса Ленина и более поздней политикой властей. В отличие от своих американских коллег, они с одобрением относятся к основополагающим заповедям Ленина. Коллектив ученых-историков, авторов совместного труда под названием «Внешняя политика СССР», восхваляет Ленина за его дальновидность и отмечает, что его учение о сосуществовании с капиталистическим миром при одновременной поддержке народа, находящегося в поисках свободы, — главный принцип советского внешнеполитического курса [Нихамин и др. 1985: 3–4]. Авторы объясняют, что советские лидеры продолжали работу по построению мирового коммунизма и поддержке народов, восставших против своих деспотичных капиталистических правителей. Но эти советские лидеры стремились избежать разрушительной войны и вместо этого внедрили идею мирного сосуществования. Авторы выражают восхищение этими мерами и тем, насколько успешно коммунизм распространяется в Южной и Северной Америке, Европе и Азии [Нихамин и др. 1985: 3–5].

Третьей группой ученых хрущёвская эпоха понимается как период напряженности или неоднозначный период. К примеру, в работе «Советский эксперимент. Россия, СССР и государства-правопреемники» («The Soviet Experiment: Russia, the USSR, and the Successor States») Роналд Григор Суни отмечает, что Хрущёв колебался между тем, чтобы не препятствовать свободе творчества, и полным отказом от этого политического курса. Ровно такие же колебания наблюдались у него в сфере международных отношений. Суни объясняет это тем, что в хрущёвскую эпоху США и СССР испытали некоторую разрядку в отношениях, но инцидент со шпионским самолетом U-2 замедлил движение в этом направлении [Suny 1998: 404–407]. Схожим образом российский историк Юрий Аксютин в работе «Хрущёвская оттепель и общественные настроения в СССР в 1953–1964 годах» утверждает, что меры по снижению напряженности, принятые Хрущёвым, в итоге не имели полного успеха. Аксютин не проводит подробного анализа культурного обмена, однако изучает оттепель на самом высоком правительственном уровне в свете внутриполитических и традиционных дипломатических мер. Как отмечает автор, Хрущёв реализовывал противоречивые планы, стремясь расширить сферу советского влияния и одновременно наладить отношения с Соединенными Штатами Америки [Аксютин 2004: 3, 257–259].

С точки зрения историографии это исследование не идет врозь с научной позицией ученых-историков — специалистов по традиционной дипломатии и политологии, в числе которых — Кеннан, Грогин и Хэнк, рассматривающие действия Хрущёва как продолжение предыдущих политических курсов. Советский лидер не отказался от главной цели мировой коммунистической революции, а, напротив, предпочел сражаться в холодной войне, прибегая к нетрадиционным военным средствам, таким как культурная дипломатия. В этой работе получит дальнейшее развитие аргументация таких ученых, как Баргхорн и Магнусдоттир, по утверждению которых культурная дипломатия является, по сути, культурной атакой, нацеленной на то, чтобы представить коммунизм в положительном свете. Наконец, в настоящей работе я продолжу рассмотрение роли Большого театра в культурной дипломатии, начатое Эзрахи и Хомансом, и приду, как и Ричмонд, к выводу о том, что оба государства, США и СССР, могли извлечь пользу из программ по культурному обмену. Несмотря на то что это исследование проводилось на основе уже существующих исторических аргументов, ценность этой работы — в изучении искусства как инструмента внешнеполитического курса. В СССР, судя по всему, не видели большой разницы между узконаправленной помощью просоветским элементам по всему миру и привлечением гастрольных артистических трупп, поскольку обе тактики преследовали одну и ту же цель. Как поддержка сторонников, так и в равной мере работа деятелей искусства была направлена на то, чтобы ослабить капиталистическую систему, распространить советскую идеологию и власть и благодаря этому заложить фундамент мировой революции.

Хотя бо́льшая часть научных работ фокусируется на военной, экономической и политической помощи СССР, подробное научное исследование, которое представило бы детальный анализ роли искусства в советском внешнеполитическом курсе, отсутствует. В этой работе излагается жизненно важная роль искусства в холодной войне в конце хрущёвской эпохи. Эта книга предназначена для читателей, уже знакомых с историей холодной войны, американским и советским внешнеполитическими курсами, но желающих расширить свои знания по этой теме. Несмотря на то что в этой работе основным предметом изучения стал советский балет, она не является исследованием технических особенностей советской музыки, балета, теории и истории хореографии. Более того, она не затрагивает и множества других факторов, экономических или научно-технических, подтолкнувших СССР к заключению соглашения по культурному обмену с американцами.

К этим темам уже обращались ведущие ученые. Балетная музыка и хореография рассматриваются в этой работе лишь в связи с заявленными Советами целями. Моей целью является объяснить роль балета как пропагандистского инструмента и то, каким образом СССР надеялся использовать американское турне Большого театра. Тот факт, что в советском внешнеполитическом курсе балет занимал центральное место, должен заставить ученых пересмотреть свои идеи в области ключевой стратегии СССР и с бо́льшим вниманием отнестись к проблеме использования Советами культурной дипломатии.

Прежде чем приступить к исследованию использования Советами культурной дипломатии в холодной войне, необходимо изучить природу взаимосвязи искусства и политики. Поскольку политика затрагивает все аспекты жизни человека, во многих случаях искусство и политика неотделимы. В надежде на победу на политическом фронте американские и советские лидеры стремились представить своих артистов либо как доказательство того, что таланты процветают на свободном капиталистическом Западе, либо как подтверждение превосходства коммунистического строя. В частности, Большой театр использовали как вид художественного оружия. Но, посещая спектакль с участием американских или советских артистов, публика была способна отложить на короткое время свои политические разногласия и посмотреть на исполнителей лишь как на выдающихся профессионалов, посвятивших себя этому ремеслу. Судя по американским новостным репортажам, многие американцы наслаждались искусством Большого театра как прекрасным воплощением художественного совершенства[18]. Исходя из этого, мы можем сделать вывод о том, что искусство было способно (по крайней мере, на краткий миг) преодолеть политические противоречия.

И в XXI веке искусство и политика остаются в тесной взаимосвязи. Искусство служит для государств важным средством выражения их идеологий и демонстрации достижений стран. В то

---

[18] Информацию о газетных статьях, в которых рассказывается о Большом театре, см. в гл. 3–7.

же время искусство по-прежнему предоставляет немало возможностей для диссидентов, выражающих с его помощью свое стремление к свободе и переменам в жизни. Таким образом, изучение политических стимулов деятелей искусства и властей позволяет лучше понять стоящие за этим идеологии и мотивации, которые находят выражение в тех или иных художественных произведениях либо спектаклях.

Поскольку невозможно отделить искусство от политики, в изучении проблемы американского турне Большого театра поможет уточнение некоторых понятий. Филипп Кумбс в своей работе, опубликованной в материалах Совета по международным отношениям, дает определение термина «международные отношения» как связей, которые «включают в себя все аспекты отношений этой нации с другими нациями и народами»: «Как они видят нас и ведут себя с США, как мы видим их и поступаем с ними, какие наблюдаются типы взаимодействия» [Coombs 1964: 8]. Несмотря на то что Кумбс дает формулировку этого понятия лишь применительно к внешнеполитическому курсу США, его вариант определения международных отношений может быть использован шире и ввиду этого в рамках настоящего исследования служить определением термина «международные отношения».

Кроме термина «международные отношения», огромное значение имеет определение культурной дипломатии. В этой работе культурная дипломатия рассматривается как элемент международных отношений и политического курса страны. Как пишет Баргхорн в своей работе «Атака советской культуры», культурная дипломатия является «направлением межправительственной пропаганды, только специфическим и к тому же многозначительным» [Barghoorn 1960: 11]. Культурная дипломатия включает в себя «манипуляцию культурными материалами и кадрами для пропагандистских целей» [Barghoorn 1960: 10]. Поскольку в этой книге исследуется использование Советами балета Большого театра как оружия холодной войны, полезно составить представление о том, что такое советская культурная дипломатии. Баргхорн, предлагая емкое определение термина, объясняет, что коммунистическая культурная дипломатия делает акцент на использовании «информационных, художественных, научных и прочих культурных материалов, а также символов, лиц и идей как инструментов международной политики» [Barghoorn 1960: 11]. В понятие «культурный обмен» (ядро культурной дипломатии) входят гастроли артистов и музыкантов, визиты ученых.

Наконец, нам требуется четкое понимание терминов «стратегия» и «тактика». Стратегия — это цель, а тактика — это средство, которое используется для достижения этой цели. Термин «основная стратегия» можно понимать как конечную цель (или задачу).

Можно надеяться, что эти определения предоставят читателю больше возможностей для осознания инструментальной роли культурной дипломатии, направленной на осуществление планов СССР стать победителем в холодной войне.

Глава 1
Добрая воля и идеология
Программа советско-американского
культурного обмена

16 апреля 1959 года тысячи американцев заполнили нью-йоркскую Метрополитен-оперу, с предвкушением ожидая дебютного выступления балета Большого театра в Соединенных Штатах Америки. Приветствуя артистов балета громкими аплодисментами, зал выражал свое восхищение талантом советских исполнителей. Нью-йоркский критик балета Мартин писал, что «за долгие годы не так часто в Нью-Йорке возникала столь чарующая и волнительная атмосфера»[1]. Волшебство не прекращалось на протяжении восьми недель пребывания Большого театра в Америке, и все это время американская публика выражала свой восторг овациями, вынуждавшими исполнителей многократно выходить на поклон[2].

В публичных выступлениях советского руководства премьера Большого театра подавалась как жест доброй воли; как бы то ни было, при детальном рассмотрении понимания роли искусства в обществе советским руководством становится очевидна поли-

[1]   Martin J. Bolshoi Opening Hailed by Crowd: Glittering Audience Cheers «Romeo and Juliet» at «Met» // The New York Times. 1959. April 17.

[2]   Ibid.; 3,000 Bolshoi Fans Mob Box Office for Tickets Sold Out in 4 Hours // The Washington Post and Times Herald. 1959. May 3; Smith C. 6,600 Roar Welcome to Bolshoi Ballet on Its Glittering Opening // Los Angeles Times. 1959. May 20; Frankenstein A. S. F. Acclaims Opening of Bolshoi Ballet // San Francisco Chronicle: The Voice of the West. 1959. June 6.

тическая направленность культурного обмена. Как только Советы установили свою власть, они принялись использовать культурную дипломатию с намерением инициировать контакты с недружественными капиталистическими государствами, а также для создания положительного мнения о советском политическом курсе. Культурная дипломатия оставалась для СССР жизненно важным аспектом внешней политики. США также ценили значимость культурного обмена, но до конца 1930-х годов так и не приступили к реализации этой программы. Американские власти разработали программу культурного обмена для борьбы с нарастающей угрозой со стороны гитлеровской Германии путем продвижения своих целей и своего политического курса за границей.

Несмотря на то что и американские, и советские власти осознавали важность культурного обмена, взаимное недоверие препятствовало установлению официальных отношений между двумя государствами в рамках культурной дипломатии. Однако в 1950-е годы опасение начала ядерной войны и рост военных расходов побудили США и СССР начать рассматривать культурный обмен как альтернативную форму военных действий. Лидеры обеих сверхдержав пришли к убеждению, что эта форма скрытой войны окажется более продуктивной, нежели традиционный конфликт. Поскольку обе сверхдержавы испытывали к действиям и мотивам противника глубочайшее недоверие, и американское, и советское руководство намеревалось использовать культурный обмен с целью ослабить врага и в результате окончательно сокрушить его. Лидеры обоих государств, США и СССР, разрабатывали правила и механизмы культурного обмена с целью распространения своей идеологии и демонстрации собственных успехов, таким образом заменяя расчет на традиционное оружие свежим акцентом на культуру как средство достижения победы в холодной войне.

С первых лет после Октябрьской революции культурная дипломатия оставалась жизненно важной областью советской внешней политики. Захват власти большевиками не уменьшил их преданности идее мировой коммунистической революции.

Ленин и его соратники понимали русскую революцию как событие, способное разжечь революции по всему миру [Хоскинг 2003: 77–78]. Поскольку эти революции не состоялись, Ленин осознал необходимость применения более прагматичного подхода к внешней политике [Steiner 2005: 131]. Большевики не отрицали, что главной целью для них является свершение мировой революции, однако предпочитали проводить внешнюю политику на двух уровнях [Steiner 2005: 131; Хоскинг 2003: 342–347]. На официальном уровне Ленин учредил Народный комиссариат по иностранным делам, который занимался традиционными дипломатическими отношениями. Со своей стороны, коммунистическая партия продолжала вести диверсионные операции, стремясь вызвать революции внутри капиталистического мира. Большевики не ограничивались подобными операциями в пределах откровенно вражеских государств, а осуществляли также подпольную деятельность, направленную против признающих новое коммунистическое государство правительств [Pipes 1990: 569–570][3].

Стремясь глубже внедриться в капиталистический мир при помощи относительно открытых и, как казалось, безвредных средств, Ленин понимал, что культурный обмен будет способствовать влиянию коммунистических идей на граждан капиталистических стран [Fayet 2010: 33–36]. Ленин осознавал важность развития различных форм контактов, в том числе культурных связей с другими государствами [Нихамин и др. 1985: 28]. Не имея развитых дипломатических отношений и будучи изгоем для крупнейших держав, СССР полагался на культурные связи, для того чтобы экспортировать свои представления и идеологию. Советское руководство считало, что культурный экспорт, такой как гастроли деятелей искусства, привлечет сторонников и зародит сопротивление против антисоветского политического курса. Для разработки конкретного плана по осуществлению культур-

---

3   Подробнее об этих операциях, включая перенаправление оружия и финансов на коммунистические движения в Европе (Германии, Австрии, Нидерландах и Скандинавии), см. [Pipes 1990: 619–622].

ного обмена в СССР в 1925 году было создано Всесоюзное общество культурных связей с заграницей (ВОКС) [Fayet 2010: 34–39; Coombs 1964: 87–88; Фокин 1999: 105]. По словам основателя ВОКС О. Д. Каменевой, организация ставила целью установление культурных и научных связей между публичными организациями, учреждениями и частными лицами, осуществлявшими деятельность в сфере культуры или науки как в СССР, так и за рубежом [David-Fox 2002: 10; Kameneva 1928: 6]. Хотя ВОКС и называлось обществом, фактически оно управлялось коммунистической партией и служило интересам нового Советского государства. В СССР в обязанности ВОКС входили прием и сопровождение гостей, в том числе ведущих ученых и деятелей культуры. За пределами страны представители ВОКС, занимавшие места в посольствах в должности секретаря-референта, отслеживали культурную сферу соответствующей страны, подыскивая среди ведущих деятелей культуры того, кто будет готов воспринимать распространение советского влияния [David-Fox 2002: 25; David-Fox 2012: 40–41][4].

Посредством ВОКС СССР совместно с другими государствами основывал общества дружбы, которые способствовали обмену в художественной сфере, рабочей среде и иных профессиональных областях [Fayet 2010: 34–39; Coombs 1964: 87–88][5]. В 1926 году как результат интереса к СССР со стороны американцев было создано Американское общество по культурным связям с Россией. Это общество со штаб-квартирой в Нью-Йорке не проявляло особой активности — отчасти по причине негативного отношения к его членам со стороны Советов, считавших, что СССР интересует их лишь по философским соображениям, а предпринимать какие-либо более активные шаги они не склонны. Ассоциированные организации в Чикаго, Филадельфии, Сан-Франциско, Бостоне и Лос-Анджелесе (хотя и привлекаемые к некоторым мероприя-

---

[4] Подробнее об основании и о развитии ВОКС см. [David-Fox 2002; David-Fox 2012].

[5] Ни названные источники, ни какой-либо иной источник, посвященный программе советского культурного обмена, не содержат списка этих стран.

тиям по культурному обмену) были еще менее эффективны, чем нью-йоркское общество [David-Fox 2012: 87–89; Фокин 1999: 112].

За пять лет с момента создания ВОКС его руководству удалось установить культурные связи с 77 государствами, в то время как традиционные дипломатические отношения из этого перечня существовали только с 46 странами. Такого рода переплетение политики и культуры свидетельствовало о том, что Советы понимали свою революцию не просто как политическую, а как всецело нацеленную на создание новой культуры. Научная среда, сфера высшего образования и искусство были неотделимы от политики. По словам заместителя председателя правления ВОКС, эти общества дружбы должны были привлечь сторонников, которые встанут на защиту СССР «во времена великих испытаний» [Coombs 1964: 88].

Культурные связи предоставили СССР доступ к странам, отказавшимся устанавливать с новым коммунистическим государством дипломатические отношения. Презираемые международным сообществом, советские лидеры осознавали, что культурный обмен как визуальное проявление нового порядка инициировал контакт с людьми в капиталистических странах и был направлен на популяризацию положительного облика Советского Союза. Довольно быстрое налаживание культурных связей с капиталистическим миром показало, что эти связи предоставляли средства, позволяющие обрести место внутри капиталистического мира, и к тому же предлагали СССР нестандартный и доступный способ ослабления антисоветских взглядов и распространения коммунистических идей во всем мире.

Пытаясь обрести сторонников на Западе, Советы добивались установления отношений в рамках культурной дипломатии со своей капиталистической противоположностью — Соединенными Штатами Америки. Несмотря на то что до 1930-х годов США не установили с СССР официальных дипломатических отношений [Нихамин и др. 1985: 194], некоторые советские чиновники и американские граждане выступали за налаживание культурных связей [Robinson 1994: 24–25; Lee 1983: 179–180]. В первое десятилетие после революции американский импресарио Сол Юрок

заключил контракт с Народным комиссариатом просвещения
и наркомом просвещения А. В. Луначарским, что позволило советским исполнителям совершить гастрольное турне по Соединенным Штатам Америки.

Будучи уроженцем Украины, Юрок в начале 1900-х годов
эмигрировал в Соединенные Штаты Америки. По приезде в США
Юрок занялся театральным менеджментом и вскоре реализовал
свой природный талант — доставлять публике радость [Robinson
1994: 24–25; Lee 1983: 179–180]. Усилия Юрока по организации
гастролей советских исполнителей в США способствовали росту
интереса американцев к России, открыв американской публике
ведущих советских исполнителей, в числе которых был знамени-
тейший бас Федор Шаляпин. Американский зритель с энтузиазмом принимал русских артистов [Hurok 1953: 25–27; Robinson
1994: 28, 72–73, 102–103]. Таким образом, изначально программа
по советскому культурному обмену явно имела успех. Несмотря
на недоверие к коммунизму, американцы с теплотой приветствовали русских исполнителей. В конечном счете высокая оценка
публикой художественных достоинств вылилась в определенно-
го рода политическую поддержку.

Однако в течение последующего десятилетия этот политический курс сошел на нет. На протяжении 1930-х годов Юрок неоднократно пытался получить от советского лидера — Сталина —
разрешение на показ на Западе спектаклей с советскими артистами. Вначале Юроку разрешили занять место импресарио советских
артистов для проведения гастрольных туров в Великобритании
и США, однако позднее Сталин отозвал свое одобрение заплани-
рованного турне. Отказ Сталина от своего обещания в сочетании
с напряженными отношениями между СССР и Западом сделал
любого рода обмены невозможными [Robinson 1994: 339]. В эту
эпоху ВОКС поддерживало точку зрения партии, что следует
сохранять бдительность для предотвращения военного вторжения
и проникновения провокаторов внутрь государства [David-Fox
2002: 30]. В то же время в СССР приезжало значительное количество иностранцев. Этому росту интереса способствовало множество различных факторов, включая напряжение в европейской

политике, возвышение нацистской Германии, союзы Коминтерна
с различными антифашистскими организациями, дипломатическое признание Америкой Советского Союза, соглашение СССР
с Францией и Чехословакией и, в довершение всего, возросший
научный и политический интерес к СССР в Великобритании.
Невзирая на то что в 1930-е годы иностранцы продолжали посещать Советский Союз, здесь сформировались две противоречащие
друг другу картины: одно представление — о вероломных туристах, являющихся в действительности шпионами, другое — о туристах, восхищающихся советским образом жизни [David-Fox
2012: 288–290, 296].

Одновременно в 1930-х годах Сталин продолжал опасаться
возможной войны, поэтому сосредоточился на решении традиционных дипломатических и военных вопросов. Сталина беспокоило, что власти капиталистических государств, в особенности
Великобритании и Франции, подпишут соглашение с нацистской
Германией. Тогда это соглашение позволит нацистам бросить все
свои ресурсы на уничтожение Советского Союза [Steiner 2011:
439–455]. Пытаясь различными средствами отсрочить войну,
Сталин также принялся внимательно наблюдать за стремительным подъемом фашизма в нацистской Германии и Японии
[Steiner 2011: 455–457, 467]. После того как нацистская Германия,
Япония и Италия заключили Тройственный пакт, Сталин больше
всего стал опасаться войны на два фронта. Это понимание побудило его сосредоточиться на проблеме и направить ресурсы на
подготовку к боевым действиям [Steiner 2011: 455, 467]. Таким
образом, на протяжении 1930-х годов настороженность Советов
в отношении Запада и плотная работа над вопросами военной
и традиционной дипломатии препятствовали тому, чтобы уделить внимание культурному обмену.

После победы в Великой Отечественной войне советские
власти восстановили программу культурного обмена, используя
ее для продвижения целей Советского государства. С последующим распространением коммунизма в Восточной Европе советские лидеры не стали пренебрегать возможностью развивать
культурные связи в этом регионе, а также на Ближнем Востоке

и в Латинской Америке. В частности, Советы старались установить особо тесные отношения с государствами Восточной Европы, стремясь вдохновить восточных европейцев правильной коммунистической идеологией. Программа по культурному обмену включала в себя предоставление студентам возможности обучения в Советском Союзе, а также основание антифашистских и панславянских организаций для укрепления связей между Восточной Европой и СССР [Coombs 1964: 88–89].

Поощряя некоторые устремления в области культурного обмена, Сталин в то же время предпочитал ограничить контакты с Западом. Сталин догадывался о подрывном потенциале западной культуры. Его беспокоило, что растущие связи с западными государствами ослабят его политический и идеологический контроль. Война и ее последствия отразились на многих советских гражданах, выезжавших за пределы своей родины [Еремин 2011]. Они с первого взгляда замечали разницу между качеством своей жизни и жизни граждан капиталистических стран. Советские власти опасались, что их граждане смогут занять прозападную позицию [Еремин 2011].

Что касается послевоенных отношений с Западом, Сталин и его подчиненные установили строгий антизападный политический курс. Под руководством А. А. Жданова — члена Центрального комитета партии — представители власти направляли свои усилия против просачивания любых западных идей в попытке предотвратить их влияние на Советский Союз. В период с 1946 года до середины 1950-х годов Советы насаждали так называемую ждановщину, которая являлась попыткой ограничить любые формы контактов между СССР и Западом [Rosenberg 2005: 124]. С 1947 по 1951 год ВОКС осуществляло контроль над 57 американцами на территории Советского Союза [David-Fox 2012: 319]. Желание предотвратить проникновение в СССР западных ценностей приобрело в результате обострения напряженности, возрастающей между США и Советским Союзом, явную, откровенно враждебную форму. К примеру, в рамках антиамериканской кампании театры ставили антиамериканские спектакли, а во время корейской войны появились сюжеты об американцах, подвергающих пыткам и убивающих корейских женщин и детей [Rosenberg 2005: 22–23]. Эти программы наглядно иллюстрируют, что в пропагандистских и идеологических вопросах Советы в очередной раз положились на культурную сферу. Использование Сталиным программ по культурному обмену для усиления контроля над Восточной Европой и с целью очернить США перечеркивало весь предыдущий опыт реализации культурных программ, направленных на улучшение имиджа СССР в капиталистических странах Запада.

Как и их советские коллеги, американские власти осознавали необходимость культурной дипломатии и выгоду от нее. Пока Советы развивали программы по культурному обмену, разработанные для борьбы с антисоветской идеологией, американские власти запустили государственную программу культурного обмена в целях защиты от фашизма. До 1938 года культурным обменом с Соединенными Штатами Америки занимались преимущественно частные лица. Однако рост нацизма, особенно деятельность нацистов в культурной сфере на территории Латинской Америки, подтолкнула президента США Франклина Рузвельта (1882–1945) к продвижению американских целей путем культурного обмена. Рузвельт создал в Государственном департаменте отдел культурных связей, который курировал студенческий обмен, обмен библиотечным фондом, кинофильмами, а также радиопередачи, посвященные культуре. Кроме того, Управление по координации межамериканских отношений продвигало обмен творческими группами и отдельными лицами [Coombs 1964: 24–27]. Начало Второй мировой войны побудило американцев принять дополнительные меры. Во время войны создание Управления военной информации должно было способствовать разработке психологического оружия, способного повлиять на население, проживающее за пределами Латинской Америки [Coombs 1964: 24–27; Parker 2010: 230–231]. Параллельно с СССР Америка начала свою программу по официальному культурному обмену для укрепления имиджа и распространения своих задач и идеологии, а также борьбы с потенциальными врагами. Таким образом, с момента своего появления программа США по культурному обмену, как и план СССР, объединяла политику и искусство.

Продвижение американской идеологии сочеталось с мимолетным желанием установить добрые отношения между союзными державами во время войны и в послевоенный период. Уже с 1943 года власти США осознали, что радикальные различия в экономических, политических и культурных традициях Соединенных Штатов Америки и СССР делали возникновение разногласий все более вероятным. Политические деятели одновременно осознали, что по окончании войны США и СССР станут мировыми экономическими и военными державами, поэтому старались инициировать контакты, которые должны были снизить вероятность возникновения натянутых отношений [United States Department of State 1949: 1–2]. Начиная с 1943 года и в послевоенный период американские политические деятели, включая американских послов, которые в дальнейшем были назначены в Москву, несколько раз выступали с предложением разработки программ, предполагающих свободный обмен людьми и информацией. Этот обмен позволил бы обеим странам раскрыть свои позиции по культурным, экономическим и политическим вопросам. Хотя некоторые советские делегации высокого уровня, такие как делегация советских астрономов (а также визит писателя Ильи Эренбурга), посетили Соединенные Штаты Америки, большинство запросов со стороны США осталось без ответа [United States Department of State 1949: 2, 9].

Разочаровывающий ответ СССР в сочетании с правовыми мерами 1947 года, имеющими целью предотвратить общение между советскими гражданами и иностранцами, заставил политических деятелей США сделать вывод о том, что Советы относятся к Западу с опаской. Чиновники из Государственного департамента заподозрили, что нежелание Сталина сотрудничать было вызвано его тревогой по поводу контактов с Западом. Как полагали американские политические деятели, Сталин со всей ясностью понимал, насколько невысок уровень благосостояния населения в СССР, и думал, что Запад намеревается использовать программы по обмену с целью ослабить советское правительство. По мнению американских властей, советское руководство опасалось, что, как только граждане СССР поймут, насколько их образ жизни отличается от капиталистических стандартов, их больше не будет устраивать настоящее положение и что, таким образом, они перестанут верить в коммунистическую систему [United States Department of State 1949: 2, 14, 25].

По мнению этих аналитиков, Советы осознавали неспособность своей системы обеспечить людям высокий уровень жизни и предоставить им основные свободы. Возрастающее число взаимодействий с капиталистическим миром позволило бы советским гражданам осознать достижения капитализма и, соответственно, сделало бы очевидными неудачи СССР и его ущербное существование. Американские аналитики стали рассматривать культурный обмен как средство дестабилизации Советского Союза [United States Department of State 1949: 2, 14, 25]. Поскольку Советы были невосприимчивы к предложениям американцев по культурному обмену, следующее поколение американских чиновников решило сконцентрироваться только на идее свободного обмена информацией. За последующие годы эта концепция заложила фундамент для планов США в сфере культурного обмена, и, как и тревожились Советы, этот план предназначался для подрыва легитимности коммунизма.

После громкого провала программ советско-американского обмена в 1940-х годах американские политические деятели принялись искать средства для экспорта своей идеологии в других сферах. К примеру, в 1946 году Конгресс США утвердил программу Фулбрайта, которая курировала американских студентов за рубежом и содействовала направлению иностранных студентов на учебу в Соединенные Штаты Америки [United States Department of State 1949: 29]. С началом корейской войны американские чиновники стали прилагать совместные усилия в целях трансляции западных новостных и информационных передач на территории коммунистических государств. В общем и целом американским программам не хватало прямого управления и крупномасштабной правительственной поддержки. Что самое важное, власти США не приводили программы по культурному обмену в соответствие с внешнеполитическим курсом страны, и граждане с опаской относились к любым программам по обмену, включающим в себя одновременно как распространение информации, так и образовательную деятельность [United States Department of State 1949: 31–33, 35]. Хотя эти программы продвигали американскую идеологию за рубежом, недостатки в планировании наряду с возражениями граждан означали, что программе по культурному обмену так и не удалось превратиться в ключевой, устойчивый аспект внешнеполитического курса США. Вместо этого культурный обмен оставался для политических деятелей ограниченным и второстепенным фактором.

Со смертью Сталина в 1953 году новое советское руководство продолжало принимать против США пропагандистские меры, однако, в отличие от неистовых антиамериканских кампаний Сталина, теперь советские власти применяли риторику, согласно которой СССР был миролюбивым государством, желающим сотрудничать с Соединенными Штатами Америки. За этой новой тональностью стояло беспокойство по поводу военного потенциала Советского Союза. Всего через несколько дней после смерти Сталина новый председатель Совета Министров СССР Г. М. Маленков объявил перед Верховным Советом СССР, что отныне все разногласия, даже с США, будут решаться мирным путем [Rosenberg 2005: 30]. Мирная инициатива Маленкова выросла из неподдельного страха по поводу возможного нападения США на Советский Союз. Новое советское руководство осознавало военное превосходство Соединенных Штатов Америки. Исходя из этого призыв к миру был направлен на предотвращение войны и предоставление СССР возможности нарастить свою военную мощь [Зубок 2011: 140–141].

Предложение Маленкова не произвело сильного впечатления на американского президента Дуайта Эйзенхауэра (1890–1969) и госсекретаря Джона Даллеса (1888–1959). Даллес продолжал считать, что Советский Союз несет полную ответственность за холодную войну, и отказывался видеть в советских призывах к миру нечто большее, чем простая пропаганда [Зубок 2011: 152–153]. Понимая, что смерть Сталина предоставляла США определенные возможности, чиновники из Государственного департамента, включая Даллеса, предостерегали от злоупотреблений, поскольку любые резкие изменения во внешнеполитическом курсе могли создать дополнительные трения между США и Восточной Европой. Разделяя мнение аналитиков Госдепа, администрация Эйзенхауэра предпочла исподволь продолжать внимательное наблюдение за ситуацией в Восточной Европе [Rosenberg 2005: 29–30].

Восьмого февраля 1955 года борьба за власть в Кремле вызвала уже прямой ответ от властей США. В тот день Хрущёв, занимавший пост генерального секретаря, организовал снятие с должности Маленкова, а пост председателя Совета Министров СССР занял Н. А. Булганин. Посольство США в Москве доложило, что Хрущёв, снимая Маленкова, показал себя самым могущественным лидером Советского Союза. Возросшая роль Хрущёва, по правде говоря, не принесла немедленного сдвига в советском внешнеполитическом курсе в отношении Соединенных Штатов Америки. Сотрудники посольства предупреждали Вашингтон о том, что в политическом курсе США не должно произойти никаких значительных сдвигов[6].

Параллельно с отслеживанием событий на территории СССР Эйзенхауэр обратил внимание на характер расходования средств внутри США. В частности, президент выражал глубокое беспокойство по поводу увеличения бюджета [Фурсенко, Нафтали 2018: 36]. В период корейской войны военный бюджет США вырос за год с 13,5 до 45 млрд долларов. Поскольку Эйзенхауэр выступал за умеренное регулирование и сбалансированный бюджет, в своем предложении, отражающем политику «Нового взгляда», он сместил акцент с привычного вооружения на менее затратное и более эффективное ядерное оружие [Фурсенко, Нафтали 2018: 36]. Вместе с тем Эйзенхауэр осознавал важность применения нетрадиционных тактических действий для борьбы с Советами. Президент и его советник Чарльз Джексон также

---

[6] Staples L. For «Foreign Relations». 1955. February. Declassified; 1101 (e)-Malenkov, 1946–1956 (2 of 2); Bureau of European Affairs; Office of Soviet Union Affairs; Records Relating to Soviet and American Leadership and Diplomatic Personnel, 1929–1947; General Records of the Department of State, Record Group 59; National Archives at College Park, College Park, MD.

понимали, что культурный обмен — хорошее средство для ниспровержения коммунистического строя [Hixson 1997: 102, 103]. В частности, в секретном меморандуме Государственного департамента было отмечено, что США стремились расширять контакты с Советами. Этот политический курс должен был пресечь обвинения Советов в том, что Америка создает вокруг себя железный занавес, а также позволить коммунистическим делегациям наблюдать за достижениями Соединенных Штатов Америки[7]. Чиновники США осознавали, что этот обмен укрепит имидж Америки за рубежом и, по всей вероятности, произведет впечатление на коммунистические делегации. В последующие годы желание советских и американских чиновников нарастить контакты привело к подписанию между США и Советским Союзом официального договора по культурному обмену, что давало искусству возможность занять в идеологической борьбе ведущую позицию.

В середине июля 1955 года советские и американские чиновники изложили свои предложения по культурному обмену. Первая возможность обсудить культурный обмен появилась во время Женевской конференции. Эта встреча выросла из предложения Великобритании собрать саммит четырех ведущих держав, а именно Великобритании, Франции, США и Советского Союза. Женевская конференция станет первой послевоенной конференцией крупнейших держав со времен Потсдама в 1945 году [Фурсенко, Нафтали 2018: 32]. Эйзенхауэр, однако, выражал сомнения по поводу целесообразности такой встречи до присоединения Западной Германии к НАТО. Хотя Великобритания периодически давила на Америку с целью провести встречу с советскими лидерами, Эйзенхауэр не давал своего согласия до тех пор, пока Западная Германия не стала членом НАТО. Включение Западной Германии должно было усилить НАТО и воспрепятствовать

---

[7] Exchange of Visits with Soviet-European Bloc; U.S. Position and Policy on East-West Exchanges 6. Declassified; Records of the Bureau of Security and Consular Affairs; Decimal Files, 1953–1960; General Records of the Department of State, Record Group 59; National Archives at College Park, College Park, MD.

внешнеполитическому курсу Советов, стремившихся создать объединенную и нейтральную Германию. Теперь, в 1955 году, когда Западная Германия окончательно вошла в альянс, Эйзенхауэр согласился принять участие в конференции [Фурсенко, Нафтали 2018: 32; Trachtenberg 1999: 231].

Как и в случае с Эйзенхауэром, финансовые затраты внутри страны подтолкнули Хрущёва к поиску иного средства ведения холодной войны. Поскольку Хрущёв с присущим ему страхом перед ядерным оружием понимал, насколько велик разрыв между вооружением СССР и США, это побудило его рассмотреть альтернативные методы, позволяющие противостоять Соединенным Штатам Америки. Принятие на первый взгляд мирных планов должно было возыметь действие, сравнимое с военной победой, и привести к мировому триумфу коммунизма [Фурсенко, Нафтали 2018: 32–36, 38–41; Loth 2002: 35]. Кроме того, Хрущёв переживал из-за собственного недостатка образования и культуры, поэтому сам прилагал усилия, чтобы казаться эрудированным и умным человеком. Свою страну Хрущёв понимал ровно тем же образом. Он хотел, чтобы СССР воспринимали как стоящий на одном уровне с США. Женевский саммит предоставил возможность западным лидерам обращаться с советскими лидерами на равных и воспринимать их как своих партнеров [Фурсенко, Нафтали 2018: 32, 38–42].

Во время саммита четырех ведущих держав в Женеве западные политические деятели использовали его для представления своего видения программы по обмену между Востоком и Западом. В течение конференции представители США вместе с британскими и французскими коллегами внесли предложения, где подчеркивалась необходимость свободных информационных и торговых потоков. В соответствии с меморандумом Государственного департамента США советская делегация резко возражала против этих принципов. В Госдепе полагали, что Советы стремились лишь к таким программам по обмену, которые вызовут у США затруднение, окажутся чисто пропагандистскими мероприятиями или позволят СССР накапливать научно-технические знания. В ответ делегация США отказалась от советской идеи заключать вместо всеобъемлющей программы по обмену мелкие контракты[8]. По заявлению советской делегации, положение США, согласно которому лица, прибывающие из-за рубежа вне состава официальных правительственных делегаций, в обязательном порядке должны были оставлять отпечатки пальцев, препятствовали заключению крупных договоров. Министр иностранных дел СССР В. М. Молотов говорил, что в Советском Союзе отпечатки пальцев снимают только с уголовных преступников, так что это унизительное требование является главной помехой для советско-американского обмена [Rosenberg 2005: 76, 87]. Хотя Эйзенхауэр неоднократно пытался переубедить Молотова, заверяя, что сбор отпечатков пальцев является всего-навсего формой идентификации, Советы настаивали на своей позиции, требуя отмены этого условия. Поскольку западная и советская делегации отказывались пойти на компромисс, женевские переговоры не дали незамедлительных результатов. Вместо этого делегации обещали, что участники предстоящего совещания министров иностранных дел снова поставят этот вопрос на рассмотрение [Rosenberg 2005: 76, 87]. Эти очевидные разногласия лишили американских и советских лидеров возможности достичь окончательного соглашения по культурному обмену. Тем не менее обе сверхдержавы старались достичь обоюдного понимания планов и ключевых принципов каждой из сторон, что должно было в дальнейшем помочь оформлению дискуссии по культурному обмену. На совещании министров иностранных дел, которое проходило с октября по ноябрь 1955 года, переговорам препятствовало открытое выражение недоверия самыми высокопоставленными американскими и советскими чиновниками. В целом план американцев по культурному обмену, названный позднее Директивой из 17 пунктов, был основан на свободном обмене информацией и сокращении цензуры. Тем не менее сторонник свободного распространения информации — госсекретарь Джон Даллес — возражал

---

[8] Exchange of Visits with Soviet-European Bloc; U.S. Position and Policy on East-West Exchanges 6. Declassified; Records of the Bureau of Security and Consular Affairs; Decimal Files, 1953–1960; General Records of the Department of State, Record Group 59; National Archives at College Park, College Park, MD.

против открытия в Москве информационного центра, поскольку Советы в этом случае получали равные преимущества [Rosenberg 2005: 88]. Аналогичным образом министр иностранных дел Молотов выражал свое недоверие относительно намерений США, отмечая, что за призывом к отмене цензуры скрывались тактические ходы, имевшие целью позволить Западу вмешиваться во внутренние дела Советского Союза [Rosenberg 2005: 88]. Беспокойство в отношении идеологического оружия и нежелательного вмешательства оставалось для обеих стран настоящей проблемой. Обе делегации, однако, осознавали важность роста культурной дипломатии в холодной войне и продолжали прилагать все усилия, чтобы заключить договор по культурному обмену.

Другие члены делегаций допустили во время встречи возможность прийти к соглашению. Американский делегат Уолтер Стессел обратил особое внимание заместителя министра культуры СССР В. С. Кеменова на то, что соглашение по культурному обмену должно заключаться на взаимовыгодной основе на официальный срок в один год. Кеменов согласился с резонностью этих условий, заметив, однако, что Соединенным Штатам Америки следует быть более гибкими при приеме гостей. Кеменов, как и Молотов, высказал свои возражения в адрес требования сбора отпечатков пальцев. Ближе к концу встречи Кеменов затронул актуальный вопрос о специальном соглашении по культурному обмену с Соединенными Штатами Америки. В своем ответе Стессел осторожничал, говоря, что чиновникам следует в первую очередь провести подготовительную работу касательно советско-американских связей[9]. Даже с учетом отсутствия согласия между странами по итоговому плану и их подозрений насчет подлинных

---

[9] Stoessel W. J., Jr. United States Delegation to the Meeting of Foreign Ministers Geneva, October-November, 1955; November 15, 1955. Declassified; Documentation in Connection with the United States Position on Item III — «Development of Contacts Between East and West» — of Geneva, Foreign Ministers' Conference, October 27 — November 16, 1955; Bureau of European Affairs; Country Director for the Soviet Union (EUR/SOV); Records Relating to Soviet-U.S. Relations 1945–1955; General Records of the Department of State, Record Group 59; National Archives at College Park, College Park, MD.

целей друг друга обе сверхдержавы стремились заключить формальный договор по культурному обмену.

После совещания министров иностранных дел в Женеве Советы начали концентрировать свои усилия на достижении соглашения с Соединенными Штатами Америки. В начале декабря 1955 года ведущие члены президиума направили правительству США ноту. В ней политические деятели подтверждали факт укрепления связей между Востоком и Западом, в особенности между США и СССР, однако Советы сокрушались из-за того, что они продолжали оставаться весьма ограниченными. По соображениям Советов, одобрение Америкой договора о дружбе и сотрудничестве исправит этот недостаток. Договор должен был укрепить репутацию Соединенных Штатов Америки в международном сообществе, а также снизить международную напряженность[10]. В этом международном соглашении также отмечалось, что США и СССР будут развивать дружеские отношения, основанные на идеях взаимоуважения, равенства, независимости и невмешательства во внутренние дела. Однако договор не получил какой-либо поддержки среди чиновников США, и в январе 1956 года Эйзенхауэр отверг предложение Советов [Нихамин и др. 1985: 195][11]. Кроме того, чтобы президиум одобрил заключение договора о дружбе и сотрудничестве с США, руководство намеревалось выработать план по расширению культурных связей с Соединенными Штатами Америки[12]. Таким образом, Советы использовали культурный обмен в качестве средства

---

[10] Нота советского правительства правительству США. Приложение: проект (не позднее 7 декабря 1955 года) [Фурсенко и др. 2006: 143–144]. Этот документ не имеет точной даты, однако предположительно датируется «не позднее 7 декабря 1955 года».

[11] См. также: Dingell J. D. Representative of Michigan, speaking for Proposed Soviet-American Treaty of — Some Reasons for Its Rejection. 1956, February 29, the House of Representatives, 84th Cong., 2nd sess. Congressional Record, 102, pt. 3: 3642–3643.

[12] Постановление Президиума ЦК КПСС. Предложение Т. Зарубина по вопросам улучшения советско-американских отношений. Строго секретно (8 декабря 1955 года) [Фурсенко и др. 2006: 132].

зарубежной пропаганды. Если бы США и дальше не проявляли желания вступить в соглашение с Советским Союзом, СССР стал бы выглядеть менее агрессивным и более миролюбивым государством. В этой битве холодной войны советские лидеры стремились использовать культурный обмен для того, чтобы повысить мировой имидж коммунизма, в то время как США они выставляли представителем антагонистической капиталистической системы.

Невзирая на то что некоторые из высокопоставленных членов советского руководства начали продумывать мероприятия по культурной дипломатии, другие члены партии открыто высказывали свои возражения. В частности, предупреждения появились в ноябре 1955 года в одной публикации журнала коммунистической партии «Партийная жизнь». Автор передовицы, посвященной вопросам совершенствования идеологической работы, пишет, что, хотя мирное сосуществование и позволило Советам получить от Запада знания в некоторых областях, советскому народу не следует пренебрегать партийной идеологической работой и становиться жертвой буржуазных ценностей[13], при этом автор замечает, что имеется немало людей, недостаточно преданных советской идеологии, и свидетельство этого — пренебрежение к ней внутри театрального мира. Автор статьи

---

[13] Walmsley W. N., Jr. Chargé de Affaires a. i., to The Department of State, Washington, D. C., 1955, November 17. Declassified; 561.00/6–2335; Central Decimal File, 1955–1958; General Records of the Department of State, Record Group 59; National Archives at College Park, College Park, MD. К сожалению, настоящий документ не предоставляет более четкого понимания касательно этого разделения. Можно предположить, что внутри руководства существовало две фракции: сторонников культурного обмена и его противников. Исследования наводят на мысль, что советское руководство было обеспокоено тем, что буржуазные ценности просачиваются в СССР, однако предполагало, что через культурный обмен СССР сможет продемонстрировать свое культурное превосходство. Таким образом, как будет подробнее показано в гл. 2, советское руководство разрабатывало план, согласно которому большим советским делегациям разрешалось совершать поездки в США, но количество американских делегаций на территории Советского Союза было ограничено. Этот план был нацелен на то, чтобы советские граждане не переняли контрреволюционных или буржуазных идей.

указывает на недавнюю критику министра культуры Н. А. Михайлова за провал московских постановок, которые оказались не способны передать правильную советскую идеологию[14].

Посольство США в Москве направило выдержки из статьи на рассмотрение в Вашингтон. Исполняющий обязанности посла США Уолтер Уолмсли отмечал, что это предупреждение может представлять трудноразрешимую задачу для советских лидеров, жаждущих культурного обмена с Западом. Со слов Уолмсли, если людей вынуждать каждый раз следовать строгим идеологическим трактовкам, трудно будет ожидать с их стороны новаторских решений в различных областях[15]. Предупреждение в журнале «Партийная жизнь» об опасности стать жертвой буржуазного влияния дает понять, что некоторые члены партии открыто выражали мнение, будто тесный контакт с Западом подорвет веру советских граждан в коммунизм. Этот страх проникновения Запада заставляет вспомнить о мотивах, в силу которых Сталин отказался одобрить советско-американскую программу по контролю над обменом людьми и информацией.

В феврале 1956 года посреди долгого пути принятия решений по вопросам культурной дипломатии советское руководство провело XX съезд Коммунистической партии Советского Союза, во время которого в закрытом докладе Хрущёва была провозглашена эпоха десталинизации [Rosenberg 2005: 91, 93]. Хотя на обличение Сталина Хрущёвым отреагировали все сферы советского общества[16], у американских чиновников оно вызвало неоднозначную реакцию. По словам американского посла в СССР Чарльза Болена, эта речь не стала поводом для Америки изменить отношения с Советами [Rosenberg 2005: 93]. В то же время радиостанции «Голос Америки» и «Свободная Европа», а также другие СМИ оповестили восточных европейцев о речи Хрущёва. Как и надеялись некоторые представители американских властей, эта речь вызвала антисоветские волнения в Польше и Венгрии [Nix-

---

[14] Ibid.

[15] Ibid.

[16] Подробное рассмотрение реакций на эту речь деятелей культуры и искусства см. в гл. 2.

son 1997: 78–79]. Тем временем американские чиновники вплотную занимались разработкой и совершенствованием плана по культурному обмену, имевшего целью ослабить советскую власть, тогда как Советы принимали меры по укреплению советского культурного, дипломатического и пропагандистского курса.

Подобно политикам из СССР, американские политические деятели призывали к созданию полномасштабного плана по культурному обмену. К примеру, Торберт Макдональд — конгрессмен от штата Массачусетс — подчеркивал, что холодная война вступила в новую фазу, в которой соревнование будет проходить вне поля боя. Крайне важно было то, чтобы американцы разработали план по культурному обмену, позволяющий продемонстрировать их лидирующие позиции и достижения отдельных лиц в художественной, спортивной и промышленной сферах[17]. По утверждению Макдональда, американский культурный обмен не только откроет перед иностранными гражданами достижения страны, но и станет средством демонстрации культурного наследия Америки, а также будет способствовать организации мероприятий по ознакомлению с американским образом жизни[18]. Сенатор США от штата Висконсин Александр Уайли также осознавал важность культурного соревнования. Со своей стороны, он выражал одобрение в адрес американских деятелей культуры, которые ездили за границу, показывая тем самым, что свободное общество Америки создает благоприятные условия для выдающихся художественных достижений. По словам сенатора Уайли, эти меры подрывали рассуждения Советов о том, что американская культура груба[19].

К 1956 году Эйзенхауэр и его правительство в полной мере оценили выгоду от советско-американской программы по куль-

---

[17] Macdonald T. H. Representative of Massachusetts. Speaking for a National Act for the Arts, Sports, and Recreation, on June 14, 1955, in the House of Representatives, 84th Cong., 1st sess. Congressional Record, 101, pt. 6.: 8203–8204.

[18] Ibid. 8204–8205.

[19] Wiley A. Senator of Wisconsin. Speaking for America's Cultural Offensive in the Worldwide Battle of Ideas, on April 19, 1955, in the Senate, 84th Cong., 1st sess. Congressional Record, 101, pt. 4: 4629–4631.

турному обмену и составили четкий и подробный план. Президент
со своими советниками пришел к пониманию пропагандистского
потенциала такого рода обменов, признав их новым и эффективным видом оружия. Даже госсекретарь Даллес, ярый антикомму-
нист, изменил свою позицию, осознав, что программа по культурному обмену могла бы быть полезна для США, в особенности
программа демонстрации перед коммунистическими делегациями успехов капитализма [Hixson 1997: 106–108]. Госсекретарь
выразил свое новое мнение в официальном меморандуме к Совету национальной безопасности, датированном 6 июня 1956 года. Даллес одобрил идею укрепления контактов между Востоком
и Западом и в числе прочего отметил, что с появлением в СССР
более образованного населения, выражающего стремление к большей свободе, США следует искать средства для развития либеральных идей внутри этого сегмента советского общества[20]. Еще
более значимым представляется то, что Даллес подчеркивал необходимость для США перейти в *наступление* в процессе реализации этих программ[21]: «Иными словами, обмен между Востоком
и Западом должен быть воплощением позитивной международной
политики Соединенных Штатов Америки»[22]. Выставление напоказ
превосходства американской системы перед посещающими
страну коммунистами помогло бы превратить СССР в более либеральное и демократическое общество. Несколькими днями
позже Совет по планированию (подразделение Совета национальной безопасности) согласился с доводами Даллеса[23].

---

[20] Dulles J. F. Secretary of State. Memorandum for Mr. James S. Lay, Jr. Executive
Secretary, National Security Council. 1956, June 6. Declassified; East-West Contacts,
OCB, NSC, 1956–1958; Bureau of European Affairs; Office of Soviet Union Affairs;
Bilateral Political Relations Section; Bilateral Political Relations Subject Files,
1921–1973; General Records of the Department of State, Record Group 59; Na-
tional Archives at College Park, College Park, MD.

[21] Ibid. Выделено в оригинале.

[22] Ibid.

[23] Lay J. S., Jr. Executive Secretary, National Security Council. Memorandum for the
National Security Council, June 19, 1956; Declassified; East-West Contacts, OCB,
NSC, 1956–1958; Bureau of European Affairs; Office of Soviet Union Affairs; Bi-

В конце июня 1956 года Эйзенхауэр утвердил стратегию Даллеса относительно контактов Востока и Запада и в пресс-релизе от 29 июня объявил о своей поддержке предложенного плана. Президент подтвердил свои намерения касательно соглашения по культурному обмену с СССР, однако уточнил, что любое соглашение надлежит согласовать с Директивой из 17 пунктов, представленной на совещании министров иностранных дел в октябре 1955 года[24]. На пресс-конференции в Белом доме пресс-секретарь Джеймс Хагерти заявил, что, по мнению президента, хотя Советы не одобряют этих условий, реализация программы будет способствовать уважительным отношениям между разными людьми и станет основой для мира[25]. Со вступлением Эйзенхауэра в должность президента Директива из 17 пунктов, известная также как Директива СНБ № 5607, стала официальным документом по культурному обмену в Америке[26]. Хотя формально американская программа по культурному обмену декларировалась в ней как имеющая целью содействие в достижении взаимопонимания и укрепление мира, в действительности Директива СНБ № 5607 свидетельствовала о заинтересованности администрации в культурном обмене как идеологическом оружии. Акцент на разоружении и уклонении от открытого конфликта с СССР укрепил культурный обмен как ключевое направление, позволяющее вести борьбу с беспрестанной угрозой Советов.

---

lateral Political Relations Section; Bilateral Political Relations Subject Files, 1921–1973; General Records of the Department of State, Record Group 59; National Archives at College Park, College Park, MD. Небольшая правка заключалась лишь в перефразировании некоторых мыслей Даллеса, но в целом Комитет по планированию СНБ поддержал доводы Даллеса без существенных изменений.

[24] Hagerty J. Press Secretary to the President, June 29, 1956. The White House; East-West Contacts, OCB, NSC, 1956–1958; Bureau of European Affairs; Office of Soviet Union Affairs; Bilateral Political Relations Section; Bilateral Political Relations Subject Files, 1921–1973; General Records of the Department of State, Record Group 59; National Archives at College Park, College Park, MD.

[25] Ibid.

[26] Ibid.

Таким образом, программа культурного обмена администрации Эйзенхауэра была направлена на снижение напряжения в холодной войне и в конечном счете на достижение мира путем внесения корректив в советские взгляды касательно американского политического курса и целей.

В администрации Эйзенхауэра полагали, что поколебать взгляды советского руководства можно посредством свободного обмена информацией. Директива СНБ № 5607, включавшая в себя положения, изначально обозначенные в Женеве, призывала к отмене цензуры, что позволило бы западным радиостанциям вещать на территории СССР и проводить трансляции советских передач в Соединенных Штатах Америки. Кроме того, СССР и США должны были уважать свободу передачи информации, что включало в себя обмен научными, профессиональными и студенческими группами, а также газетами, прочими периодическими изданиями и книгами. Как говорится в конфиденциальном докладе Совета национальной безопасности, цели Америки относительно советско-американского культурного обмена были направлены на помощь Советскому Союзу в формировании государства, активно реагирующего на просьбы своих граждан и продвигающего коммунизм не в столь резкой форме[27]. В СНБ полагали, что СССР приобретет более либеральный характер. В доказательство эти политические деятели ссылались на рост уровня образования советских людей, увеличение спроса со стороны населения на потребительские товары и стремление к более высокому уровню жизни, что подтверждало тенденцию к превращению в более либеральное общество[28]. Американские чиновники должны были либо просто одобрить обмен с СССР, либо запустить программы, которые способствовали бы

---

[27] Statement of Policy by the National Security Council on East-West Exchanges; National Security Council, East-West Exchanges, NSC 5607; Declassified; East-West Contacts, OCB, NSC, 1956–1958; Bureau of European Affairs; Office of Soviet Union Affairs; Bilateral Political Relations Section; Bilateral Political Relations Subject Files, 1921–1973; General Records of the Department of State, Record Group 59; National Archives at College Park, College Park, MD.

[28] Ibid.

подобной эволюции[29]. Чиновники негласно признавали тот факт, что их программа по культурному обмену являлась частью идеологической войны, и активно поддерживали политический курс, который способствовал бы этим пропагандистским устремлениям. Хотя американские чиновники США во всеуслышание продвигали культурный обмен как жест доброй воли и средство улучшения отношений, авторы программы, вне всякого сомнения, намеревались превратить ее в более эффективную и невоенную альтернативу в борьбе против коммунизма. К середине 1956 года администрация Эйзенхауэра представила окончательный вариант программы по культурному обмену, созданной с целью остановить угрозу коммунизма и в конце концов одержать над ним победу.

Слияние традиционной и культурной дипломатии произошло во второй половине 1956 года. Международные разногласия угрожали перерасти в открытый конфликт, и в конце 1956 года напряженность между двумя сверхдержавами взорвалась Суэцким кризисом. С началом войны между Израилем и Египтом британцы и французы помчались на помощь к израильтянам. В то же время американцы беспокоились о том, что вступление Советов в союз с Египтом повлечет за собой участие советских войск в войне против союзников Америки. Хотя этот кризис разрешился без вторжения СССР, давняя враждебность, вызванная решением Советов использовать армию с применением военной силы для подавления восстания в Венгрии, заставила Эйзенхауэра приостановить дальнейший советско-американский культурный обмен [Rosenberg 2005: 97–98, 102]. К началу 1957 года президент согласился на восстановление программ по обмену, ссылаясь на обоснование, предоставленное Даллесом, что такие программы помогут покончить с правлением коммунистов [Hixson 1997: 109–110]. Хотя формальное соглашение все еще отсутствовало, в середине 1950-х годов советским правительством и частными группами в Америке разрабатывались мероприятия по культурному обмену [Hixson 1997: 107–108]. К при-

---

[29] Ibid.

меру, в 1956 году американский ученый Фредерик Баргхорн посетил Советский Союз, а несколько ранее, в 1955 году, Хрущёв направил советских специалистов в области сельского хозяйства в рабочие поездки по разным странам, включая Соединенные Штаты Америки [Barghoorn 1958: 46, 51].

К июню 1957 года Уильям Лейси, специальный помощник госсекретаря по обмену между Востоком и Западом, проинформировал советского посла Г. Н. Зарубина о том, что Соединенные Штаты Америки весьма одобрительно относятся к заключению соглашения по радио- и телетрансляциям без цензуры. Зарубин пояснил, что ему необходимо проконсультироваться со своим правительством до того, как он примет решение[30]. Хотя он и выражал желание воздержаться от заключения договора по культурному обмену в результате действий СССР, воспринятых как агрессивные, быстрое возвращение Эйзенхауэра к планам по культурному обмену свидетельствовало о ключевой роли этой программы для внешнеполитического курса США. Как подчеркивалось в Директиве СНБ № 5607, удачная программа по обмену приблизила бы крушение коммунизма и поэтому снизила бы угрозу будущих жестоких действий СССР в Восточной Европе наряду с вероятностью военного вмешательства в случае мирового кризиса.

Политические события 1956 года вынудили не только Соединенные Штаты Америки, но и Советы подвергнуть пересмотру свои методы культурной дипломатии и пропаганды. Оценка советскими властями результатов венгерского восстания побудила прибегнуть к более эффективным мерам в культурной дипломатии. Во время заседания президиума в феврале 1957 года его члены пришли к выводу, что советская пропагандистская система уступала программам капиталистических государств. В период венгерского восстания советские политические деятели наблюдали за

---

[30] White L. Press Secretary for the Department of State, Press and Radio News Conference. June 24, 1957, Monday, not for the Press (For Departmental Use Only) Department of State. Daily News Conferences, Office of News, Department of State, XV, January — June 1957; General Records of the Department of State, Record Group 59; National Archives at College Park, College Park, MD.

тем, как капиталистические государства успешно руководили жесточайшей антисоветской и антикоммунистической кампанией. С учетом повсеместного осуждения действий СССР Советы реструктуризировали свою пропагандистскую политику[31]. Для того чтобы добиться более благожелательного отношения к СССР других стран, президиум согласился ограничиться набором ключевых задач и реорганизовать подразделения, отвечающие за пропаганду. Что касается основных целей, члены президиума пришли к выводу, что пропаганда должна вызывать в народе положительную реакцию и наглядно показывать достижения Советского Союза. В докладе также говорилось: «Основной задачей советской внешнеполитической пропаганды должно быть ознакомление широких масс населения зарубежных стран с достижениями Советского Союза и преимуществами социалистического строя перед капиталистическим» [Фурсенко и др. 2006: 578].

Для достижения этих целей члены президиума приняли решение о создании нового Государственного комитета Совета Министров СССР по культурным связям с зарубежными странами [Фурсенко и др. 2006: 578]. Эта новая организация приступила к работе осенью 1957 года. В тот же год Советы создали Союз советских обществ дружбы и культурных связей с зарубежными странами, заменивший ВОКС. Советские чиновники объясняли, что для ведения внешних дел им необходима новая организация, не связанная со сталинской эпохой [David-Fox 2012: 323][32]. Таким образом, после венгерского восстания Советы заняли более активную позицию в вопросе идеологической борьбы. Как и США, Советы представляли себе культурный обмен в виде продолжения своей пропагандистской деятельности. Что касается намерений Советов, они стремились к тому, чтобы поколебать сложившееся в мире мнение касательно действий СССР, что способствовало бы более широкому признанию коммунистической политики.

---

[31] Постановление ЦК КПСС. О мерах улучшения советской пропаганды на зарубежные страны. Приложение: проект (16 февраля 1957 года) [Фурсенко и др. 2006: 576].

[32] В других источниках указывается 1958 год; см. [Barghoorn 1969: 168].

Создание Государственного комитета по культурным связям с зарубежными странами подтолкнуло США к незамедлительному ответу. В мае 1957 года Даллес направил в американское посольство в Москве телеграмму с просьбой регулярно извещать Госдеп о деятельности комитета и вносить свои предложения, чтобы извлечь из ситуации выгоду[33]. В течение нескольких дней Даллес получил ответ. Посольство доложило о том, что комитет должен приступить к работе с начала июня 1957 года[34]. Более детальный ответ поступил несколько недель спустя. В этом докладе первый секретарь посольства Джон Гатри рассказал о недавней беседе между сотрудником посольства и руководителем американского отдела ВОКС Константином Чугуновым, который обрисовал точную роль нового Государственного комитета по культурным связям с зарубежными странами[35]. В беседе Чугунов заявил, что ВОКС продолжит свою работу с неофициальными группами и частными лицами, в то время как новый комитет будет действовать на правительственном уровне. Новый комитет будет работать рука об руку с Министерством культуры и координировать планы делегаций. Гатри прокомментировал, что Министерство культуры намерено сосредоточиться исключительно на обменах деятелями искусства и что, возможно, к созданию этого комитета побудили сообщения в печати, критикующие нехватку удачной пропаганды. В целом основание комитета давало понять, что СССР нацелен на укрепление программы по культурному обмену [Rosenberg 2005: 127].

[33] Dulles J. F. Secretary of State to American Embassy Moscow, Moscow, Soviet Union, May 27, 1957; Declassified; 561.00/6–2355; Central Decimal File, 1955–1959; General Records of the Department of State, General Record Group 59; National Archives at College Park, College Park, MD.

[34] United States Embassy Moscow, to the Secretary of State. Washington, D. C., May 31, 1957; Declassified; 561.00/6–2355; Central Decimal File, 1955–1959; General Records of the Department of State, General Record Group 59; National Archives at College Park, College Park, MD.

[35] Guthrie J. C. First Secretary of the Embassy, to the Department of State, Washington, D. C., June 8, 1957; Declassified; 561.00/6–2355; Central Decimal File, 1955–1959; General Records of the Department of State, General Record Group 59; National Archives at College Park, College Park, MD; [Rosenberg 2005: 127].

Прежде чем Советы смогли в полной мере осуществить новые планы, перестановки в кремлевском руководстве привели к политическим распрям. Двадцать второго июня 1957 года Хрущёв устранил своих политических оппонентов (В. М. Молотова, Г. М. Маленкова, Л. М. Кагановича и Д. Т. Шепилова), организовав их снятие с высоких правительственных должностей. В конце концов Хрущёв стал единоличным лидером Советского Союза [Фурсенко, Нафтали 2018: 165][36]. Разведка США незамедлительно дала в докладе оценку расколу в Кремле. Чиновники Государственного департамента сделали вывод, что с победой Хрущёва Советы станут проводить политику, позволяющую увеличить обмен специалистами и идеями между СССР и Западом. Американские чиновники воспринимали Хрущёва как фигуру, отрекшуюся от прежних сталинистских норм, но продолжавшую пребывать в изоляции от внешнего мира[37]. Публично американские политические деятели выражали схожие взгляды по поводу прихода Хрущёва к власти. Эйзенхауэр описывал произошедшее как снятие с должностей «традиционалистов» или «закоренелых большевиков»[38]. Несколько более осторожный Даллес говорил о том, что борьба внутри Кремля заключалась между двумя группами: «фундаменталистами», такими как Сталин, который предпочитал жесткий контроль, и «модернистами», к которым

[36] В различных источниках приводится подробное описание государственного переворота 1957 года. См. [Фурсенко, Нафтали 2018; Зубок 2011; Павлов 2010].

[37] Freers E. L. Significance of Changes in Soviet Leadership, July 12, 1957; Declassified; 1101(e)-Molotov 1942–1971; Bureau of European Affairs; Office of Soviet Union Affairs; Bilateral Political Relations; Records Relating to Soviet and American Leadership and Diplomatic Personnel, 1929–1974; Soviet Biographical Subject Files: Menshikov, 1957–1960 to Oumansky, 1929–1974; General Records of the Department of State, Record Group 59; National Archives at College Park, College Park, MD.

[38] Ghosh S. S. Central Program Services Division Talks & Features Branch. Foreign Policy Review #97, Short Version, July 19, 1957; P-McFadden, Moscow Shake-Up 1957; Bureau of Public Affairs; Lot File 61D53; Subject Files of the Policy Plans and Guidance Staff, 1946–1962; AM to NATO Information Service Youth Project; General Records of the Department of State, Record Group 59; National Archives at College Park, College Park, MD.

относился Хрущёв, производивший впечатление человека, способного идти на уступки. В итоге Даллес сделал вывод о том, что освобождение от должностей вышеупомянутых лиц послужило доказательством стремления советских граждан к свободе и что это было в России «необратимой тенденцией»[39]. Этот анализ захвата власти Хрущёвым был весьма благоприятным для планов Америки. При советском руководстве, склонном к продвижению обменов между Востоком и Западом, американские политические деятели увидели возможность использовать с выгодой для себя собственные стратегии по культурному обмену.

Пока американцы планировали извлечь выгоду из перемен в СССР, Хрущёв со всей силой стремился реализовать программу по культурному обмену, созданную с целью свести на нет антикоммунистические настроения. Советский лидер вполне осознавал потенциал невоенного оружия. Еще до того, как уничтожить своих политических оппонентов, Хрущёв продвигал культурный обмен между Америкой и Советами. Второго июня 1957 года во время интервью американской радиостанции «Си-би-эс» Хрущёв говорил, что развитие связей в области культуры укрепит отношения между США и СССР, и одновременно пытался убедить лидеров США прекратить подрывные действия в отношении культурного обмена. Четырьмя днями позже советские чиновники внесли масштабное предложение по обмену в области науки, промышленности, техники, а также в сфере искусства [Фурсенко, Нафтали 2018: 165; Hixson 1997: 151]. Как и в случае с предыдущими попытками убедить США подписать международный договор о дружбе и сотрудничестве, интервью Хрущёва «Си-би-эс» было нацелено на то, чтобы выставить Соединенные Штаты Америки враждебным и не идущим на компромиссы противником. Хотя с виду Хрущёв и стремился к лучшим отношениям, он пытался соревноваться с Западом, и его вера в доктрину мирно-

---

[39] Agger D. A Look at the World #172, Special Feature, July 19, 1957; P-McFadden, Moscow Shake-Up 1957; Bureau of Public Affairs; Lot File 61D53; Subject Files of the Policy Plans and Guidance Staff, 1946–1962; AM to NATO Information Service Youth Project; General Records of the Department of State, Record Group 59; National Archives at College Park, College Park, MD.

го сосуществования обеспечивала философскую основу для культурного обмена.

Первоначально после Октябрьской революции идея мирного сосуществования возникла в качестве прагматичного внешнеполитического подхода. В начале 1920-х годов большевики использовали этот термин для описания одновременного существования капиталистического мира и коммунистического режима [Roberts 1999: 4]. Ленин разработал концепцию мирного сосуществования в определенной связи с развитием отношений между советской Россией и Соединенными Штатами Америки [Нихамин и др. 1985: 194]. Поскольку революция должна была стремительно охватить капиталистический мир, большевики понимали мирное сосуществование как переходное состояние. Впрочем, поскольку последующие советские лидеры сосредоточились на развитии коммунизма в Советском Союзе, а мировой коммунистической революции так и не случилось, мирное сосуществование обрело перманентный характер [Roberts 1999: 4]. Впоследствии советские власти понимали мирное сосуществование как возможность невоенного соревнования между коммунистами и капиталистическими государствами, и это соревнование должно было предоставить Советам шанс продемонстрировать превосходство их системы и выйти победителем [Roberts 1999: 3]. Ясно осознавая преимущества мирного сосуществования, Хрущёв говорил:

> Мы добивались мирного сосуществования на государственной основе. Вопросы идеологии и философии мы тут всегда выделяли и открыто заявляли, что мирное сосуществование социалистической и капиталистической идеологий невозможно, что они несовместимы, пока каждая сторона остается на своих принципиальных позициях, с которых нельзя сходить [Хрущёв 2016: 441].

Несмотря на то что Хрущёв сделал выбор в пользу более тесных контактов с Западом, он твердо верил в конечный триумф коммунизма. Эта искренняя вера в коммунизм натолкнула Хрущёва на мысль, что через культурный обмен СССР продвинет свою идеологию и собственные достижения, тем самым вызвав у ка-

питалистического мира зависть и, соответственно, готовность
к восприятию коммунистических идей и коммунистического
политического курса.

К концу 1957 года советские и американские лидеры начали
внедрять политику культурного обмена. Осознавая, что Государственному департаменту не хватает сил контролировать советско-американский обмен, администрация Эйзенхауэра создала
Группу по связям между Востоком и Западом. Члены этого подразделения внимательно следили за организацией рабочих визитов коммунистических делегаций из Восточной Европы. К тому
же эта группа по связям осуществила проверку частных лиц —
организаторов этих визитов [Barghoorn 1960: 7][40]. Как только
Государственный департамент завершил формирование этого
подразделения, сотрудники советского посольства, жаждущие
как можно скорее заключить договор по культурному обмену,
потребовали назначения точной даты начала переговоров. В ответ американские дипломаты заявили, что дата переговоров
пока не определена, но что их проведение планируется в конце
октября. Американские чиновники подчеркивали неофициальный характер переговоров и к тому же не верили в необходимость
формальных действий[41]. Тем не менее, как следует из документов
Государственного департамента, Советы выносили на рассмотрение свои предложения по культурному обмену. В частности,
чиновники Госдепа отметили поступивший от Советов запрос
на обмен артистами и приступили к обсуждению правильного
подхода в отношении такого рода визитов. Поскольку на 28 октября 1957 года ни одна из действующих правовых норм не позволяла правительству США взять на себя ответственность за

[40] См. также: East-West Contact Staff-Security Checks, April 27, 1956; Declassified;
Guidelines and Policy for East-West Contacts Staff 6; Records of the Bureaus of
Security and Consular Affairs; Lot File 62-D-146; Decimal Files, 1953–1960,
1953–1956; General Records of the Department of State, Record Group 59; National Archives at College Park, College Park, MD.

[41] Arrangements for U.S. — U.S.S.R. October Talks, September 27, 1957; Declassified;
October Talks-General. Bureau of Public Affairs; Lot File 59D 127; October Talks-
General (1957)-V191 Rumania-Minei Nicolae; General Records of the Department
of State, Record Group 59; National Archives at College Park, College Park, MD.

планирование и контроль выступлений зарубежных артистов, гастролями в США занимались частные лица либо организации. Частная американская организация или частное лицо, планирующие визит, совместно с советским правительством должны были согласовать все условия и положения касательно турне[42]. Кроме того, члены конгресса США выразили одобрение предлагаемого договора, отменив сбор отпечатков пальцев [Hixson 1997: 152].

Двадцать восьмого октября 1957 года начались переговоры между американскими и советскими чиновниками. Соединенные Штаты Америки представлял Лейси, специальный помощник президента по вопросам обменов между Востоком и Западом, а советское правительство — советский посол Зарубин [Rosenberg 2005: 131]. Спустя несколько месяцев после окончания переговоров Соединенными Штатами Америки и Советским Союзом был заключен официальный договор по культурному обмену. Подписание этого официального договора — Соглашения между СССР и США об обменах в области культуры, техники и образования — 27 января 1958 года заложило фундамент для культурного обмена в сферах радио- и телевещания, промышленности, сельского хозяйства, медицины и искусства. Стремление США наладить свободный информационный поток нашло отражение в пунктах договора по взаимному обмену радио- и телепередачами. Хотя в окончательном договоре вопрос трансляций, затрагивающих международные отношения, остался нерешенным, американцы получили одобрение на информационный обмен в области науки, промышленности и искусства. Что касается Советов, их культурные инициативы вылились в положения, где говорилось об обмене делегациями артистов и деятелей культуры, в том числе было обещано организовать для балета Большого театра турне по США в 1959 году[43].

---

[42] Burns M., O'Neil W. P., concurred in by Merrill F. T., Davis N., Magdanz J. F., U.S. — U.S.S.R. Exchange Talks October 1957; Declassified; 8. Artists including Dramatic Choral and Choreographic Troupes, Symphony Orchestras, Exchange-of-October Talks; Bureau of Public Affairs; General Records of the Department of State, Record Group 59; National Archives at College Park, College Park, MD.

[43] Agreement Between the United States of America and the Union of Soviet Socialist Republics on Exchanges in the Cultural, Technical, and Educational Fields, January 27, 1958; Bureau of Educational and Cultural Affairs; Office of U.S. Pro-

Хотя обе сверхдержавы представляли культурный обмен как жест доброй воли, это соглашение оказалось поворотным пунктом в идеологической борьбе. Администрация Эйзенхауэра рассматривала договор как реализацию своих целей организации свободного информационного потока. В соответствии с содержанием договора западные идеи должны были проникать за железный занавес, неся с собой западное мировосприятие. Вести из Америки должны были приобщить граждан коммунистических государств к благам западной жизни, тем самым инициируя развитие в направлении более либеральных демократических режимов западного типа. Советы понимали, что договор по культурному обмену с США содействовал их историческим целям подорвать антикоммунистические и антисоветские настроения и посредством этого организовать поддержку коммунистической идеологии. Поскольку Советы делали акцент на тех видах искусства, которые служили визуальным воплощением их идеологии, выдающиеся гастрольные спектакли должны были не только показать превосходство коммунизма, но и раскрыть перед американской публикой советские идеалы, подорвав антисоветскую позицию американцев и в конечном итоге провозгласив ожидаемый исторический триумф коммунизма.

В этой атмосфере идеологической доброжелательности Советы согласились на самое яркое выражение коммунистической идеологии — американское турне Большого театра, намеченное на 1959 год. Работа по планированию гастролей сделала очевидным их идеологический характер и выглядела как пропагандистская деятельность колоссального масштаба. Начиная с отбора балетного репертуара и кончая подбором состава исполнителей, советские чиновники спорили о том, как наилучшим образом предстать перед капиталистическими оппонентами, смягчив тем самым жестко антикоммунистические настроения американцев.

---

grams and Services; Records Relating to Leaders and Specialists Projects, 1951–1963; General Records of the Department of State, Record Group 59; National Archives at College Park, College Park, MD. См. также: [Hixson 1997: 153].

Глава 2
Репертуарные ограничения

Планирование турне Большого театра 1959 года

Во время переговоров по культурному обмену и в процессе последующей разработки планов касательно премьеры Большого театра советские лидеры подвергли пересмотру роль искусства в коммунистическом обществе. Хотя идея оттепели в советско-американских отношениях заложила основу для договора по культурному обмену, реальные цели и мотивы, стоящие за программой по культурному обмену, не свидетельствовали о потеплении в отношениях между двумя сверхдержавами. Напротив, государственные деятели СССР намеревались использовать искусство, в том числе турне ГАБТа, как мощнейшее оружие, способное сделать американцев более податливыми к советским идеям, и изменить американское общество.

В отличие от Сталина, чья глубокая неприязнь к Западу фактически уничтожила культурную дипломатию, Хрущёв решил воскресить ее, сделав ключевым элементом советской международной политики. Подобно тому как советские лидеры 1920-х годов полагались на культурную дипломатию с расчетом добиться признания в капиталистических странах, Хрущёв также надеялся, что культурная дипломатия и культурный обмен повлияют на мнение американцев о Советском Союзе: культурная дипломатия повлечет за собой реакцию американцев, американские зрители будут аплодировать выдающимся советским артистам, а в дальнейшем эти аплодисменты перерастут в одобрение советского политического курса; американцы примут советские ценности и в один прекрасный день станут точно такими же, как новый советский человек. Но, как мы знаем, поскольку американцы понимали коммунизм как прямую угрозу их благополучной жизни и безопасности, они не станут испытывать особого благоговения по отношению к советскому политическому курсу и советской идеологии.

Культурная дипломатия, по сути, форма советской пропаганды, которая маскировала советскую идеологию и советские принципы под художественное выражение, таким образом предоставляя скрытые средства, чтобы заручиться поддержкой советского политического курса. Она стала базовым принципом масштабной стратегии Хрущёва, направленной на победу СССР в холодной войне.

За решением Советов начать планирование турне Большого театра стояло понимание острой необходимости в культурной дипломатии. Наравне со своими предшественниками, руководившими страной в 1920-е годы, которые полагались на визуальные средства, чтобы в конечном итоге достучаться до безграмотных масс [Pipes 1993], советские лидеры 1950-х годов придерживались мнения, что визуальные виды искусства обеспечивают наилучший способ экспорта коммунизма. В частности, эти высокопоставленные советские чиновники рассчитывали на турне, которое одновременно отразит достижения коммунизма и вызовет интерес у американской публики, тем самым обеспечив поддержку для коммунистических взглядов. Подбор гастрольного репертуара Большого театра учитывал эти цели и подчеркивал роль искусства как воплощения коммунистической идеологии. Все внимание было направлено на формирование репертуара, который увлек бы американцев и (по крайней мере, подсознательно) внушил бы им советские идеи. В итоге турне должно было изменить негативное мнение американцев о коммунизме. Эти меры свидетельствовали о том, что советские лидеры осознавали важность роли искусства в их планах по разрушению Запада и в победе в холодной войне.

На протяжении десятилетий американский импресарио Сол Юрок пытался получить от советского руководства письменное разрешение на проведение гастролей балетной труппы Большого театра по Соединенным Штатам Америки. В 1920-х годах Юрок, удачливый бизнесмен и поистине преданный русскому искусству человек, трансформировал обе свои страсти в спонсорскую поддержку русских артистов в Соединенных Штатах Америки. Эти турне должны были не только принести выгоду в денежном выражении, но и научить американцев ценить русский талант и привести к осознанию необходимости хорошо финансируемых сценических проектов. Юрок ценил, что русские используют государственные средства для содействия искусству и поддержания одаренных людей [Robinson 1994][1]. В то же самое время он осознавал, что американская элита воспринимает теперь интерес к искусству как средство, способствующее карьерному росту. Прилагая на протяжении 1920-х годов усилия к тому, чтобы продвигать русские дарования, Юрок добился разрешения от советского правительства организовать гастроли ведущих исполнителей, среди которых были певец Федор Шаляпин и композитор Александр Глазунов [Hurok 1953: 19, 25–27; Robinson 1994: 44–45, 71, 131]. Начиная с 1920-х годов благодаря своему дару, который особо ярко проявился в этот период, Юрок стал привозить в Америку известных европейских артистов, что потакало желанию богатых американцев и в дальнейшем продвигаться по карьерной лестнице благодаря искусству [Robinson 1994: 44–45].

В конце 1920-х и в течение 1930-х годов ряд попыток Юрока начать переговоры касательно приезда в США Большого театра встречали пустое обещание — «в будущем сезоне» [Robinson 1994:

---

[1] Робинсон — единственный, кто составил биографию Юрока. В своей работе он использует в качестве основы неопубликованные источники, а также интервью с членами семьи Юрока и его бывшими бизнес-партнерами в России. Известно, что Юрок постоянно выдумывал факты своей биографии, как того требовала ситуация; между тем сведений о его жизни и деловых переговорах, имевших место в действительности, явно недостаточно. В других источниках, включая мемуары Юрока, где он останавливается на 1953 году, подробная информация о его переговорах с советскими лидерами в 1920-х и в начале 1950-х годов отсутствует. В других известных мне работах для описания его деятельности используется составленная Робинсоном биография как единственный источник информации об импресарио.

207, 211]. Начало Второй мировой войны приостановило активность Юрока, к тому же в послевоенную эпоху Сталин избегал контактов с Западом. После смерти Сталина Юрок вернулся к своему плану представить на американской сцене балет ГАБТа. С помощью Э. А. Иваняна, сотрудника Министерства культуры, который в тот момент находился в советском посольстве в Вашингтоне (округ Колумбия), Юрок установил связи с высшим руководством СССР. Имея отношения с крупнейшими партийными чиновниками, этот импресарио стал главным спонсором советских артистов в Соединенных Штатах Америки [Robinson 1994: 347–351]. Полагая, что он полностью вошел в доверие к лидерам партии, Юрок вновь стал просить о посещении Америки Большим театром. В СССР на запрос Юрока ответили заявлением, что в первую очередь в турне по Соединенным Штатам Америки необходимо направить танцевальный коллектив — ансамбль Игоря Моисеева. По завершении переговоров с Советами и американскими чиновниками, продолжающихся два года, в апреле 1958 года Юрок повез ансамбль в США на трехмесячные гастроли, которые должны были продлиться по июнь [Robinson 1994: 351–352; Rosenberg 2005: 139][2]. Танцовщики ансамбля Моисеева исполняли славянские, кавказские и среднеазиатские танцы, что имело целью заострить внимание публики на единстве разных народов, проживавших на территории Советского Союза [Robinson 1994: 347].

В самом начале гастролей ансамбля Моисеева до американцев дошли сведения о том, что Ван Клиберн, их соотечественник, знаменитый пианист, победил на конкурсе имени П. И. Чайковского в Москве. Воодушевленные признанием в СССР Клиберна американцы с нетерпением ожидали появления ансамбля Моисеева. Хореографический коллектив имел грандиозный успех, о чем говорит тот факт, что люди часами ожидали в очередях в надежде приобрести билеты. Премьерное выступление увенчали громогласные аплодисменты публики, которая вызывала

---

[2] Martin J. Moiseyev Gross May Set Record. Soviet Dancers to End Tour Tomorrow with $ 1,600,000 in Box-Office Receipts // The New York Times. 1958. June 27.

танцовщиков на поклон семь раз. Последующие выступления артистов были встречены продолжительными стоячими овациями и удостоились высокой оценки ведущих американских балетных критиков [Robinson 1994: 358–359; Prevots 1998: 71–72]. Турне ансамбля Моисеева увенчалось успехом. Однако до приезда в Америку Большого театра Юрок согласился еще и на выступление ансамбля «Березка» [Robinson 1994: 353, 361–363, 367; Rosenberg 2005: 139].

Юрок организовал для ансамбля «Березка» десятинедельное турне, которое продолжалось с ноября 1958 по январь 1959 года [Robinson 1994: 367–368, 371][3]. Ансамбль исполнял танцы, укорененные в русской традиции, и являлся сочетанием фольклорного ансамбля и коллектива, исполнявшего характерные танцы [Robinson 1994: 367]. В январе 1959 года, когда ансамбль все еще находился на гастролях, первый заместитель председателя Совета Министров СССР А. И. Микоян совершил поездку в Соединенные Штаты Америки. Несмотря на то что целью визита Микояна в США было предотвратить возможное столкновение в результате Берлинского кризиса [Каспарьян, Каспарьян 2009: 321][4], Юрок утверждал, что именно Микоян оказал влияние на решение Министерства культуры в отношении Большого театра [Robinson 1994: 371]. Импресарио доложил чиновникам Государственного департамента, что после выступления ансамбля «Березка» Микоян, впечатленный приемом исполнителей американской аудиторией и обрадованный тем, что американцы продолжали восхищаться ансамблем Моисеева, послал телеграмму в Министерство культуры. В своем коммюнике Микоян «настаивал на том, чтобы Большой театр отправили в гастрольное турне, как планировалось изначально, весной»[5].

---

[3] Esterow M. 43 Girls of the Beryozka Ballet Here from Soviet Union for U.S. Tour // The New York Times. 1958. November 3.

[4] Подробнее о Берлинском кризисе 1958 года см. в гл. 7, где также рассматриваются последствия турне Большого театра.

[5] Davis R. Minister-Counselor of American Embassy to the Department of State, Washington, D. C., March 3, 1959; Declassified; 032 HRD: Central Decimal File 1955–1959; General Records of the Department of State, Record Group 59; Na-

В то же самое время Советы выражали обеспокоенность в отношении приема Западом советских дипломатов, что, несомненно, распространялось и на деятелей искусства. Неуверенность Советов и связанное с этим желание, чтобы Запад видел в них равноправного партнера, можно было обнаружить в речи Хрущёва накануне Женевской конференции в 1955 году. Хрущёв заявил, что саммит наконец-то вынудит западных государственных деятелей смотреть на советских лидеров как на равных [Фурсенко, Нафтали 2018: 32, 38–41]. Но эти опасения должны были до некоторой степени развеяться, когда в СССР узнали о том, с какой теплотой американцы принимали русские танцевальные ансамбли.

Решение направить в США большое число различных творческих коллективов было частью общей политики Советов в отношении капиталистических государств. В плане на 1959 год, представленном Г. А. Жуковым, председателем Государственного комитета Совета Министров СССР по культурным связям с зарубежными странами, говорилось, что ограниченность бюджета требует сокращения во всех статьях расходов, связанных с капиталистическими государствами. Но эти затраты все еще погло-

tional Archives at College Park, College Park, MD. Подробнее о дебатах по поводу возможности проведения гастролей Большого театра в то время см. ниже в этой главе. Из окончательного текста Соглашения о культурном обмене 1958 года ясно, что Советы в 1959 году должны были отправить Большой театр в гастрольное турне сроком на месяц, однако конкретный период в соглашении не указан. Как бы то ни было, в своем выступлении в ноябре 1958 года М. М. Меньшиков, советский посол в США, отметил, что предстоящий проект по культурному обмену включает в себя турне балета Большого театра, намеченное на апрель 1959 года. См. Speech by Ambassador Mikhail Menshikov, with Introductory Remarks made by Donald H. McGannon, at the Radio & Television Executive Society «Newsmaker» Luncheon: Hotel Roosevelt 19, 1958, Speaker: Russian ambassador Mikhail Menshikov; Menshikov Mikhail A. 1957–1970; Bureau of European Affairs; Office of Soviet Union Affairs; Records Relating to Soviet and American Leadership and Diplomatic Personnel, 1929–1974; Soviet Biographical Subject Files; Bilateral Political Relations; Menshikov, 1957–1960 to Oumanksy, 1936–1945, Box 4; General Records of the Department of State, Record Group 59; National Archives at College Park, College Park, MD.

щали 46,9 % бюджета, выделенного для культурного обмена с зарубежными странами[6]. Однако Советы прилагали усилия в отношении Соединенных Штатов Америки, чтобы увеличить число делегаций[7]. По-видимому, с учетом того, что 46,9 % бюджета, выделенного на культурные связи с зарубежными государствами, шло на капиталистические страны, а также того, что Советы решили увеличить количество делегаций, направляемых в США, советско-американскому обмену отводилась огромная доля выделенных денежных средств. Это распределение финансов свидетельствовало о том, какое значение придавал СССР культурному обмену с Соединенными Штатами Америки.

Кроме того, Советы в целом принимали меры по увеличению числа мероприятий по культурному обмену с капиталистическим миром. Из отчета следовало, что компетенция Министерства культуры распространялась на организаторскую деятельность по обмену творческими коллективами. Это расширение его полномочий указывало на следующее: советские власти считали культурный обмен столь важным, что для него требовался прямой контроль со стороны Министерства культуры. Хотя чиновников из министерства явно устраивала эта расширенная роль, им все равно приходилось тесно сотрудничать со своими коллегами из Государственного комитета по культурным связям с зарубежными странами и отделов Центрального комитета[8].

---

[6] РГАЛИ. Ф. 2329. Оп. 8. Д. 1234. Л. 40–41. Жуков Г. Запись беседы 3 марта 1959 года. Этот отчет не включает в себя страны Среднего Востока, куда входили Арабский Восток и страны Африки. Советские власти признавали, что у них имеются конкретные планы по распространению советской пропаганды внутри этих двух регионов. Можно предположить, что этот план в первую очередь предназначался для Западной Европы и Соединенных Штатов Америки.

[7] РГАНИ. Ф. 5. Оп. 36. Д. 54. Л. 13–14. Сводный план по культурным связям СССР с капиталистическими странами, 1959 год. Объем и основные мероприятия по культурным связям СССР с капиталистическими странами на 1959 год. Искл. ст. Арабского Востока и Африки. Проект.

[8] РГАНИ. Ф. 5. Оп. 36. Д. 54. Л. 12. О сводном плане по культурным связям СССР с капиталистическими странами на 1959 год. Проект постановления ЦК КПСС.

Что касается Соединенных Штатов Америки, советские чиновники признали, что, хотя публично они выражали свою приверженность равноценному советско-американскому обмену, в действительности план на 1959 год составлялся с расчетом направить в США больше советских делегаций по сравнению с количеством американских делегаций, имеющих разрешение на въезд в Советский Союз[9]. Причиной намерения послать больше делегаций за границу и сократить число визитов американцев была боязнь некоторых советских лидеров, что их граждане поддадутся американской пропаганде. В результате эти политические деятели выражали сильные опасения в отношении культурного обмена [Rosenberg 2005: 171][10]. Для советских властей ограничение числа групп, выезжавших в США, означало, что меньшее число советских граждан попадет под влияние американской пропаганды. Однако советские политические деятели также воспринимали культурный обмен как средство наращивания своей пропагандистской деятельности внутри капиталистических стран. Они намеревались использовать соглашение по культурному обмену для того, чтобы поведать всем о творческом превосходстве коммунистов и марксистской идеологии, одновременно делая все возможное и невозможное, чтобы уберечь советских граждан от американской пропаганды. Даже если советских артистов нельзя было полностью оградить от американских идей, вера в то, что культурный обмен и дипломатия окажутся ценным оружием победы в холодной войне, и убежденность, что марксистские идеи можно с легкостью распространять посредством искусства, привели к тому, что советское руководство

---

9 РГАНИ. Ф. 5. Оп. 36. Д. 54. Л. 13–14. Сводный план по культурным связям...

10 Розенберг опирается здесь на [Robinson 1994]. Источник самого Робинсона: Davis R. Minister-Counselor of American Embassy to the Department of State... У автора имеется копия этого рассекреченного меморандума. Юрок особо не распространяется о характере разногласий, об именах конкретных лидеров и о причинах их опасений. Возможно, они полностью совпадали с опасениями чиновников сталинской эпохи в 1930-е годы, которые тревожились о том, что советский уровень жизни не мог соперничать с тем, каковой предлагали капиталистические государства (см. гл. 1).

решило позволить отдельным исполнителям посетить капиталистические страны.

Хотя в послевоенную эпоху балет Большого театра окажется чрезвычайно успешным элементом культурного обмена [Homans 2010: 342] и станет фактически синонимом советской культуры, авторитет балета в советском обществе не всегда был высок. Разногласия, касавшиеся статуса русского балета, занимали умы советских лидеров с первых лет революции и на всем протяжении хрущёвской эпохи. Хотя к середине 1950-х годов дискуссии вокруг проблемы сохранения театров оперы и балета приутихли, политические лидеры и чиновники от культуры продолжали подчеркивать потребность в большем числе балетов на марксистские темы и по-прежнему полагались на культуру как могущественное средство приобретения поддержки.

Решение Советов использовать культуру в качестве оружия для раздувания мировой коммунистической революции базировалось на понимании центральной и исторической роли искусства в новом советском обществе. С момента Октябрьской революции 1917 года искусство выполняло ведущую функцию в развитии этого нового общества. Большевики видели себя художниками, намеревавшимися построить прекрасное марксистское общество. Подобно скульпторам, они ваяли свою материю, то есть переделывали целый мир в новое эгалитарное общество [Гройс 2013: 19; Alovert 1994: 48–49]. Ленин, как и русская интеллигенция XIX века, верил в свою миссию по созданию нового человека. Говоря конкретнее, марксистская теория учила, что человеческая природа является результатом исторического развития, а революция может переменить характер человека. Большевики рассчитывали на то, что этот новый человек будет «существом рациональным, дисциплинированным и общественным» [Figes 1996: 733]. Искусство играет значительную роль в создании нового советского человека. Для Ленина мозг был всего-навсего механическим устройством, которое реагирует на внешние раздражители. Искусство нового общества должно было содержать социальные и образовательные послания, побуждающие людей смотреть на мир свежим взглядом [Alovert 1994:

48; Figes 1996: 733, 736–737]. По словам Кристины Эзрахи, использование искусства с целью перевоспитания и переделки граждан нового общества оставалось в советскую эпоху заметным явлением. Фактически главной целью советского культурного проекта было трансформировать индивидуумов в нового советского человека [Ezrahi 2012: 3, 27]. С помощью искусства человечество предстояло видоизменить в бескорыстных существ, посвящающих себя общественному благу.

Важнейшее место искусства в этой модификации означало, что художники, писатели и артисты берут на себя ключевую роль [Volkov 1955: 81; Figes 2002: 446–447]. Творчество советских деятелей искусства должно было поддерживать и прославлять новый порядок. По словам музыкального критика Николая Слонимского, новые художественные стили отражали новую политику. В 1920-е годы политическая цель упразднения традиционных авторитетов нашла выражение в новых экспериментальных видах искусства, таких как оркестр без дирижера. Были и композиторы, которые прославляли пролетариев путем введения в балеты и симфонии фабричных звуков, например парового двигателя [Slonimsky N. 1950: 236–237]. Подобно тому как советские лидеры желали упразднить традиционный политический порядок, приветствовали они и отказ от превалирующих художественных стандартов, что должно было привести к развитию нового пролетарского общества. В отличие от других стран, где художественные движения бросали вызов устоявшимся стандартам, в СССР власти поддерживали эти экспериментальные художественные формы и видели в них орудие в создании нового общества.

Несмотря на то что Ленин выступал за новый правящий режим и общественный порядок, он понимал, что необходимо идти на компромисс с дореволюционной буржуазной интеллигенцией. Советские руководители осознавали, что по причине нехватки ведущих технических специалистов и высшей бюрократии большевикам придется сотрудничать с существующей буржуазной интеллигенцией. Более того, эти попытки убедить буржуазных деятелей искусства использовать свои таланты на благо нового государства легли в основу советской культурной политики

1920-х годов [Fitzpatrick 1992: 9, 91–92]. Большевистский лидер желал, чтобы артисты и музыканты страны поддержали новую власть и использовали свои таланты во славу нового режима. Таким образом, на протяжении первого десятилетия после революции советские лидеры начали выстраивать новую культурную идентичность, которая должна была привести к созданию нового советского человека. Эта идентичность должна была опираться одновременно на применение дореволюционного искусства и насаждение большевистских идеалов.

Понимание Лениным советской культуры и его решение положиться на старые элиты также были связаны с более прагматичными заботами. Тесное сотрудничество с буржуазной интеллигенцией должно было укрепить связь этих авторитетов с большевиками. Благодаря этим тесным отношениям Ленин надеялся изолировать пролетарское культурное движение, Пролеткульт, в котором он видел своих политических соперников. В частности, Ленин понимал, что потенциальные политические оппоненты смогут использовать Пролеткульт для получения поддержки и развития сильной оппозиционной организации [Fitzpatrick 1992: 22, 43, 91–92].

Помимо желания изолировать политических соперников, взгляды Ленина на искусство напоминали об идеях интеллигенции XIX века. Он понимал революцию не как создание новой пролетарской культуры, а как формирование рабочего класса, который сможет оценить устоявшуюся элитарную культуру. Ленин задавался вопросом: «Почему нам нужно отворачиваться от истинно-прекрасного... только на том основании, что оно "старо"? Почему надо преклоняться перед новым, как перед богом, которому надо покориться только потому, что "это ново"?» [Лифшиц 1938: 298]. Это представление об искусстве гармонировало с намерением привлечь к работе в правительстве существующие буржуазные элиты. База для формирования советской культурной идентичности, состоящая из произведений эпохи царизма и революционного времени, была заложена с учетом как политических соображений, так и личного художественного вкуса Ленина. Он выстраивал советскую идентичность посредством уничтожения старого порядка и все же полагался на этот старый порядок в целях упрощения политической и социальной трансформации.

Осознавая ключевую роль культуры для нового общества, Ленин сосредоточился на развитии культуры и в первые же годы революции объявил о своих целях в области искусства. В октябре 1920 года, говоря о необходимости сохранить российское культурное наследие, Ленин официально поддержал мнение, что нужно не выдумывать новую пролетарскую культуру, а сфокусироваться на развитии традиций существующей культуры «с точки зрения миросозерцания марксизма» [Ленин 1957: 395]. Луначарский, народный комиссар просвещения, также заявлял, что деятели искусства должны демонстрировать в своем творчестве преданность революции. В то же время Луначарский отрекся от своей критики музыки Чайковского, которую он прежде называл «слишком надушенной»[11], и выступил в поддержку художественных достижений имперской эпохи, заявляя, что эти работы являются жизненно важной составляющей культурного наследия, теперь доставшегося рабочим [Ferenc 2004: 9]. Очевидно, к концу 1920-х годов эти большевики-революционеры понимали дореволюционное искусство как значимый компонент русской и советской идентичности.

Но если Луначарский старался сохранить творческое наследие императорской России, другие советские лидеры были недовольны той ценой, в которую обходилось искусство, то есть количеством денежных средств, выделяемых для поддержания бывших императорских театров. В конце 1921 года члены Центрального комитета Коммунистической партии заявили, что выделение правительством денежной поддержки Большому театру в Москве и Мариинскому театру в Петрограде[12] еще более истощает весьма

---

[11] Луначарский А. В. Чайковский и современность // Красная газета. 1928. № 279. 9 октября. Вечерний выпуск. С. 4. См. также [Krebs 1970: 37].

[12] Большевики продолжали называть бывшую имперскую столицу Петроградом, пока после смерти В. И. Ленина в 1924 году правительство не приняло решения переименовать город в честь вождя.

скудные финансовые ресурсы государства. В январе 1922 года Луначарский пытался убедить Центральный комитет, включая Ленина, колебавшегося касательно необходимости этой поддержки, в том, что закрытие театров не приведет к сокращению государственных расходов. В этом случае правительству придется выплатить бывшим артистам денежную компенсацию, а чтобы уберечь театры от мародеров, нанять охрану [Суриц 1979: 35; Ezrahi 2012: 23–24]. Несмотря на это, до конца декабря 1922 года вопрос официально считался неразрешенным. Понимая нежелание некоторых чиновников выделять денежные средства, руководители Большого и Мариинского театров допустили возможность финансирования театров из иного источника. Решение правительства урезать дотации побудило театральное управление взять на себя более серьезную роль в обеспечении суммами, необходимыми для поддержания работы [Суриц 1979: 37]. Благодаря этому решению по поводу финансирования театральное руководство утвердило значимость театров как неотъемлемого аспекта культурного развития коммунистической России.

Хотя бывшие императорские театры и оставались открыты для публики, советские лидеры постоянно высказывали недовольство в отношении уместности дореволюционных балетов. Коротко говоря, большевистские лидеры придерживались мнения, что, поскольку прежде балетом восхищалась аристократия, этому виду искусства не место в новом обществе [Lifar 1954: 294]. К примеру, в 1921–1922 годах различные театральные критики задавались вопросом, на пользу ли новому обществу сохранение пережитков имперского прошлого, в том числе Большого театра [Суриц 1979: 37–38]. Хотя рабочие и могли теперь посещать театр, некоторые чиновники придерживались мнения, что дореволюционное искусство не подходит для новой аудитории [Schwarz 1972: 52–53]. К примеру, в 1927 году Ленинградская ассоциация современной музыки выпустила брошюру под заголовком «Октябрь и новая музыка», в которой говорилось, что меланхоличные сочинения Чайковского не удовлетворяют музыкальных потребностей рабочих. Рабочие нуждались в воодушевляющей музыке, то есть в той, которая соответствовала новой коммунистической эпохе [Schwarz 1972: 52–53]. Многие радикально настроенные политики призывали новых чиновников от культуры очистить балет от его буржуазного духа и осовременить его, добавив политические темы левой направленности. Как и в политике, в искусстве эти советские лидеры искали новое направление [Lifar 1954: 292].

Однако были и другие большевики (к примеру, Луначарский и руководители театров), которые одобряли имперские балеты. В результате в 1920-е годы на сцене Мариинского и Большого театров регулярно ставились дореволюционные произведения [Schwarz 1972: 25, 28–29.] Из прагматических соображений уже в 1929 году Луначарский утверждал, что недостаточное финансирование препятствует созданию достаточно развитого революционного репертуара, поэтому одобрял исполнение в театрах дореволюционных балетов [Schwarz 1972: 29].

Кроме того, на протяжении 1920-х годов важную роль продолжала играть дореволюционная традиция использования в сценографии элементов декоративно-прикладного искусства. В первые годы после революции художники продолжали имперскую традицию создания изысканных театральных декораций [Березкин 1976: 291]. Власти допускали художественные эксперименты, и, таким образом, прикладное искусство отражало уникальную манеру каждого художника. Работая над спектаклем, они изучали эскизы декораций и сценографии, костюмы исполнителей и лейтмотивы в музыке, что приводило к созданию цельного произведения. Работа каждого художника отражала его личное мировоззрение и эстетические принципы [Березкин 1976: 292–293].

Это сочетание до- и послереволюционного искусства способствовало развитию новаторского балета 1920-х годов. Например, в своей балетной постановке 1922 года «Вечно живые цветы» Александр Горский сохранил основную сюжетную линию сказки, однако включил в спектакль революционные символы, серп и молот, а завершил его исполнением Интернационала [Суриц 1998: 95–97]. Помимо всего прочего, музыканты-конструктивисты, стремившиеся сделать музыку более практичной, приближенной к народу, пытались модернизировать балет атлетическими и акробатическими трюками и «танцами машин» [André 1998: 99], имитировавшими движения заводских станков. Наряду с этими экспериментаторами находились и такие деятели искусства, которые для создания произведений революционной эпохи продолжали брать за основу балет XIX века. К примеру, Федор Лопухов в «Ледяной деве» использовал большую форму классического балетного спектакля с ее привычной «лексикой» и добавил в текст акробатические движения, которые должны были осовременить постановку.

Этот свежий акцент на важности танца возродился в балетах 1930-х и 1940-х годов [André 1998: 99, 104]. Подобно Лопухову, Василий Тихомиров также привнес в традицию XIX века новые элементы. В балете «Красный мак» он подчеркивал революционные идеи оптимизма и героизма и с легкостью передавал сюжет посредством пантомимы [Roslavleva 1979: 219, 319; André 1998: 104]. Модернизация балета символизировала реконструкцию русской культуры новым обществом, включая самые сакральные традиции дореволюционной эпохи. Советская культурная идентичность состояла из дореволюционных форм и техник, поверх которых накладывались революционные темы.

Таким образом, на протяжении 1920-х годов советские лидеры осознавали ключевое значение искусства внутри страны и за ее пределами. На внутреннем уровне искусство воспевало новый политический порядок, наглядно представляло революционные идеалы и способствовало формированию «нового советского человека». На международном уровне опора на ВОКС и установление культурной дипломатии с капиталистическим миром способствовали экспорту революционных идеалов [Coombs 1964: 87–88][13]. Официальная идеология гласила, что искусство способно преодолеть ограничения ложных политических доктрин и объединить все человечество [Bakst 1977: 277–278]. Через экспорт советского искусства другие народы, включая граждан капиталистических государств, должны были превратиться в новых

---

[13] Подробное обсуждение того, как Советы в 1920-е годы использовали культурную дипломатию, см. в гл. 1.

советских людей. Убежденность советских лидеров в том, что искусство является жизненно необходимым компонентом революции, сочеталось с уверенностью, что искусство может служить инструментом дипломатии. Если внутри Советского Союза искусство должно было предназначаться для укрепления дела революции, применение культурной дипломатии должно было постепенно распространять советские идеалы в капиталистических государствах. Уделяя особое внимание искусству, Советы понимали последнее как жизненно важный инструмент для мирового триумфа коммунизма.

Как бы то ни было, после прихода к власти Сталина чиновники сосредоточились на укреплении коммунистического режима в СССР и перестали с прежней силой акцентировать идею мировой революции. При Сталине советские деятели культуры и искусства, а также обычные граждане переняли новый художественный принцип и новое восприятие будущего — соцреализм. В основе этого художественного движения лежало прославление усилий пролетариев по созданию нового коммунистического общества и возвещение конечного триумфа коммунизма. В задачи Сталина по укреплению власти входило подчинение всех сфер жизни государственному планированию. Подобно тому как небольшое число бюрократов планировало экономический курс СССР [Гройс 2013: 19], отдельная группа чиновников от культуры, к которым присоединился сам Сталин, сформулировала официальную художественную доктрину Советского Союза — социалистический реализм [Гройс 2013: 26]. В стране, провозгласившей ведущую роль рабочих, элита разработала художественную политику, плодами которой должны были пользоваться массы [Гройс 2013: 26]. В 1934 году Сталин, понимая ключевое значение искусства для революции, говорил, что соцреализм «требует от художника правдивого, исторически конкретного изображения действительности в ее революционном развитии» [Устав 1935: 5].

Шейла Фицпатрик, выдающийся специалист по советской истории, утверждает, что соцреализм исследовал «жизнь, какой она является» и «жизнь, какой она становится» [Fitzpatrick 1992:

236]. На фоне дефицита потребительских товаров и желания государства сформировать культурное общество новая доктрина подчеркивала изобильное и высококультурное будущее [Fitzpatrick 1992: 236]. По словам Фицпатрик, акцент соцреализма на близком будущем вызывал у граждан восторженный оптимизм применительно к проявлениям неравенства и проблемам текущего времени. Эта доктрина не только снижала внимание к социальному неравенству, обещая справедливое и счастливое будущее, но и побуждала советский народ бросить все силы на строительство этого нового общества [Fitzpatrick 1992: 216–218]. Советский народ начинал превращаться в нового советского человека, который получит контроль над природой и создаст современное индустриализированное общество [Фицпатрик 2008: 87–88]. Советский народ проникся этим оптимистическим настроем настолько глубоко, что, как утверждает Фицпатрик, соцреализм воплощал «сталинскую эпоху и сталинистский менталитет» [Fitzpatrick 1992: 217]. Хотя с новым указом Сталина с экспериментаторством 1920-х годов, по сути, было покончено, искусство продолжило играть важную роль в формировании восприятия советского народа. С того момента, как соцреализм полностью овладел мышлением и поступками народов СССР, все элементы советского общества посвятили себя построению нового коммунистического порядка.

Государственная поддержка соцреализма вынуждала деятелей искусства создавать произведения, которые олицетворяли бы коммунистическое будущее. Часто художники и музыканты, не подчинившиеся этим указаниям, сталкивались с цензурой, которая изымала их работы из официального репертуара или делала их недоступными для публики, и страдали от официального и общественного порицания. Сосредоточенность Сталина на соцреализме подрывала творческую независимость деятелей искусства и лишала их возможности свободно использовать модернистские и абстрактные художественные элементы [Elliott 1986: 23; Norris 2001: 599]. В отличие от четких инструкций, которые получали литераторы, перед музыкантами не ставили конкретных задач, за исключением того, что их обязывали создавать произведения, направленные на воспитание членов нового общества и сфокусированные на образах героев — усердных творцов этого нового общества [Bennett 2008: 318]. Кроме того, соцреализм обладал четырьмя важнейшими характеристиками: он должен был быть типовым (то есть описывать типичные события и ситуации), пролетарским (активно поддерживать действия рабочих), реалистичным (создавать четко идентифицируемые и легко опознаваемые образы) и партийным (горячо поддерживать идеологию коммунистической партии). Таким образом, советские хореографы и композиторы стремились соответствовать этим четырем качествам, поскольку они старались создавать такие работы, которые будут официально одобрены властями.

Для создания соцреалистических произведений советские композиторы и хореографы пользовались множеством различных техник. Композиторы писали музыку, которая с легкостью воспринималась публикой, и воздерживались от атональных произведений как формалистических отклонений, не отражавших ни объективной реальности, ни целей государства [Bartlett 2001: 932; Cannaugh 1998: 11–12]. Кроме того, они стремились создавать произведения, соответствующие соцреалистическим принципам, с акцентом на сюжет и человеческие эмоции. В некоторых случаях советских хореографов вдохновляли на творчество дореволюционные идеи. Русский хореограф дореволюционной эпохи Михаил Фокин утверждал, что драма может быть не менее значима, чем танец. Он старался идеально объединить эти два элемента, и позднее главный балетмейстер Большого театра Леонид Лавровский, хореограф-постановщик многочисленных соцреалистических драмбалетов, признавал, что он продолжает дело Фокина [Barnes 1967: 206]. Советский балетный критик Юрий Слонимский объяснял, что соцреализм предоставлял композиторам и хореографам наилучший способ передавать эмоции персонажей и отражать насущные проблемы современной эпохи [Slonimsky Y. 1960: 119]. Использование советскими хореографами дореволюционных элементов в искусстве свидетельствовало о том, что принципы царской эпохи составляли ключевой аспект советской культурной идентичности.

Однако советские хореографы отрицали дореволюционную традицию включения в балет сложных танцев. Вместо этого, используя простые движения, советские хореографы стремились вылепить реалистичных персонажей и выразить в разумной мере сложные эмоции. В работе, посвященной русскому балету, Наталия Рославлева говорит о том, что эти советские хореографы с легкостью передавали идеи благородных эмоций, романтической любви и героических поступков [Roslavleva 1979: 219, 226]. Советский балет предпочитал постановки, в которых прославлялись современные революционные герои [Грошева 1962: 76]. Советские хореографы настолько удачно передавали эти эмоции и действия, отражая смысл жизни, что Юрий Слонимский превозносил это достижение как свидетельство «новизны принципов» советского балета, «его абсолютно новой миссии» [Slonimsky Y. 1960: 119]. Развивая мысль Юрия Слонимского, примабалерина Галина Уланова как-то заметила, что новое направление заметно контрастирует с замысловатой хореографией старого императорского театра. По ее словам, в эпоху соцреализма передаваемые танцами чувства и идеи служат прославлению реальных личностей и дел, в отличие от дореволюционного искусства, где обычно изображались таинственные, сказочные миры [Ulanova 1956: 20]. Прямолинейная и простая манера соцреализма отражала новый общественный порядок, основанный на самоотверженности и тяжелом труде простых советских людей.

Советские балетные критики старались объяснить превосходство соцреализма над современными художественными направлениями, популярными на Западе. По словам Слонимского, соцреализм, в отличие от экспрессионизма и других направлений абстрактного искусства, наиболее убедительно описывает психологически сложных героических персонажей [Slonimsky Y. 1960: 119]. Кроме того, эта способность изображать сложных героев и соотносить их с обществом в целом отличала соцреализм от буржуазного реализма, изображавшего людские страдания и неспособного подчеркнуть спасительные возможности коллектива [Norris 2001: 599]. Стремясь передать послание соцреализма, советские хореографы полагались на идеи К. С. Станиславского — основателя Московского художественного театра. В частности, Станиславский придерживался того мнения, что тело должно быть натренировано для выполнения команд мозга, а балерины через экспрессивный танец должны выражать свои внутренние мысли [Reynolds, McCormick 2003: 239]. Таким образом, мозг и тело исполнителя одновременно работали на то, чтобы в полной мере выразить характер героя [Reynolds, McCormick 2003: 239].

В поисках новых способов возвеличить достижения революции советские хореографы вводили мощные, яркие прыжки, имеющие целью передать высокие идеалы и дух героя или героини. Танцовщики превращались в экспрессивных артистов, излучающих оптимизм и переполненных действием [Roslavleva 1979: 226]. Для того чтобы достичь этого результата, советские композиторы использовали в качестве образца для своих работ драму [Demidov 1977: 104]. Незатейливые танцы, которые ставили хореографы, привели к созданию драмбалета (драматического балета) [Homans 2010: 347; André 1998: 115]. В драмбалетах сюжет ставился выше музыки и хореографии, и их сюжетные линии часто содержали важный марксистский подтекст [André 1998: 115–116; Слонимский 1974: 31–32].

Идеологические соображения также способствовали развитию драмбалета. В результате антиформалистской кампании 1936 года драматический балет стал основным балетным жанром в период с середины 1930-х и до 1950-х годов [Ezrahi 2012: 31–32]. В частности, советские власти считали все произведения, которые не вполне соответствовали канонам реализма, то есть идее правильного изображения построения народом коммунизма, формалистскими, следовательно — отклонением от советской идеологии[14]. Классический танец, отныне рассматриваемый как проявление формализма, стал неподходящим средством для выражения социалистических идей. Балет начал в значительной степени полагаться на драму, что способствовало развитию

---

[14] РГАНИ. Ф. 5. Оп. 36. Д. 67. Л. 96. ЦК КПСС. Д. Поликарпов, завотделом культуры ЦК КПСС, Б. Ярустовский, завсектором отдела. 5 сентября 1958 года.

драмбалета [Ezrahi 2012: 31–32, 61–62]. Новые техники советских композиторов и хореографов породили балетные шедевры, имевшие целью вдохновлять народ и пропагандировать идеалы советского общества.

Хотя соцреализм и фокусировался на новых оптимистичных работах, эта доктрина не исключала признания российского классического наследия [Fitzpatrick 1992: 205]. Советские лидеры добивались создания художественной формы, которая отражала бы устремления общества и нового советского человека, но одновременно государственные чиновники весьма ценили творчество Чайковского, поэтому позволяли театрам и дальше ставить произведения этого композитора. Кроме того, включение Сталиным произведений русской культуры прошлого действовало как стабилизирующая сила в бурную эпоху, и его высокая оценка творчества Чайковского многократно повысила авторитет последнего [Figes 2002: 480–481]. В 1930-е годы новый правящий класс, состоявший из бывших рабочих, был весьма консервативен в культурном отношении. Этот подход к культуре вылился в способность ценить великих русских композиторов [Hough 1984: 247].

Некоторые сторонники классического танца также выступали за его включение в репертуар. Классический танец, абстрактный по характеру, заметно контрастировал с драмбалетом, в котором движения исполнителя передавали важное сообщение [Ezrahi 2012: 114]. Они выступали за использование классического танца, отмечая, что тот тесно связан с симфонической музыкой, которая весьма ценилась, ссылаясь на выдающиеся хореографические достижения эпохи романтизма. Типичными образцами классического танца были танцы виллис в «Жизели» и кордебалета в «Лебедином озере».

Как мы увидим, это почтительное отношение к исполнительской традиции XIX века [Ezrahi 2012: 115], как западноевропейской, так и российской, надолго останется важным аспектом советского балета. Хотя Советский Союз официально отрекся от наследия эпохи царизма, художественные идеи и техники дореволюционной эпохи составляли неотъемлемую часть советской культурной идентичности.

На фоне государственного одобрения дореволюционных произведений в целом Слонимский особо объяснял причину любви советского народа к сочинениям Чайковского. По его мнению, народ по-прежнему высоко ценил его произведения, поскольку этот композитор обладал способностью вызывать у людей демократические настроения [Slonimsky Y. 1960: 92]. Помимо того, что произведения Чайковского, как полагал Слонимский, воплощали демократические идеи, прекрасное развитие психологического реализма у этого композитора, по его мнению, должно было служить эталоном для советских композиторов [Slonimsky Y. 1960: 63]. Кроме того, Слонимский полагал, что дореволюционный балетмейстер Мариус Петипа продемонстрировал свой незаурядный талант в первых двух актах балета «Лебединое озеро» [Slonimsky Y. 1960: 92; Jaffe 1979: 14]. Советский музыкальный критик и композитор Борис Асафьев хвалил и другого балетмейстера, Льва Иванова, за его работу над вторым и четвертым актами того же балета [Слонимский 1937: 190]. Слонимский утверждал, что Асафьев восторженно отзывался о танцах Иванова как хореографии высочайшего уровня [Слонимский 1937: 190]. Преклонение советского балетного мира перед Чайковским позволило балетному критику Николаю Волкову утверждать, что произведения этого композитора оставались «предметом особой гордости почти всех советских театров оперы и балета» [Volkov 1955: 82]. Таким образом, по мнению советских авторов, включение Чайковским демократических принципов и элементов реализма в свое творчество и, помимо этого, выдающаяся хореография Петипа и Иванова обеспечили балету «Лебединое озеро» неизменно горячий прием публики.

После смерти Сталина власти вновь подвергли пересмотру направление советской внутренней и внешней политики. Среди прочего новые руководители опять подняли вопрос о роли искусства в распространении коммунизма. В частности, в 1956 году секретная речь Хрущёва на XX съезде партии открыла путь в эпоху большей художественной свободы [Scammell 1995: 49]. Хрущёв разоблачил некоторые аспекты правления Сталина перед элитой партии. Эта критика варьировалась в диапазоне от обвинения Сталина в провале подготовки СССР к вторжению нацистов в 1941 году до жесткого порицания его диктаторского правления. Почти сразу после этой речи М. А. Суслов — главный идеолог коммунистической партии — высказал мнение, что культ личности Сталина разрушил творческие импульсы деятелей искусства. Суслов напомнил о важности идеи коллективного руководства, подразумевая под этим то, что коллективное руководство является формой правления, более способствующей художественному творчеству. Как замечает исследовательница Елена Корнетчук, из этих заявлений следовало, что идея коллективной власти предполагала отказ от представления, будто один индивид может навязывать собственные художественные ценности другим [Kornetchuk 1995: 43, 47]. Таким образом, начиная с середины 1950-х годов писатели, музыканты и художники начали экспериментировать с прежде запрещенными художественными формами[15].

Тем не менее, когда Хрущёв в полной мере осознал непредвиденные последствия своей речи, он и другие советские чиновники задумались о том, что в послесталинском Советском Союзе могут пренебречь своим долгом создавать произведения, возвещающие триумф коммунизма. В 1957 году, спустя год после своей победы над политическими противниками, Хрущёв, мотивируемый как общественным давлением, так и возможностью достижения собственных целей, согласился на некоторую свободу самовыражения в мире искусства [Sjeklocha, Mead 1967: 64]. Как бы то ни было, художественные инновации должны были находиться в гармонии с доктриной соцреализма и, таким образом, представлять коммунистическое учение [Kornetchuk 1995: 47]. Решение Хрущёва означало, что деятелям искусства дозволялось заниматься разработкой новых методов, но их творчество, как и прежде, должно было передавать марксистские идеи и теории.

---

[15] За последнее время были проведены исследования проявлений оттепели почти во всех направлениях советского искусства; см. [Schmelz 2009; Woll 2000; Kolchinsky 2001; Lygo 2010]. Применительно к визуальным искусствам см. [Rosenfeld, T. Dodge 1995; White 1998].

На протяжении десятилетий после смерти Сталина соцреализм продолжал оставаться официальной политикой Советского Союза в сфере искусства. Хотя деятели искусства и должны были подстраиваться под соцреалистическую доктрину, растущая склонность художников порвать с традиционными стилями и экспериментировать с модернистскими и абстрактными стилями вызвала незамедлительную реакцию. В июне 1956 года крупнейшие фигуры советской музыки встретились для обсуждения текущих тенденций. Во время обсуждений ведущие композиторы подтвердили свое намерение неукоснительно поддерживать партийную идеологию и создавать произведения, способствующие культурному росту рабочих и активному развитию советской музыки[16]. Конференция композиторов, проходившая вскоре после знаменитой секретной речи Хрущёва, показала, что эти ведущие музыканты декларируют свою преданность коммунизму. Таким образом, все виды искусства, включая музыку, должны были и дальше соответствовать доктрине партии. Хотя новый режим дистанцировался от жестких мер Сталина, эта вера в коммунизм препятствовала возможности допустить какого-либо рода отклонения от установленных в искусстве норм. Тесное переплетение политики, идеологии и искусства делало инновации на первый взгляд практически невозможными. Внедрение новых музыкальных жанров могло сбить рабочих с пути и помешать построению коммунизма. Искусство, которое не соответствовало идеалам партии, отвлекало людей от цели строительства коммунистического общества и, таким образом, угрожало политическому единству. Даже одно произведение диссидентского искусства могло вдохновить других художников и народ на поступки, идущие вразрез с советскими принципами. Это несогласие могло перерасти в политические действия и в конечном итоге привести к распаду СССР. Искусство, не отражающее идеалов партии, отрицало коммунистическую идеологию

---

[16] РГАСПИ. Ф. 556. Оп. 16. Д. 10. Л. 55–56. Казьмин Н. (завотделом науки Школы культуры ЦК КПСС по РСФСР). Бюро ЦК КПСС по РСФСР. 27 июля 1956 года.

и, следовательно, ставило под сомнение смысл и само существование Советского Союза.

Тесная взаимосвязь искусства, идеологии и политики снова и снова проявлялась в дискуссиях о состоянии советского балета. Летом 1957 года по требованию Министерства культуры произошла встреча ведущих деятелей искусства, на которой высказывались мнения о будущем балета. Во время этой встречи прославленный балетмейстер Большого театра Леонид Лавровский сетовал на то, что даже спустя 40 лет после революции так и не был создан полноценный балет на современную тему. Лавровский соглашался, что по сравнению с императорскими театрами советский театр достиг огромного прогресса, представив на сцене большее количество постановок, отражавших высокие идеалы. Однако слабое развитие в последующие годы стало результатом того, что деятели искусства не обращались за вдохновением к драматургам. Для создания современных произведений, раскрывающих правду жизни, драматургам, композиторам и балетмейстерам следовало работать сообща, а их совместные усилия должны были способствовать развитию советского балета[17]. Таким образом, к концу 1950-х годов ведущие советские деятели искусства признавали грандиозные достижения своей страны, однако переживали по поводу хода развития балета. Поскольку искусство служило воплощением советской идеологии, нехватка балетов на современные темы, ощущавшаяся на протяжении долгого времени, ставила под сомнение предполагаемую неизбежность коммунизма. Балет, как и все прочие виды искусства, должен был отражать путь к бесклассовому обществу.

Получив стенограмму этой встречи, министр культуры Михайлов прояснил официальную позицию по текущему статусу балета и обрисовал меры, направленные на его будущее успешное развитие. Михайлов начал с восхваления грандиозных достижений советской хореографии, однако признал, что работы на современные темы весьма немногочисленны. Эта проблема

---

[17] РГАЛИ. Ф. 2329. Оп. 3. Д. 412. Л. 22–25. Сокращенная стенограмма заседания коллегии Министерства культуры СССР. 5 июля 1957 года.

возникла в результате того, что балетмейстеры и другие работники искусства прилагали недостаточно стараний в деле совершенствования хореографии. В поисках выхода Министерство культуры выдвинуло ряд предложений, среди которых были следующие: позволить студентам работать и учиться у ведущих современных хореографов; наладить выпуск официальных изданий о балете, которые станут площадкой для обсуждения насущных вопросов; поручить выпускать не менее одной балетной премьеры в год[18]. Безусловно, озабоченность министерства созданием современных и идеологически правильных постановок была созвучна с критикой балета, опубликованной ранее в журнале «Партийная жизнь». Эта нерешенная проблема свидетельствовала о том, что советские министры активно старались использовать балет для укрепления партийных позиций и поддерживали распоряжение Хрущёва касательно государственной поддержки инноваций.

Кроме того, идеологические соображения заставляли советских чиновников выражать свое неодобрение в адрес новой тенденции к формализму, проявляющейся в сценическом дизайне. Власти понимали формализм как антитезу соцреализма. Официальное определение формализма содержится в Энциклопедическом музыкальном словаре. Формализм определен в нем как искусственный отрыв формы от содержания и придание форме или ее отдельным элементам самодовлеющего, первенствующего значения в ущерб содержанию. Он вырос из находящейся в упадке буржуазной культуры, то есть в период с конца XIX по начало XX века, и сохранял свою значимость в современных музыкальных жанрах: экспрессионизме, конструктивизме и неоклассицизме. Коммунистическая партия требовала от деятелей искусства, чтобы они участвовали в борьбе с формализмом [Келдыш и др. 1959: 287].

Вопрос о формализме вновь был поднят в 1958 году в меморандуме, выпущенном отделом культуры Центрального комите-

---

[18] РГАЛИ. Ф. 2329. Оп. 3. Д. 412. Л. 35–39. Решение коллегии Министерства культуры СССР, Н. Михайлов, министр культуры. 13 июля 1957 года.

та. В этом документе отдел культуры выражал тревогу по поводу последней тенденции среди сценографов создавать формалистические работы. Эти чиновники предлагали участникам предстоящей Всесоюзной театральной конференции сосредоточиться в процессе обсуждений на первоочередном вопросе о текущем состоянии театрального искусства[19]. В отчете о конференции говорится, что главной темой дискуссии стала насущная проблема создания современных работ[20]. Таким образом, акцент на необходимости ликвидировать формализм и заставить сценографов создавать приемлемые декорации указывал на желание властей сохранить в искусстве единообразие. Это неизменное подчеркивание роли искусства как предвестника коммунистического общества и его представителя вернулось в официальный дискурс.

В 1958 году Хрущёв сформулировал свое видение по поводу этого предмета: он ратовал «за тесную связь литературы и искусства с жизнью народа»[21]. Она основывалась на вере в соцреализм как опору для художественных исканий. Современное определение соцреализма в Энциклопедическом музыкальном словаре описывало это художественное движение как борьбу против «пережитков капитализма в сознании людей социалистического общества». По этой причине искусство соцреализма способствовало «победе нового, революционного, прогрессивного» [Келдыш и др. 1959: 255].

Неоценимая роль искусства фигурировала также в высказываниях ведущих советских чиновников и выдающихся балерин. На XXI съезде партии в начале 1959 года Хрущёв переосмыслил неоценимую роль искусства. Он говорил:

---

[19] РГАНИ. Ф. 5. Оп. 36. Д. 67. Л. 96. ЦК КПСС. Д. Поликарпов, завотделом культуры ЦК КПСС, Б. Ярустовский, завсектором отдела ЦК КПСС. 5 сентября 1958 года.

[20] РГАНИ. Ф. 5. Оп. 36. Д. 67. Л. 98. ЦК КПСС. Б. Ярустовский, и. о. завотдела культуры ЦК КПСС, А. Соколова, инструктор отдела ЦК КПСС. 15 октября 1958 года.

[21] РГАСПИ. Ф. 558. Оп. 16. Д. 51. Л. 193. ЦК КПСС. Н. Казьмин, З. Туманова, С. Турмачев. 3 декабря 1958 года.

В развитии и обогащении духовной культуры социалистического общества важную роль играют литература и искусство, которые активно способствуют формированию человека коммунистического общества. Нет благороднее и выше задачи, чем задача, стоящая перед нашим искусством, — запечатлеть героический подвиг народа, строителя коммунизма. Деятели литературы, театра, кино, музыки, скульптуры и живописи призваны поднять еще выше идейно-художественный уровень своего творчества, быть и впредь активными помощниками партии и государства в деле коммунистического воспитания трудящихся, пропаганды принципов коммунистической морали, развития многонациональной социалистической культуры, формирования хорошего эстетического вкуса[22].

Вторя словам Хрущёва, член центрального комитета Е. А. Фурцева высказала мнение, что советское искусство и литература являются весьма влиятельными средствами, необходимыми для строительства коммунизма [Gruliow 1959: 9]. Искусство оказывает влияние не только в СССР — оно способно направлять развитие мировой культуры. В доказательство Фурцева отметила растущий интерес к советской культуре за рубежом. По ее словам, желание западного общества поддерживать культурные связи с Советским Союзом способствовало росту культурного обмена. Фурцева поясняла, что достижения СССР в области искусства изумляли зарубежную публику. Культурный обмен и связи с другими странами должны были продолжить развитие в рамках семилетнего плана[23] [Gruliow 1959: 11].

Ведущая советская балерина Галина Уланова также рассуждала на тему развития советского искусства. По ее мнению, искусство должно было целиком и полностью выполнить задачи, поставленные Хрущёвым на XXI съезде партии. В статье в журнале «Советская музыка» Уланова говорит о том, что Хрущёв дал ис-

---

[22] О контрольных цифрах развития народного хозяйства СССР на 1959–1965 годы. Доклада товарища Н. С. Хрущёва // Правда. 1959. 28 января. С. 6.

[23] Семилетний план развития народного хозяйства СССР на период 1959–1965 годов. — Примеч. пер.

кусству очень серьезное задание. Чтобы выполнить это обязательство, творческие деятели должны двигаться вровень с народом. В таком случае советские граждане будут бережно хранить это искусство. Подобно Хрущёву и Фурцевой, Уланова также превозносила достижения советского балета. Она подчеркивала важную роль, которую Хрущёв отвел искусству. По ее мнению, для достижения этих целей советское искусство должно было оставаться источником вдохновения для советских граждан [Уланова 1959].

Наряду с осознанием роли искусства в строительстве коммунизма Хрущёв понимал искусство как сильнодействующее оружие холодной войны, о чем говорил в своем выступлении: «Печать и радио, литература, живопись, музыка, кино, театр — острое идейное оружие нашей партии. И она заботится о том, чтобы это ее оружие было всегда в боевой готовности, метко разило врагов»[24]. Преданность Хрущёва соцреализму вместе с его призывом к применению искусства как оружия нашла выражение в дискуссиях о развитии советского искусства и планировании турне Большого театра.

Когда советские чиновники собрались на совещание по планированию турне Большого театра по Соединенным Штатам Америки, некоторые из них выразили тревогу по поводу нехватки современных балетов. В марте 1958 года Сол Юрок и Георгий Орвид, директор Государственного академического Большого театра, заключили контракт на проведение гастролей Большого театра по Соединенным Штатам Америки в 1959 году. Однако позднее, в ноябре 1958 года, чиновники Министерства культуры предложили, чтобы турне ГАБТа, запланированное на 1959 год, было перенесено на весну 1960 года. Министерство аргументировало это тем, что текущий балетный репертуар нуждался в значительной переработке, и попросило советское посольство в США прокомментировать это. В посольстве на это ответили, что, поскольку Юрок уже забронировал Метрополитен-оперу на

---

[24] Высокая идейность и художественное мастерство — великая сила советской литературы и искусства. Речь товарища Н. С. Хрущёва на встрече руководителей партии и правительства с деятелями литературы и искусства 8 марта 1963 года // Правда. 1963. 10 марта. С. 4.

апрель 1959 года, министерству необходимо придерживаться первоначального договора[25]. Кроме того, как посольство сообщило министерству, М. М. Меньшиков был согласен с Юроком в том, что основная задача Советов — привезти на гастроли высокопрофессиональную балетную труппу. Текущий балетный репертуар способен был обеспечить американскому турне успех. Советское посольство утверждало, что американцы с нетерпением ожидали предстоящих гастролей балетной труппы, результатом их отмены будут «невыгодные... разочарования»[26].

Эти отчеты указывали на разногласия внутри советского правительства относительно предполагаемого успеха турне Большого театра. Несомненно, некоторые советские политики оставались обеспокоены состоянием балетного репертуара и выражали тревогу касательно того, что текущий репертуар ГАБТа не позволит выполнить основную задачу — представить в США лучшие достижения советского искусства, что в итоге они не добьются своих целей. Министерство культуры пыталось избежать грандиозного пропагандистского провала. Доклад советского посольства, однако, свидетельствовал о вполне благоприятной ситуации и подчеркивал необходимость выполнения договора. Если бы министерство разорвало ранее подписанное соглашение, тогда Советский Союз, а не Соединенные Штаты Америки выступил бы в роли враждебной силы, которая отказывается от участия в мероприятиях по международному обмену. Этот исход дела обязательно пошел бы на пользу американцам и только послужил бы тому, чтобы подпортить Советам их репутацию отзывчивой и дружелюбной державы.

По всей очевидности, эта положительная оценка и телеграмма Микояна произвели на министерство благоприятное впечатление. В начале 1959 года министерские чиновники представили намеченный репертуар. Желание тесной связи между искусством

---

[25] РГАЛИ. Ф. 2329. Оп. 8. Д. 1233. Л. 32–33. Справка о ходе переговоров с американской концертной компанией «Юрок артистс, инк.» о гастролях в США коллектива балета Большого театра.

[26] РГАЛИ. Ф. 2329. Оп. 8. Д. 1233. Л. 32–33. Справка о ходе переговоров...

и пропагандой нашло отражение в подборе репертуара Большого театра. В конце февраля 1959 года Министерство культуры представило программу американского турне Большого театра на рассмотрение в Центральный комитет. Предложение включало четыре полнометражных балета, таких как «Ромео и Джульетта», «Лебединое озеро», «Малахитовая шкатулка» (позднее переименованный в «Каменный цветок») и «Жизель», наряду с концертной программой, состоящей из балетных номеров[27]. Концертная программа включала в себя одноактный балет «Шопениана», фрагменты балетов «Спартак», «Шурале», «Бахчисарайский фонтан» и подборку номеров из различных постановок на русские темы. Вместе с этим предложением Министерство культуры указывало на необходимость увеличить численность сопровождающих Большой театр на гастролях. В министерстве уточнили, что для балета «Ромео и Джульетта» требуется 110 артистов и других сотрудников, включая административный и технический персонал. Таким образом, министерство запросило, чтобы в целом делегация состояла из 150 человек[28]. Доводы министерства заключались в том, что в Соединенных Штатах Америки необходимо показать образцовый и выдающийся спектакль. Осознавая необходимость поразить американцев и вызвать их восхищение, министерство требовало увеличить персонал до необходимого количества, чтобы спектакли и турне в целом прошли гладко и результативно.

Однако чиновники отдела культуры Центрального комитета внесли в последний альтернативное предложение. В этом документе они утверждали, что достаточно предложить программу всего лишь из трех балетов: одного — основанного на современной теме[29], еще двух — в классическом жанре. В частности, эти

---

[27] РГАНИ. Ф. 5. Оп. 36. Д. 99. Л. 13–15. ЦК КПСС, секретно, Н. Михайлов, министр культуры. 14 февраля 1959 года.

[28] Там же.

[29] Хотя общая нехватка идеологически корректных современных балетов вызывала беспокойство, чиновники пришли к выводу, что «Каменный цветок» вполне отображает доктрину партии. Анализ этого балета и историю его создания см. в гл. 6.

чиновники ставили под вопрос необходимость включения в программу балета «Ромео и Джульетта». По их словам, балет был широко известен благодаря советским фильмам. Этим спектаклем открывались выступления Большого театра во Франции и в Англии. Вместо этого отрывки из балета можно было бы представить в концертной программе. Кроме того, исключение из программы четвертого балета сильно сократило бы расходы на транспорт и организацию, но не навредило бы в целом положительному исходу гастрольного турне. На вопрос о персонале чиновники заметили, что 120 человек было бы достаточно[30]. Эти дебаты касательно включения «Ромео и Джульетты» свидетельствуют о желании предложить американской аудитории выдающееся турне. Поскольку балет «Ромео и Джульетта» до этого уже открывал гастроли, которые проходили в других странах Запада (во Франции и в Великобритании), чиновники не хотели, чтобы в рамках культурного обмена американское турне дублировало предыдущие гастроли. Идея отказа от этого балета не исходила из каких-либо явных идеологических соображений, поскольку фрагменты этого балета все же предполагалось исполнить. Скорее, разногласия между чиновниками из Министерства культуры и отдела культуры Центрального комитета касались наиболее выигрышного способа представить советский балет перед американцами — их «коварными» конкурентами.

Этот спор завершился весьма скоро, и решение свидетельствовало о том, что советские лидеры желали широкомасштабного и роскошного зрелища. В начале марта отдел культуры выпустил второй отчет для Центрального комитета. В нем те же самые чиновники согласились увеличить штат до 120 единиц, отметив, что министерство дополнительно запросило, чтобы в делегацию были добавлены еще 10 человек. В число этих людей входили четыре сотрудника Комитета государственной безопасности (КГБ), оператор кинохроники и представители Министерства культуры. Самое главное, отдел культуры согласился с предло-

---

30 РГАНИ. Ф. 5. Оп. 36. Д. 99. Л. 17–18. ЦК КПСС. Д. Поликарпов, завотделом культуры ЦК КПСС, Б. Ярустовский, завсектором отдела. 27 февраля 1959 года.

женной министерством программой. Обсуждая увеличение штата, чиновники высказали мнение, что, поскольку ГАБТ не только направляется в турне по разным городам, но и исполнит четыре больших балета, требование министерства увеличить штат вполне логично[31]. Не позднее чем через неделю Центральный комитет одобрил предложение министерства, таким образом поддержав включение балета «Ромео и Джульетта» в программу. Это утверждение позиции министерства указывало на то, что Центральный комитет желал показать масштабную и хорошо организованную постановку, созданную для демонстрации всего великолепия советского балета.

Планы Центрального комитета по проведению образцовых гастролей поддержал директор ГАБТа Орвид. В середине марта 1959 года Орвид представил официальный отчет о предстоящем турне. В качестве цели турне Орвид указал демонстрацию достижений советской хореографии американской публике[32]. Он также объявил, что премьерным спектаклем, который будет показан 16 апреля в Метрополитен-опере в Нью-Йорке, станет «Ромео и Джульетта». Помимо этого, Большой театр планировал спектакли в Чикаго[33], Лос-Анджелесе и Сан-Франциско. Орвид

[31] РГАНИ. Ф. 5. Оп. 36. Д. 99. Л. 19. ЦК КПСС. Д. Поликарпов, завотделом культуры ЦК КПСС, Б. Ярустовский, завсектором отдела. 5 марта 1959 года.

[32] Москва, Музей ГАБТа. США, 1959, 1962, 1966. Л. 1–3. Заявление директора Государственного академического Большого театра Союза ССР Георгия Орвида на пресс-конференции советских и иностранных журналистов 20 марта 1959 года в 16:00 в связи с предстоящими гастролями балетной труппы ГАБТа в США и Канаде.

[33] Примерно в конце апреля — начале мая ГАБТ убрал из маршрута турне Чикаго, предпочтя этому выступление в Вашингтоне (округ Колумбия). Несомненно, Американский национальный театр и академия тесно сотрудничали с Юроком, добиваясь, чтобы Большой театр приехал в Вашингтон. Не существует официальных сообщений ни от американских, ни от советских государственных деятелей, которые указывали бы на то, что эта смена городов привела к спорам между чиновниками из правительства. Однако в сообщениях советской прессы подчеркивалось, с каким успехом прошло выступление балетной труппы в американской столице (см. гл. 3). Подробнее об этом изменении см.: McNair M. Nancy McElroy Isn't Headed Home // The Washington Post and Times Herald. 1959. May 13.

утверждал, что артисты, музыканты театра, а также все остальные сотрудники работали над тем, чтобы суметь продемонстрировать американскому народу выдающуюся натуру советской хореографии и советского искусства[34]. Кроме того, он указал, что турне Большого театра является неоценимым аспектом советской политики. Он отметил, что в большинстве случаев в Америке отзывались о Советском Союзе в негативном ключе, но гастроли ансамбля Моисеева и ансамбля «Березка» в рамках культурного обмена изменили мнение американцев [Ezrahi 2012: 141].

Лавровский, рассуждая о причинах отбора основного репертуара, говорил, что балет «Ромео и Джульетта» является образцом оптимистичного танца и реалистического прочтения произведения Шекспира. В отношении других больших балетов Лавровский отмечал, что «Каменный цветок», к примеру, объединил социалистические темы с богатой традицией русских народных сказок. Что же касается двух классических балетов, по мнению Лавровского, глубокое психологическое содержание «Лебединого озера» послужило свидетельством таланта артистов, а «Жизель» была сохранена благодаря советским мастерам. В конце Лавровский выразил надежду на то, что Большой театр поразит американцев и они смогут оценить таланты советских балетмейстеров (см. рис. 2.1).

Таким образом, турне имело целью продемонстрировать уровень художественного мастерства труппы Большого театра. Это желание показать художественное превосходство СССР стало в эпоху холодной войны неотъемлемым аспектом советского культурного проекта [Ezrahi 2012: 68]. Разнообразие репертуара указывало на то, что мастерство исполнителей позволяло продемонстрировать балет в его историческом развитии и свидетельствовало о значительном прогрессе в области искусств при коммунистической власти. Кроме того, поскольку программа наряду с соцреалистическими включала в себя и имперские балеты, стало очевидно, что советская культурная идентичность основывалась как на современных произведениях, так и на произведениях из царской эпохи. Турне ГАБТа не было показа-

---

[34] Заявление директора...

Рис. 2.1. С. Юрок с ведущими представителями балетной труппы Большого театра. Слева направо: Г. С. Уланова, С. Юрок, Г. А. Орвид (директор Большого театра), Л. М. Лавровский (главный балетмейстер), В. Ф. Рындин (главный художник). Сувенирный буклет гастролей Большого театра в Метрополитен-опере, 1959 год. Опубликовано с разрешения Нессы Хайамс Пикер и семьи Юрока

телем реальной оттепели в политических отношениях между США и СССР. Напротив, советские чиновники использовали его как средство приобретения поддержки советской идеологии и политики.

Хотя Советы и утвердили гастрольную программу ГАБТа, место проведения спектаклей оставалось предметом для дискуссий. Орвид объявил, что Большой театр запланировал посещение Нью-Йорка, Чикаго, Лос-Анджелеса и Сан-Франциско[35], однако это решение не было окончательным. Отделение Американского национального театра и академии (АНТА) в Вашингтоне доби-

---

[35] Заявление директора...

валось того, чтобы Большой театр приехал в их город[36]. Возникла идея заменить Чикаго Вашингтоном. Помимо этого, встал вопрос о Сан-Франциско. Седьмого апреля, перед отъездом театра, в посольстве США состоялся прием, в ходе которого Орвид обратился к послу США Льюэллину Томпсону с просьбой объяснить слухи об отказе Соединенных Штатов Америки позволить Большому театру выступить в Сан-Франциско. После этого Томпсон направил телеграмму в Государственный департамент, чтобы осведомиться о том, планирует ли департамент в настоящий момент отменить визит ГАБТа в Сан-Франциско[37].

Во время холодной войны как в СССР, так и в США отдельные зоны оставались недоступны для делегаций. С ноября 1957 года Государственный департамент включил Сан-Франциско в закрытую зону[38]. Как объяснили чиновники из Государственного департамента, власти СССР решили пересмотреть список советских городов, доступных для посещения американскими делегациями, и в ответ Государственный департамент составил новый список запрещенных зон, в который попадал город Сан-Франциско[39].

Узнав о таком ограничении, Юрок выразил свою озабоченность и стал добиваться исключения из правила, поскольку план гастрольного турне присутствовал в договоре 1958 года по культурному обмену. Так как информация о турне Большого театра фигурировала в тексте соглашения от 1958 года, в Государственном департаменте решили позволить балету совершить визит в Сан-Франциско[40]. Согласившись на это исключение, действующий

---

[36] McNair M. Nancy McElroy Isn't Headed Home.

[37] Llewellyn Thompson. American Ambassador to the Union of Soviet Socialist Republics, to The Secretary of State, April 7, 1959; Declassified; 032 Bolshoi Ballet; Central Decimal File 1955–1959; General Records of the Department of State, Record Group 59; National Archives at College Park, College Park, MD.

[38] Associated Press. Washington D. C.: The New York Times. 1959. April 10.

[39] William B. Macomber, Jr. Assistant Secretary, to The Honorable Thomas H. Kuchel, United States Senate, April 9, 1959; 032 Bolshoi Ballet; Central Decimal File 1955–1959; General Records of the Department of State, Record Group 59; National Archives at College Park, College Park, MD.

[40] Ibid.

госсекретарь США Кристиан Гертер проинформировал Томпсона о том, что Большой театр выступит в Сан-Франциско[41]. Как стало известно в мае 1959 года из письма директора театра Орвида министру культуры Михайлову, Советы разработали маршрут турне таким образом, чтобы это привело к достижению «всенарастающего успеха»[42]. Если посетить как можно больше городов, советская пропаганда и идеология смогут достучаться до большего числа американцев и затронут более широкие слои населения.

Хотя США и СССР публично выражали надежду на то, что культурный обмен снизит напряженность, спор относительно Сан-Франциско показал, что планирование турне ГАБТа оставалось тесно связано с более масштабной идеологической борьбой, и сделал очевидной неспособность искусства служить истинным средством смягчения натянутых отношений. Отсутствие оттепели в советско-американских отношениях проявилось в попытке американцев не пустить советскую делегацию в Сан-Франциско и стремлении Советов сломить сопротивление американцев. Осторожность Государственного департамента по поводу Сан-Франциско свидетельствовала о том, что американские чиновники испытывали тревогу по поводу путешествия по Соединенным Штатам Америки крупной советской делегации. В то же самое время эти чиновники осознавали, что, если не удовлетворить просьбу Советов, они вернутся к обвинениям в том, что США создают вокруг себя железный занавес, уклоняясь от любой возможности снизить международную напряженность. Неуступчивость Советов по поводу Сан-Франциско указывала на то, что они стремились сделать доступной для своей пропаганды как можно более широкую и разнообразную аудиторию, а заставив американцев уступить, Советы выглядели бы победителями.

---

[41] Christian Herter. Acting Secretary of State, to American Embassy Moscow, April 10, 1959; Declassified; 032 Bolshoi Ballet; Central Decimal File 1955–1959; General Records of the Department of State, Record Group 59; National Archives at College Park, College Park, MD. К. А. Гертер вступил в должность госсекретаря, сменив на этом посту неизлечимо больного Дж. Ф. Даллеса.

[42] РГАЛИ. Ф. 2329. Оп. 8. Д. 1234. Л. 57–59. Письмо Г. Орвида Николаю Александровичу Михайлову. Нью-Йорк, 6 мая 1959 года.

Помимо маршрута гастрольного турне, было необходимо обсудить также список исполнителей. В феврале 1959 года Юрок отправился в СССР, чтобы убедить чиновников позволить талантливейшей балерине Майе Плисецкой поехать в составе труппы Большого театра. Юрок утверждал, что ведущая балерина Уланова была уже в возрасте и что более молодая Плисецкая могла бы станцевать партии Улановой, тем самым сократив количество выступлений последней. На совещании с представителями Государственного комитета по культурным связям с зарубежными государствами Юрок выразил свое недовольство запретом Министерства культуры на выезд Плисецкой за границу. Как вскоре поняли члены Государственного комитета, целью Юрока было заставить их провести переговоры с министерством, чтобы оно изменило свое решение[43]. Советские чиновники не были уверены в политических воззрениях Плисецкой, поэтому не решались одобрить ее выезд[44]. Разрешение на выступления Плисецкой в Соединенных Штатах Америки появилось всего за несколько дней до начала гастролей Большого театра. Желая поехать в турне, Плисецкая направила письмо Хрущёву. В своем письме балерина заявила, что она предана Советскому Союзу и обижена на своих соотечественников, которые усомнились в ее патриотизме. Тронутый этим письмом, Хрущёв раздал копии другим членам президиума. Во время последующей дискуссии многие высказывали свое неодобрение касательно просьбы Плисецкой. Хрущёв признавал вероятность ее побега за рубеж, но отклонил их аргументы, говоря, что доверяет Плисецкой, что если ее родина не предоставит ей свободы, тогда ее отношение к коммунизму будет негативным. Он также утверждал, что Плисецкая, лучшая балерина в мире, сможет лучшим образом представить достижения Советского Союза [Khrushchev 1970: 522, 524].

Решение Хрущева удовлетворить просьбу Плисецкой исходило вовсе не из его желания добиться оттепели в искусстве. Советский лидер стремился включить в состав труппы всех испол-

---

[43] РГАЛИ. Ф. 2329. Оп. 8. Д. 1234. Л. 40–41. Жуков Г. Запись беседы 3 марта 1959 года.

[44] Bolshoi Star Added to U.S. Visit // The New York Times. 1959. April 10.

нителей, которые могли способствовать успеху турне Большого театра. К тому же Хрущёв продолжал верить в идею построения коммунизма и понимал поездку Плисецкой в США как средство снижения градуса отрицательных эмоций в отношении Советского Союза. В основе действий Хрущёва лежало отнюдь не его желание создать более свободное общество, основанное на западных принципах свободы. Напротив, это решение только подтверждало его стремление к распространению коммунизма.

Завершив планирование турне Большого театра, Юрок достиг цели, к которой шел не одно десятилетие. По словам Харлоу Робинсона, биографа Юрока, американское турне ГАБТа знаменовало апогей его карьеры [Robinson 1994: 377]. Наконец-то неустанные труды этого импресарио, направленные на ознакомление американцев с лучшими достижениями русского искусства, увенчались легендарным выступлением Большого театра в Соединенных Штатах Америки. Мотивы Юрока резко контрастировали с политическими и идеологическими соображениями, лежащими в основе советско-американского культурного обмена. С момента своего возникновения Советский Союз стремился использовать балет с целью повлиять на воззрения американцев. Но США и СССР имели об этом виде искусства различные представления, и это расхождение во взглядах не позволяло Большому театру в полной мере показать свои возможности. Если американцы наслаждались артистическим дарованием исполнителей, Советы использовали балет в качестве оружия холодной войны. Как мы увидим ниже, многие американские зрители и критики, как и Юрок, высоко оценили таланты исполнителей и смогли признать их заслуги вне зависимости от различий в политической идеологии. Позднее этот парадокс вновь проявится в оценках успеха турне Большого театра исследователями.

Явно не подозревая об этом несоответствии и о том, как оно может отразиться на их стратегии, советские политические деятели бросили все силы на то, чтобы одержать победу в холодной войне. Определившись с репертуаром и выстроив маршрут гастрольного турне, советские политические деятели, откликнувшиеся на призыв Хрущёва применять искусство как оружие, всегда готовое сразить врага, воспользовались Большим театром для крупной наступательной операции против американцев. Для Советов искусство оставалось мощным инструментом, направленным против их оппонентов. Они рассчитывали, что Большой театр выполнит функцию важнейшего идеологического и пропагандистского оружия, нацеленного на ослабление негативного восприятия американцами СССР. Советские чиновники рассчитывали на то, что положительная оценка советского балета перерастет в позитивную оценку и одобрение советской системы. В то время как артисты готовились к премьерному вечеру, советские чиновники гадали, будет ли американская публика аплодировать Большому театру или же не сможет оценить его программу и исполнителей (см. табл. 2.1).

Таблица 2.1. Список артистов и персонала Большого театра

Артисты и персонал Большого театра	
Список исполнителей и персонала Большого театра, представленных к награждению* Имена перечислены в порядке согласно архивным документам	
Руководство театра и административный персонал	
Орвид Г. А.	Директор театра, профессор
Иванов-Лавровский Л. М.	Главный балетмейстер, заслуженный артист РСФСР, профессор, народный артист СССР
Кудрявцев В. Н.	Концертмейстер
Блохин Ф. И.	Режиссер-постановщик
Готовицкий Е. А.	Педагог-репетитор
Персонал театра	
Барсукова М. П.	Гример
Гордеева В. К.	Гример
Дорофеева М. Г.	Главный костюмер (для мужского состава)
Зайцева А. А.	Костюмер (для женского состава)
Загуменная Е. Р.	Костюмер (для женского состава)
Исаев С. А.	Гример
Носков М. В.	Костюмер (для мужского состава)

Артисты балета

Болотин Л. А.	Жданов Ю. Т., заслуженный артист РСФСР; орден Трудового Красного Знамени
Борисов М. И.	Захаров Ю. А.
Васильев В. В.	Игнатов Ю. И.
Власов С. К., орден «Знак Почета»	Кошелев В. А.
Володин Е. Г.	Кашани Е. Х., орден «Знак Почета»
Выренков Ю. В.	Лапаури А. А., заслуженный артист РСФСР; орден «Знак Почета»
Голышев Н. М.	Ледях Г. В., заслуженный артист РСФСР
Голубин В. В.	Левашёв В. А., заслуженный артист РСФСР
Дятлов Е. Е.	Леонов Н. П.
Евдокимов Г. М., заслуженный артист РСФСР	Никонов В. Л.
Охерелев А. П.	Соловьёв Г. Ф.
Павлинов А. П.	Симачёв Н. Р.
Перегудов И. А.	Трушкин А. С., орден «Знак Почета»
Покровский И. Ю.	Фарманянц Г. К., заслуженный артист РСФСР
Радунский А. И., заслуженный деятель искусств РСФСР	Флегматов Л. Н.
Рихтер К. Б., орден «Знак Почета»	Фадеечев Н. Б., заслуженный артист РСФСР
Селезнёв И. А.	Харитонов Н. Н.
Сех Я. Д.	Хмельницкий И. В.
Симачёв Н. Р., орден «Знак Почета»	Хомутов П. И.

Артисты театра

Ситников Г. Б., орден «Знак Почета»	Хохлов Б. И., заслуженный артист РСФСР
Смирнов В. А.	Черничкин Н. П.

Смирнов В. В.

Смольцов В. В.

Ягудин Ш. Х., орден «Знак Почета»

Артистки балета

Бирюкова Т .П.

Болотова В. Г.

Богомолова Л. И., заслуженная артистка РСФСР

Ванке Е. С.

Веринцева М. А.

Володина М. Н.

Васильева И. В.

Головина Н. Р.

Гродская М. Л.

Домашевская Т. В.

Зюзина Н. С.

Звягина С. Н., заслуженная артистка РСФСР

Иванова Л. А.

Иванова С. Г.

Иванова А. Б.

Ильюшенко Е. М.

Ковалевская Е. Т.

Колпакчи М. В.

Кондратьева М. В., заслуженная артистка РСФСР

Кохановская В. В.

Тучнина Т. Н.

Фетисова Н. В.

Фёдорова Н. А.

Холина Е. А.

Черкасская Е. Л.

Чадарайн Л. Я., орден «Знак Почета»

Костерина Е. С.

Касаткина Н. Д.

Лапаури (Стручкова) Р. С., народная артистка РСФСР; народная артистка СССР

Левитина И. Г.

Ловина Л. К.

Македонская И. В.

Максимова Е. С.

Мудрая И. А.

Михайлова Е. А.

Никитина Н. М.

Пещурова В. П.

Попко Т. Н.

Петрова В. Ф.

Познякова И. Н.

Руднева Е. В.

Садовская Н. М.

Соколова Н. Н.

Сангович Я. Г., заслуженная артистка РСФСР

Трембовельская Л. Д.

Таборко Н. М.

Тимофеева Н. В., заслуженная артистка РСФСР

Филиппова Н. В.

Хлюстова Л. В.

Чуб И. Д., орден «Знак Почета»

Чистова Н. В., заслуженная артистка РСФСР

Шейн Л. Н.

| Ярославцева А. П. | Плисецкая М. М., народная артистка РСФСР; народная артистка СССР |

Запасной состав артистов балета, музыкантов и персонала театра**

Самохвалова М. Н., заслуженная артистка РСФСР	Корельская Р. К., заслуженная артистка РСФСР
Уланова Г. С., орден Ленина; народная артистка СССР	Файер Ю. Ф., дирижер, орден Трудового Красного Знамени; народный артист СССР
Фёдорова Н. А., орден «Знак Почета»	Иванова Л. А., орден «Знак Почета»
Фарманянц Е. К., орден «Знак Почета»	Хамутов П., орден «Знак Почета»
Жданов Ю. Т., орден «Знак Почета»	Ветрова Т. П., орден «Знак Почета»
Касаткина Н. Д., орден «Знак Почета»	Петрова В. П., орден «Знак Почета»
Симонова Н. И., орден «Знак Почета»	Никитина Т. П., балетмейстер, орден «Знак Почета»
Рындин В. Ф., художник по декорациям, главный художник ГАБТа, народный артист РСФСР	Рождественский Г. Н., дирижер ГАБТа
Зыбцев А. Л., концертмейстер	Царман А. А., режиссер, ведущий спектакля
Данилова П. С., главный художник-постановщик ГАБТа	Мельникова А. А., главный осветитель сцены
Завитаева В. П., главный декоратор	Хорева И. Ф., помощник начальника отдела бутафории
Чистякова С. А., рабочий сцены	Лутовинова Г. К., начальник съемочной группы

* Составлено на основе: Москва, Музей ГАБТа. США, 1959, 1962, 1966. Приказ по Государственному ордена Ленина академическому Большому театру Союза ССР, Москва. Л. 1–3; РГАЛИ. Ф. 2329. Оп. 8. Д. 1233. Л. 32–47. Предложение по званиям и награждению.
** Там же; The Bolshoi Ballet: Souvenir Booklet. Metropolitan Opera House, 1959. P. 8; Приказ по Государственному... Л. 1.

Глава 3
Шекспир и классовая борьба

«Ромео и Джульетта»
в советской интерпретации

Шестнадцатого апреля 1959 года балет Большого театра исполнил одно из ярчайших произведений соцреализма — драматический балет «Ромео и Джульетта». Вечер премьеры в США украсили своими выступлениями ведущие артисты Большого театра — Уланова в партии Джульетты и Юрий Жданов в партии Ромео[1]. Поскольку хореография этой постановки принадлежала Леониду Лавровскому, главному балетмейстеру Большого театра, а автором музыки был прославленный советский композитор Сергей Прокофьев, этот выбор был вполне логичен[2]. Для открытия американского турне Советами была выбрана романтическая трагедия Уильяма Шекспира, которая в этом балете интерпретировалась с точки зрения классовой борьбы — центральной догмы советской и марксистской мысли.

Хотя заявленной целью гастрольного турне ГАБТа было продемонстрировать достижения советской хореографии, американская публика также должна была неосознанно подвергнуться влиянию коммунистических идей. По словам Ленина, коммуни-

[1]   Martin J. Bolshoi Opening Hailed by Crowd: Glittering Audience Cheers «Romeo and Juliet» at «Met» // The New York Times. 1959. April 17.

[2]   The Bolshoi Ballet: Souvenir Booklet. Metropolitan Opera House, 1959. P. 17, 19; [Slonimsky N. 2000: 569–570].

стическое искусство должно было воплощать идеи, которые заставили бы людей взглянуть на мир по-новому [Figes 1996: 733, 736–737]. Таким образом, американцы должны были не только восхищаться советскими спектаклями, но и подвергаться воздействию марксистских идей. Если граждане капиталистической Америки будут аплодировать советским исполнителям, это станет свидетельством того, что понимание искусства способствует разрушению политических барьеров [Bakst 1977: 277–278]. Если развить эту мысль, искусство в конце концов должно привести к разрушению ложных капиталистических учений [Bakst 1977: 277], поэтому оно является бесценным оружием, направленным на то, чтобы приблизить победу коммунистов в холодной войне.

На протяжении 1930-х и вплоть до конца 1950-х годов соцреализм — официальная художественная политика Советского Союза — находил выражение в драматическом балете [André 1998: 113, 115]. Как уже отмечалось, его развитию способствовали идеологические решения. Этот жанр считался единственной формой балета, могущей передать соцреалистические идеи [Ezrahi 2012: 32]. Нередко драматические балеты содержали серьезный марксистский подтекст и, таким образом, имели целью прославление идеалов революции. Прослеживая развитие драмбалета, советский балетный критик Юрий Слонимский указывал, что советский балет постепенно отдалялся от любовной тематики, вместо этого он привел на сцену носителей революционных идей и коммунистического мировоззрения [Слонимский 1974: 31–32]. Это направление развития стало результатом сотрудничества драматургов, композиторов, балетмейстеров и либреттистов. Слонимский объяснял это тем, что, лишь объединив свой творческий потенциал, деятели искусства способны создать реалистический балет. Благодаря использованию различных тем и сюжетов драматический балет превратился в весьма богатый и многоликий жанр [Слонимский 1974: 33, 36]. Дженнифер Хоманс пишет, что для драматического балета требовался простой, но захватывающий сюжет с героическими рабочими, храбрыми мужчинами и невинными девами [Homans 2010: 347].

В основе драмбалетов лежали ключевые принципы партии, а их важнейшим аспектом считался сюжет, тогда как музыка, хореография и сценография должны были в равной мере способствовать его развитию. В этих историях нередко подчеркивалась борьба человека с неблагоприятными социальными условиями, исследовалось взаимодействие индивидуума с обществом [André 1998: 115–116].

Советское руководство особо подчеркивало эту жизненно важную идеологическую связь народа с искусством. Хрущёв отмечал необходимость того, чтобы искусство соответствовало соцреалистическим канонам и воплощало их. Советский лидер объяснял, что в борьбе против капиталистической идеологии не может быть нейтральных. Хрущёв говорил: «Развитие литературы и искусства происходит в условиях идейной борьбы против влияния чуждой нам буржуазной культуры, отживших представлений и взглядов во имя утверждения нашей коммунистической идеологии» [Хрущев 1957: 28]. Этим заявлением он открыто признавал, что искусство играло ключевую роль в пропаганде советского политического курса и поддержке марксистской идеологии. Советские деятели искусства старались следовать этому указанию, создавая произведения, полностью соответствующие принципам соцреализма и воспевающие веру советских людей в торжество коммунизма. Отбирая для премьерного вечера балет «Ромео и Джульетта», Центральный комитет намеревался предъявить американским зрителям художественные достижения соцреализма.

Вдохновляемый советской идеологией и соцреализмом, Прокофьев создал первую редакцию балета «Ромео и Джульетта» в 1930-е годы с целью продемонстрировать свою преданность родине [Савкина 1982: 94–95; Robinson 2002: 300]. После революции и Гражданской войны Прокофьев полагал, что в своей стране ему не представится возможности развить свой талант, поэтому в 1918 году он покинул СССР, перебравшись в Соединенные Штаты Америки [Redepenning 2001: 413]. Прокофьев прожил в США менее трех лет, после чего решил переселиться в Париж. Его убеждение в том, что американские критики недооценивают его творчество, и в том, что американцы не заинтересованы в новых музыкальных формах, заставило его вернуться в Европу [Seroff 1968: 109–113]. К концу 1920-х годов Прокофьев решил развивать более простой музыкальный стиль [Redepenning 2001: 408]. Последующие гастрольные поездки Прокофьева по Советскому Союзу убедили его в том, что советские художественные доктрины соответствовали его вере в более простой музыкальный стиль. Хотя отчасти Прокофьев и был в курсе существенных недостатков советской политики и методов руководства, в 1936 году он принял решение вернуться на родину [Redepenning 2001: 411][3].

Решив постоянно жить в Советском Союзе, Прокофьев осознанно старался создавать произведения, поддерживавшие его репутацию лояльного советского композитора [Савкина 1982: 91–92; Robinson 2002: 299–300]. Вместе с тем он хотел создать большое сценическое произведение. Вопрос о том, кто первым навел его на мысль о «Ромео и Джульетте», остается открытым. Наталья Савкина, русский биограф Прокофьева, указывает на Адриана Пиотровского, театро- и киноведа, который якобы первым предложил этот сюжет Прокофьеву. Композитору импонировали шекспировские образы сложных и реалистичных персонажей, и он охотно принял эту идею [Савкина 1982: 94–95]. Однако американский исследователь Робинсон считает, что Прокофьеву эту идею предложил Сергей Радлов, художественный руководитель Ленинградского театра оперы и балета, всегда проявлявший глубокий интерес к произведениям Шекспира [Robinson 2002: 297–298].

Практически сразу же, как только Прокофьев начал работу, убийство Кирова и последующие чистки заставили прервать подготовку к постановке. Чиновники сняли Радлова с должности

---

[3] Причина возвращения Прокофьева не вполне ясна, и специалисты по истории музыки только гадают, каковы были мотивы, по которым композитор принял решение вернуться в СССР. Помимо гарантированных привилегий и возможности создавать более простые произведения, исследователи ссылаются на то, что в США и Европе Прокофьев уступал в известности Рахманинову и Стравинскому. В 1936 году, когда Прокофьев решил вернуться в СССР, Шостакович оказался в опале, таким образом, у Прокофьева не оставалось явных соперников.

художественного руководителя Ленинградского государственного академического театра. Как объясняет Карен Беннетт, поскольку власти усомнились в лояльности Радлова, многие из его честолюбивых начинаний, включая балет «Ромео и Джульетта», были расценены как антисоветские; кроме того, есть вероятность того, что чиновники высказывали сомнения касательно идеологической корректности самого балета [Bennett 2008: 319]. По утверждению Карен Беннетт, задержку премьеры балета никогда не объясняли в полной мере, однако, как она утверждает, осуждение Сталиным оперы Шостаковича «Леди Макбет Мценского уезда» привело к серии атак на советских композиторов. Множество работ, прежде получивших одобрение, теперь заклеймили антисоветскими или формалистическими. Беннетт отмечает, что театральные чиновники беспокоились об отсутствии в «Ромео и Джульетте» соцреалистической идейности, достаточной для того, чтобы цензура безоговорочно пропустила балет [Bennett 2008: 319].

Итак, 11 января 1940 года в Ленинграде состоялась премьера «Ромео и Джульетты». Советские критики приняли балет Прокофьева с энтузиазмом. Рецензенты из газеты «Советское искусство» превозносили балет как свидетельство значительного прогресса в творческом и идеологическом росте советской хореографии [Robinson 2002: 373–374][4]. Получив официальное одобрение, Прокофьев достиг своей цели по созданию соцреалистического произведения [Robinson 2002: 374]. Вдохновленный полученным приемом, Прокофьев написал своему американскому другу Вернону Дюку (Владимиру Дукельскому), что Ленинградская опера произвела «Ромео и Джульетту» «с большой помпой и лучшими танцорами» и что публика бурно реагировала, вызывая исполнителей на поклон 15 раз [Вишневецкий 2007: 61; Robinson 1998: 141]. Несколько месяцев спустя состоялась премьера «Ромео и Джульетты» в Москве. И снова критики тепло приняли произведение Прокофьева [Robinson 2002: 374]. Успех «Ромео и Джульетты» Прокофьева упрочил его имидж как

---

[4] К сожалению, в источнике это описание не получает развития.

лояльного советского гражданина, и его произведение приобрело признание ведущих советских балетных критиков.

Сочинение Прокофьева получило одобрение советской номенклатуры, но его балет также оказался созвучен чувствам обычных советских граждан. Ежедневно простой советский народ сталкивался со множеством лишений и тяжких испытаний, однако многие верили, что в будущем наступит эра мира и равенства [Homans 2010: 392; Fitzpatrick 1992: 216–218]. Для советских граждан, смотревших «Ромео и Джульетту», этот балет стал высказыванием о том, что́ может ожидать их в будущем, а знаменитая балерина Уланова в партии Джульетты — воплощением этого нового будущего. Хотя посещение «Ромео и Джульетты» могло восприниматься как способ отрешиться от повседневной жизни, этот балет, вероятно, укреплял уверенность в том, что граждане находятся на правильном пути, который ведет к славному будущему [Homans 2010: 392].

Пусть даже балет Прокофьева был принят со всей теплотой, многие чиновники сталинской эпохи продолжали сомневаться в том, что композитор вполне лоялен к советским идеалам. Критики в целом недоброжелательно отозвались о музыке Прокофьева, назвав ее слишком формалистичной и, следовательно, не соответствующей требованиям соцреализма. Уже в 1948 году Центральный комитет выпустил постановление, в котором музыка композитора формально осуждалась, а сам он обвинялся в том, что его западный опыт негативно повлиял на его творческие способности [Slonimsky N. 2000: 569–570]. Эта атака на Прокофьева и других советских композиторов отражала дух ждановщины, состоявшей в нападках на все западное. Желание Сталина принизить идеи и произведения, которые, по его мнению, хотя бы в малой доле отражали западную идеологию [Robinson 2002: XIV], побудило его усомниться в преданности композитора Советскому Союзу. Но произведения Прокофьева, как и прежде, получали признание, в том числе он удостоился заветной Сталинской премии [Robinson 2002: XIV, 2].

После смерти Сталина в 1953 году и последующего разоблачения Хрущёвым культа личности Сталина в 1956 году новая власть принялась превозносить ранее подвергавшихся критике музыкантов, к числу которых относился и Прокофьев [Slonimsky N. 2000: 570–571]. В 1958 году, в правление Хрущёва, новым постановлением было отменено предыдущее постановление 1948 года, а произведения этих композиторов стали частью официального музыкального репертуара [Bartlett 2001: 933]. Теперь чиновники без колебаний согласились с ролью Прокофьева как ведущего советского композитора [Slonimsky N. 2000: 569–570]. Только со смертью Сталина советские критики полностью признали в Прокофьеве лояльного советского гражданина, поборника советской и марксистской идеологии.

Композитор Прокофьев, хореограф Лавровский и либреттист Радлов стремились «сохранить всю полноту и многосложность шекспировской трагедии, многоплановость сюжета, разнообразие и богатство шекспировского стиля» [Львов-Анохин 1984: 118]. Понимая, что произведение Шекспира включает в себя несколько сложных персонажей, советские деятели искусства стремились к тому, чтобы либретто, музыка и хореография позволили сохранить монументальность и красочность этих образов [Львов-Анохин 1984: 118]. И в советских постановках балета, и в спектакле, показанном американцам, шекспировский сюжет в целом был сохранен[5]. Балет начинается с драки на шпагах между

---

[5] Sergei Prokofiev. Romeo and Juliet, 1954. DVD. Act I, Scene 8: «The Ball at the Capulets», directed by L. Arnstam, and Leonid Lavrovsky, choreographed by Leonid Lavrovsky, conducted by Gennady Rozhdestvensky. Pleasantville, NY: Video Artist International, 2003. В своем анализе сцен из балета автор основывается на московской постановке балета «Ромео и Джульетта» 1954 года. К сожалению, полная запись спектакля 1959 года до сих пор не найдена. Несмотря на то что коллекция балетов Дж. Роббинса Архива исполнительского искусства в Нью-Йоркской публичной библиотеке включает в себя фрагменты выступлений, проходивших в Лос-Анджелесе, фрагмент «Ромео и Джульетты» содержит только знаменитую любовную сцену. Просмотрев видео, автор сделал вывод, что эта сцена соответствует версии 1954 года. Кроме того, использование автором фильма 1954 года имеет все основания, поскольку доводы против включения балета «Ромео и Джульетта» в программу американских гастролей заключались в том, что киноверсия получила широкое распространение и публика к тому моменту была очень хорошо знакома с советской постановкой (см. гл. 2).

членами соперничающих кланов Монтекки и Капулетти. Позднее Джульетта выражает свое волнение по поводу предстоящего праздника, который должен состояться в тот же вечер. В своей комнате Джульетта добродушно гоняется за своей кормилицей. Когда входит ее мать, Джульетта узнает о том, что Парис приехал просить ее руки[6].

На балу у Капулетти Джульетта скованно танцует с Парисом. Как только прибывают ее подруги, она убегает с бала и присоединяется к ним в более веселых танцах. Скрываясь под масками, Ромео и его друг Меркуцио присоединяются к празднеству[7]. В следующих сценах Ромео и Джульетта выражают любовь друг к другу в серии танцев. Их веселье прерывает Тибальт, кузен Джульетты, который узнает в Ромео члена соперничающего клана Монтекки. Хотя Ромео вынужден спасаться бегством, позднее он и Джульетта вновь видятся в знаменитой сцене с балконом и объясняются в любви[8].

Второе действие открывается сценой уличного гулянья на следующее утро. Проходя через толпу, Ромео получает записку от Джульетты. Она согласна обвенчаться с ним. Брат Лоренцо совершает торжественный обряд венчания[9]. Тем временем горожане продолжают веселиться, и в разгар веселья Тибальт вызывает Меркуцио на дуэль. Тибальт убивает Меркуцио, а Ромео мстит за смерть Меркуцио, убивая Тибальта[10].

На следующее утро Ромео и Джульетта пробуждаются. Их счастье мгновенно улетучивается со звуком приближающихся шагов. Ромео выпрыгивает в окно, и в этот момент в комнату входят родители Джульетты в сопровождении Париса. Мать Джульетты сообщает ей, что она будет обручена с Парисом, и Джульетта равнодушно танцует с ним. В гневе мать и отец, а с ними и Парис покидают ее комнату. Расстроенная Джульетта решает искать

---

6   The Bolshoi Ballet... P. 19.

7   The Bolshoi Ballet... P. 19; Sergei Prokofiev. Romeo and Juliet, 1954. Act I, Scene 9.

8   The Bolshoi Ballet... P. 19; Sergei Prokofiev. Romeo and Juliet, 1954. Act I, Scene 11.

9   The Bolshoi Ballet... P. 19–20.

10   Ibid. P. 20.

совета у брата Лоренцо[11]. Когда она прибывает в келью, брат Лоренцо разрабатывает план. Он дает Джульетте снадобье, позволяющее имитировать смерть. Брат Лоренцо объясняет Джульетте, что ее родители подумают, будто она мертва, и перенесут ее тело в семейный склеп. Затем он расскажет об этом плане Ромео, который должен будет прийти за ней в склеп. Джульетта соглашается на этот план. Вернувшись домой, она притворяется, будто покорна родительской воле, но, едва ее мать и отец уходят, она принимает снадобье[12].

Тело Джульетты обнаруживают на следующее утро. Семья и друзья перемещают его в склеп Капулетти[13]. Брат Лоренцо не успевает предостеречь Ромео, который узнает от своего пажа о том, что Джульетта умерла. Ромео спешит в склеп и, увидев ее, выпивает яд. Затем Джульетта пробуждается. Потрясенная тем, что Ромео мертв, она решает покончить с собой. Взяв его кинжал, Джульетта вонзает его себе в грудь.

В эпилоге члены кланов Капулетти и Монтекки узнают о смерти Ромео и Джульетты и соглашаются покончить с враждой[14].

В попытке сделать так, чтобы эта любовная история отражала марксистские элементы, Прокофьев использовал свой музыкальный талант для передачи послания. Как отметили советские балетные критики, богатейшая музыкальная партитура балета композитора передает драматическую напряженность его сюжета. Своей музыкой Прокофьев создал ясные музыкальные портреты главных персонажей, похожие на лейтмотивы[15], и эти разнообразные музыкальные темы придавали балету целостность [Львов-Анохин 1984: 118]. Композитор рассказывал, как он усерд-

---

[11] Ibid. P. 20–21; Sergei Prokofiev. Romeo and Juliet, 1954. Act III, Scene 21.

[12] The Bolshoi Ballet... P. 21.

[13] Ibid.

[14] Ibid.

[15] Это понятие ввел немецкий композитор Рихард Вагнер. Идея его заключалась в том, что изображение каждого персонажа, ситуации или идеи сопровождалось определенным музыкальным мотивом (или темой); см. [Apel 1969: 465–466].

но старался создать простую музыку, которая найдет отклик в сердцах людей [Abraham 1944: 39]. Музыкальные портреты композитора позволяют с легкостью различить силы добра и зла. Персонажи, представляющие прогрессивные силы, танцуют под аккомпанемент простых мелодий, таких как тема любви Ромео и Джульетты, а герои, которые ассоциируются с силами зла, танцуют под более жесткие ритмы, такие как танец на балу у Капулетти. Своими музыкальными портретами Прокофьев подчеркивал ключевую идею балета — классовую борьбу. Разделяя героев на две группы (или на два класса), балет отражал марксистскую интерпретацию истории и официальное советское мировоззрение. Эта музыкальная инновация позволила Прокофьеву развивать характеры героев балета в соответствии с официальной советской художественной политикой соцреализма.

Если Прокофьев стремился сочинять легкие для восприятия и, соответственно, соцреалистические мотивы, Лавровский старался придать балету такую структуру, при которой каждый танец был бы наполнен отчетливым идеологическим содержанием, а также добиться того, чтобы каждый танец в полной мере соответствовал общей идее балета [Львов-Анохин 1984: 115, 120]. Как и в случае с партитурой Прокофьева, персонажи, олицетворяющие силы добра, исполняли изящные танцы, а представители сил зла — жесткие, стилизованные. Новое прочтение этими мастерами оригинальной пьесы Шекспира позволило им создать легкий для восприятия балет, способный доставить публике удовольствие. Этот балет будет оценен и принят не только широкой публикой; соответствие «Ромео и Джульетты» канонам соцреализма приведет к тому, что и государственные чиновники отнесутся к этому новому произведению с одобрением.

На протяжении десятилетий после премьеры «Ромео и Джульетты» Прокофьева в СССР официально считалось, что этот балет иллюстрирует революционные цели и демонстрирует историческое развитие по направлению к более справедливому обществу. В середине 1950-х годов советские балетные критики, такие как Юрий Слонимский, особо отмечали, что в балете блестяще передан конфликт между молодым поколением и старым миром

[Slonimsky Y. 1960: 87]. В «Ромео и Джульетте» не просто рассказывалась история любви, а воспроизводились эмоции и мораль итальянцев эпохи Возрождения [Slonimsky Y. 1960: 87]. Другие историки балета, в числе которых Наталья Рославлева, отмечали, что для хореографа Лавровского бунт Ромео и Джульетты против своих родителей, Монтекки и Капулетти, символизировал борьбу людей Возрождения со старым средневековым миром [Roslavleva 1979: 249, 251, 313]. Эта интерпретация балетного сюжета отражала марксистское толкование истории. По Марксу, история проходит через шесть стадий: первобытный коммунизм, рабовладельческий строй, феодализм, капитализм, социализм и коммунизм. Балет отображал исторический переход в эпоху Возрождения от феодализма к ранней стадии капитализма. Это истолкование натолкнуло Лавровского на мысль создать хореографическую картину, передающую исторический переход.

Хореография Лавровского в совокупности с его марксистским пониманием истории выражала несоответствие между средневековым миром и новым обществом Ромео и Джульетты. Лавровский, подобно Фокину, его предшественнику из дореволюционной эпохи, полагал, что танцы персонажей играют ключевую роль в передаче аудитории их эмоций[16]. Под звуки грозной тревожной музыки мать и отец Джульетты танцуют стилизованный, манерный и изысканный танец, похожий на гавот, а их гости двигаются по точной схеме, придерживаясь строгого рисунка (см. рис. 3.1).

В это время Джульетта, символ нового общества, сидит в стороне, равнодушно поглядывая на танцоров[17]. Она присоединяется к празднествам старого мира лишь тогда, когда неохотно танцует с Парисом. Дуэт Джульетты и Париса происходит под грубый стилизованный гавот, музыка которого является вариацией на ту же музыкальную тему[18]. То, что Лавровский, выражая

---

[16] Cox A. J. The Aims of Soviet Choreography // Dance and Dances. 1956. October. P. 14.

[17] Sergei Prokofiev. Romeo and Juliet, 1954. Act I, Scene 8.

[18] Ibid. Act I, Scene 9.

Рис. 3.1. Первый акт, четвертая картина. Танец с подушками. Сувенирный буклет гастролей Большого театра в Метрополитен-опере, 1959 год. Публикуется с разрешения Нессы Хайамс Пикер и семьи С. Юрока

марксистские идеи, опирался на концепцию Фокина, свидетельствовало о невозможности для Советов в полной мере пренебречь дореволюционной традицией. Скорее, они старались изменить эти традиции, приведя их в соответствие с советской доктриной. Хотя это напряжение проявлялось и в соцреалистических работах, таких как «Ромео и Джульетта», особенно очевидным оно становилось при исполнении в Большом театре балетов, основанных на идеях царской эпохи.

Контрастирующие со строгим средневековым миром танцы Ромео и Джульетты включают в себя воздушные прыжки под аккомпанемент легкой музыки. Советские балетные критики (в их числе — Борис Львов-Анохин) отмечали этот музыкально-драматический сдвиг и стремление Прокофьева отделить Ромео и Джульетту от мира их родителей [Львов-Анохин 1984: 119]. В сочетании с хореографической работой Лавровского музыка Прокофьева указывала на пропасть между миром Ромео и Джульетты и миром их родителей, делая упор на воспетые Шекспиром рискованные поступки юной пары и любовь [Львов-Анохин 1984: 119].

С первой встречи Ромео и Джульетты Прокофьев представляет этих героев посредством воодушевляющей мелодии, и эта же тема любви звучит в тот момент, когда они понимают, что влюблены[19]. Вариации на эту музыкальную тему в сочетании с хореографией Лавровского указывают на нерешительность Джульетты в первые моменты. Например, когда с Ромео слетает маска, игривая улыбка Джульетты сменяется недоумением. Когда Джульетта осознает свою любовь, она кладет ладонь на свое сердце, будто его пронзила любовь Ромео, и выполняет серию движений, во время которых она быстро отдаляется от Ромео. Любовь Джульетты к Ромео омрачена дурными предчувствиями. Когда она понимает, что влюблена в Ромео, пара танцует вместе под музыку, которая передает их счастье. Джульетта исполняет несколько арабесков: стоит на одной ноге, а другую отводит назад, что символизирует чистую любовь между ней и Ромео[20]. Во время этого танца Ромео несколько раз поднимает Джульетту в воздух, что указывает на высокий идеал их любви, которая является силой, способной сломить запреты средневекового мира. Чрезвычайно разнообразные танцевальные движения Лавровского и изменчивость музыкальных стилей Прокофьева наглядно показывают бездну, отделяющую едва зародившийся мир Ромео и Джульетты, то есть мир советских людей, от старого мира кланов Монтекки и Капулетти — мира репрессивного прошлого (см. рис. 3.2).

Поскольку Ромео и Джульетта ассоциировались с простыми мелодиями и беззаботными танцами, публика отождествляла главных героев с прогрессивными историческими силами. Как объясняет в своей статье «Советский балет сегодня» Нина Милицина, причина популярности советского балета была в том, что массам нравились реалистичные и современные произведения, передающие чаяния народа[21]. Отождествление Ромео и Джульетты с прогрессивными силами, стремящимися уйти от

---

[19] Romeo and Juliet. 1954. Act I, Scene 11.

[20] Ibid.; [Kersley, Sinclair 1964: 8].

[21] Militsyna N. Soviet Ballet To-Day // Dancing Times. May 1949. P. 435.

Рис. 3.2. Г. С. Уланова
в партии Джульетты
и Ю. Жданов в партии Ромео.
Сувенирный буклет
гастролей Большого театра
в Метрополитен-опере,
1959 год. Публикуется
с разрешения
Нессы Хайамс Пикер и семьи
С. Юрока

феодализма, напоминало о недавней борьбе большевиков с фео-
дально-царистским обществом. Удачные хореографические
портреты Ромео и Джульетты, созданные Лавровским, основывались на теории Фокина, согласно которой танец должен отражать музыку и сюжет балета [Barnes 1967: 206; Jaffe 1979: 14][22],
а также на продвигаемой партией правильной идеологии. Таким
образом, для выражения советских идеалов оказались жизненно
важны обе традиции: до- и послереволюционная.

Не только хореографические и музыкальные стили подчеркивают стремление народа преодолеть несправедливые запреты —
включение массовых сцен также иллюстрирует борьбу общества
со старым миром. По мнению Юрия Слонимского, хотя Шекспир
нигде в своей пьесе не указывал на более широкие слои общества,
в балете «Ромео и Джульетта» массы обладают важной функцией

---

[22] Анализ творчества М. Фокина см. в гл. 2.

демонстрации бунта общества против средневековых запретов [Slonimsky Y. 1960: 87]. Слонимский пишет: «Участие масс в балете возвысило любовь Ромео и Джульетты до высот великого символизма; их любовь подобна знамени в борьбе за счастье всех ненавидящих губительный и разрушающийся мир, что жаждет крови» [Slonimsky Y. 1960: 86].

Во время сцены на рыночной площади Меркуцио, друг Ромео, непринужденно общается с жителями города (ремесленниками, торговцами и домохозяйками), которые тепло встречают Меркуцио на своем празднике. Подобно Ромео и Меркуцио, эти горожане также танцуют в легкой беззаботной манере. Тибальт, явный представитель средневекового мира, напротив, не участвует в пиршестве, а сидит в таверне и хандрит[23]. Во время дуэли на шпагах между Меркуцио и Тибальтом толпа благоволит Меркуцио. Она разражается смехом, когда Меркуцио дразнит Тибальта и подначивает его себя поймать. Когда Тибальт наносит Меркуцио роковой удар шпагой и Меркуцио умирает, люди склоняют головы[24]. После того как Ромео мстит за смерть Меркуцио, смертельно ранив Тибальта, толпа присоединяется к процессии, которая уносит с рыночной площади тело Меркуцио. Лишь семья Капулетти и их слуги следуют за телом Тибальта[25]. Участие масс в балете выражает единение народа с Ромео и его друзьями — прогрессивными элементами общества. Симпатия масс к Меркуцио выражает то, что общество, как и Ромео и Джульетта, желает порвать с удручающей жизнью феодального мира и устаревшими идеями.

Использование в балете народных масс дополнительно подчеркивает акцент соцреализма на типичных элементах и пролетариате, а также служит визуальным воплощением советских принципов. Поскольку превалирующая политическая идеология воспевала доблести рабочих масс и стремление всех угнетенных народов добиваться свободы, интерпретация Шекспира Слоним-

---

[23] Sergei Prokofiev. Romeo and Juliet, 1954. Act II, Scene 14.

[24] Ibid. Act II, Scene 16, 17.

[25] Ibid. Act II, Scene 18, 19.

ским соответствовала советской идеологии. Массовые сцены, в которых народ предается веселью на рыночной площади, воплощали призыв Советов к свободе, поддерживая советский аргумент о том, что угнетенные готовы бороться за свою свободу и в повседневной жизни.

Борьба между свободой и угнетением вновь проявляется в костюмах персонажей и декорациях балета. Облачение представителей кланов Монтекки и Капулетти, тяжелая средневековая парча темных оттенков, в особенности черное одеяние матери и отца Джульетты, вызывает гнетущее чувство. Передающий ограниченность средневекового общества бал у Капулетти проходит в парадном зале без окон[26]. По контрасту с этой обстановкой Джульетта появляется в легком, воздушном, светлом наряде, а Ромео одет в колет светлых тонов[27]. Помимо того что покрой костюма Джульетты дает ей свободу движения для исполнения танцев, выбор цвета и текстуры еще сильнее отделяет ее от гнетущего мира ее родителей. Танец этой юной пары и встреча Джульетты с Ромео происходят под сводчатым портиком замка[28]. От этой атмосферы веет свободой, к которой стремятся юные создания, и она символизирует любовь Ромео и Джульетты. Выбор костюмов и декораций подчеркивает политическую интерпретацию Советами эксплуататорского имперского прошлого.

Как полагали советские балерины и биографы композитора, наряду с костюмами и декорациями музыка Прокофьева отображает внутренние мысли и эмоции героев. Советские балерины ценили работу Прокофьева, и ведущая балерина Уланова говорила о том, что музыка композитора, содержащая ясные, яркие характеристики, диктовала поступки героев [Уланова 1954: 219]. Савкина, биограф Прокофьева, анализируя балет, заметила, что задорная музыка Меркуцио передает его остроумный характер, в то время как воинственные интонации сопровождают появление на сцене кланов Монтекки и Капулетти [Савкина 1982: 95–97].

---

[26] Ibid. Act I, Scene 8.

[27] Ibid. Act I, Scene 8, 13.

[28] Ibid. Act I, Scene 8, 11.

Более того, Израиль Нестьев, официальный советский биограф Прокофьева, говорит, что у людей, которые смотрят эти спектакли и слушают эту музыку, образ Меркуцио ассоциируется с весельем. Напротив, в сцене его поединка с Тибальтом музыка вдруг приобретает скорбный, надломленный оттенок [Нестьев 1973: 378–379]. Советские авторы полагали, что музыка Прокофьева заставляет зрителей отождествлять себя с героическими, положительными персонажами, бросающими вызов репрессивному феодальному порядку.

Музыка Прокофьева определяет Ромео как одного из главных прогрессивных героев балета. Некоторые современные авторы пришли к выводу, что музыка Прокофьева не выставляет Ромео социалистическим героем, а, напротив, передает сентиментальный романтический образ [Bennett 2008: 326]. Несмотря на это, многие в СССР, в том числе Нестьев, воспринимали Ромео как бойца. Музыка Прокофьева, с его точки зрения, иллюстрирует взросление Ромео [Нестьев 1973: 378]. К примеру, музыкальное развитие образа Ромео, близкое к мелодической линии Джульетты, отмечено жизнерадостными торжественными звуками, которые дают полную картину бегства от феодального мира. С момента встречи Ромео и Джульетты их любовная тема получает музыкальное развитие, достигая кульминации в сцене на балконе[29]. Эта мелодия вновь возникает в ключевые моменты истории героев: во втором акте — в сцене венчания, в третьем акте — в финальной сцене самоубийства[30]. Таким образом, советские авторы понимали Ромео как социалистического героя, поскольку его любовь к Джульетте начинает ослаблять ограничения феодального мира.

Третий акт начинается с того, что в окно спальни Джульетты врываются утренние лучи солнца. Внезапно Джульетта и Ромео слышат за дверью чьи-то шаги. Не желая, чтобы Ромео был пойман, Джульетта помогает ему выбраться через окно спальни[31].

---

[29] Sergei Prokofiev. Romeo and Juliet, 1954. Act I, Scene 11, 13.
[30] Ibid. Act II, Scene 15; Act III, Scene 28.
[31] Ibid. Act III, Scene 20.

Мать и отец Джульетты в сопровождении Париса входят в комнату и напоминают Джульетте о предстоящем венчании. Джульетта с удрученным видом подходит к Парису. Когда Парис и Джульетта начинают танцевать, жесткие движения и сдержанная манера Джульетты напоминают ее танец с Парисом в первом акте на балу у Капулетти[32]. Родители Джульетты, в гневе оттого, что она отвергает Париса, с грозным видом покидают ее комнату[33]. В сочетании с музыкой Прокофьева драму усиливала хореография Лавровского. К примеру, сцена, в которой Джульетта отвергает Париса, — это не просто скучное повторение произведения Шекспира. Отказ Джульетты определенно указывает на ее нежелание подчиняться ограничениям средневекового общества[34].

Следующий за отказом Парису танец Джульетты передает ее смятение: следует ли ей подчиниться родителям или остаться верной Ромео? В серии быстрых танцев Джульетта начинает лихорадочно метаться между дверью, через которую покинули комнату ее родители, и окном, через которое бежал Ромео[35]. Неожиданно ей приходит мысль искать помощи у брата Лоренцо. Она прекращает свой тревожный танец и уверенным шагом выходит из комнаты под аккомпанемент темы любви[36]. После этого решения действия Джульетты становятся более осмысленными. Она отчаянно спешит к патеру Лоренцо[37]. Советский историк балета Львов-Анохин, сравнивая Уланову с Никой, греческой богиней победы, отмечает, что в партии Джульетты она изображает героическую личность, готовую к самопожертвованию [Львов-Анохин 1984: 128]. Действия Джульетты в конечном итоге и правда приведут к победе нового общественного порядка, а тем самым — к разрушению несправедливых средневековых норм.

---

[32] Ibid. Act III, Scene 21.

[33] Ibid.

[34] Ibid.

[35] Ibid. Act III, Scene 21, 22.

[36] Ibid. Act III, Scene 22.

[37] Ibid. Act III, Scene 22, 23.

По прибытии в келью патера Лоренцо танец Джульетты в очередной раз передает ее тревожное состояние. Она падает перед статуей девы Марии[38]. Патер Лоренцо утешает Джульетту и объясняет ей свою идею — принять снадобье, имитирующее смерть. Джульетта тотчас же успокаивается и победно поднимает флакон со снадобьем над своей головой[39]. Во время встречи с братом Лоренцо Джульетта еще глубже осознает свою преданность Ромео. Она решает принять снадобье: так она избежит венчания с Парисом. В конце концов, как только Джульетта очнется, она сможет сбежать с Ромео — со своей настоящей любовью. Движения Джульетты после решения принять снадобье напоминают тот танец, который она исполняла, давая брачный обет. Этим спокойным и уверенным танцем Джульетта прощается с братом Лоренцо[40].

В этой сцене Прокофьев снова вводит тему любви, и Лавровский использует хореографию сцены венчания Ромео и Джульетты из второго акта. Включение Прокофьевым этой темы напоминает зрителям о борьбе Джульетты за свою любовь. Та же самая тема в сочетании с той же хореографией появляется во всех сценах, в которых действия Ромео и Джульетты выражают их любовь и преданность друг другу. Используя одни и те же мотивы, Прокофьев не только создал музыкальные портреты своих героев, но и явно указал на то, что Ромео и Джульетта выступают как силы прогресса, отличные от репрессивного средневекового мира. Аналогичным образом использование Лавровским схожей хореографии подчеркивает серьезность сцены венчания и встречи Джульетты с братом Лоренцо; в обеих сценах хореография символизирует взросление Джульетты и, таким образом, развитие сил прогресса. На протяжении этих сцен советские и американские зрители должны были наблюдать за смущением юной особы и ее успехом в стремлении оставаться верной своим убеждениям, даже когда ее личные принципы вступают в конфликт

---

[38] Sergei Prokofiev. Romeo and Juliet, 1954. Act III, Scene 22, 23.

[39] Ibid. Act III, Scene 23.

[40] Ibid.

с общественными нормами. Хореография Лавровского великолепно передает ход мыслей Джульетты, по мере того как эти эмоции вступают в прямой конфликт с ожиданиями средневекового общества.

В процессе развития личности Джульетты проявляется ее роль героини, сражающейся с феодальными авторитетами. Уланова, часто выступавшая в партии Джульетты, придерживалась мнения, что в начале балета Джульетта — шаловливая и необузданная девочка, которая превращается в более зрелую личность и торжествует над своим страхом смерти [Ulanova 1956: 23]. Уланова отмечала, что взросление Джульетты и ее решение не выходить за Париса проистекают из того же источника, что и силы, которые толкают граждан на совершение патриотических поступков [Ulanova 1956: 23]. Согласно оценке Юрия Слонимского, своим танцем Уланова раскрывала идеи героических подвигов и «возвышенной любви» [Slonimsky Y. 1960: 50]. Слонимский причислял Уланову к тому типу балерин, которые, по его мнению, «не танцуют и не играют роль, а проживают жизнь» [Slonimsky Y. 1960: 50].

Взросление Джульетты достигает своего апогея в сцене самоубийства в третьем акте. Уланова сравнивала поступок Джульетты с поступками советских граждан после нападения нацистов во время Великой Отечественной войны. Размышляя о поступках Джульетты и подвигах советского народа во время Великой Отечественной войны, Уланова поняла, что человек способен умереть за свое счастье [Уланова 1954: 219]. Балерина сравнивала себя с Джульеттой, говоря следующее: «Я увидела в новой Джульетте такие духовные качества, которые в других условиях привели бы шекспировскую героиню к подвигу общечеловеческого значения» [Уланова 1954: 219]. Уланова сравнивала действия молодой героини со способностью советского народа совершать героические поступки [Уланова 1954: 220]. Как и в случае с непослушанием Джульетты, волевой советский народ выдержал нападение нацистов и через самопожертвование одержал победу над тираническими силами. Поколение Улановой было воспитано на представлении, что фашизм является доказательством нахождения капитализма на своей финальной стадии развития.

Разгром советским народом нацистов вел к незамедлительной победе их родины и воспринимался как ключевая историческая победа в распространении коммунистических идей. Подобно тому как все советские граждане деятельно участвовали в укреплении коммунизма, они были готовы умереть за более грандиозную идею — торжество советского коммунизма во всем мире.

Благодаря Улановой, сравнивавшей поступки Джульетты с сопротивлением советского народа фашизму, Джульетта и Ромео стали символами генерального исторического сражения со всеми угнетающими системами. Если обратиться к хореографии, Лавровский заставляет Ромео поднять мертвую Джульетту в воздух в знак вечной любви, а если говорить о музыке, Прокофьев в очередной раз использует здесь тему любви [Львов-Анохин 1984: 134]. Когда Ромео совершает самоубийство, Джульетта понимает, что она останется заточенной в средневековом обществе, и побеждает свой страх смерти. Это решение не только ее приводит к собственному освобождению — отказ Джульетты покориться средневековым нормам также заставляет общество перейти на следующую ступень развития и оказаться в эпохе Возрождения. Взросление Джульетты символизирует общественное развитие в направлении свободы. Как и в случае с Джульеттой, коллектив развивается от бессознательной наивности к устойчивому обществу, способному выдержать на первый взгляд непереносимые страдания. Джульетта воплотила способность советского народа преодолеть эгоистические побуждения и освободиться от социальных ограничений. Таким образом, героическое решение Джульетты направило человечество к конечной цели построения свободного коммунистического общества, с точки зрения советских людей.

Поскольку в Советском Союзе балет «Ромео и Джульетта» расценивался как триумф соцреализма, его американской премьеры и турне ГАБТа в целом ожидали с нетерпением. На протяжении нескольких недель перед началом турне ведущие американские журналы публиковали статьи о ведущих исполнителях и об истории Большого театра, многочисленные фотографии исполнителей, а также заметки о текущем состоянии советско-американского культурного обмена. Эти публикации ознакомили читателей с членами труппы театра и отношением к балету в России, а теперь — Советском Союзе[41]. Редактор журнала Dance Magazine Лидия Джоэл лично поприветствовала Большой театр и выразила надежду, что турне приведет к обмену идеями, который будет способствовать развитию балета[42]. Дополнительный ажиотаж вокруг турне возник в связи с тем, что портовые грузчики Нью-Йорка первоначально отказывались разгружать реквизит Большого театра. Грузчики нередко отказывались работать с грузами, прибывающими из коммунистических государств. Однако, как только стало известно, что гастроли Большого театра проходят под контролем Государственного департамента, грузчики уступили. Они согласились разгрузить реквизит Большого театра, но не стали разгружать контейнеры со свиной щетиной, которые перевозили на том же судне[43].

За день до начала гастролей Большого театра американская пресса сообщала, что людям не удалось заблаговременно достать билеты и они 39 часов стояли под дождем в очереди в кассу Метрополитен-оперы, чтобы приобрести билеты на стоячие места [Caute 2003: 481][44]. Главный балетмейстер Большого театра Лавровский, пораженный таким доброжелательным отношением, встретился с этими людьми, выразив свою благодарность за их «выносливость»[45]. Советская пресса вторила этому настроению, рассказывая в своих репортажах о том, как американцы всю ночь

[41] Special Dance Report. «Stone Flower» Spectacular Sensation: The Bolshoi Ballet Premiere American Tour April 16, 1959 to June 20, 1959 // Mirror News. 1959. May 29. P. 111–117; Joel L., Moore L. The Bolshoi Ballet at Home & Abroad // Dance Magazine. 1959. April. Vol. 33. № 4. P. 35–43, 67, 80–81; Moore L. The Bolshoi Ballet: Its Background // Dance Magazine. 1959. April. Vol. 33. № 4. P. 44–45.

[42] Joel L., Moore L. The Bolshoi Ballet at Home & Abroad. P. 35.

[43] Ballet, No Bristle, Unloaded for Reds // The New York Times. 1959. April 7.

[44] Bolshoi Ballet Opening Tonight: Standing-Room Line Forms 39 Hours before Curtain for «Romeo and Juliet» // The New York Times. 1959. April 16.

[45] Salisbury H. E. New York Agog with Bolshoi Ballet Opening // Chicago Daily Tribune. 1959. April 17.

стояли в очереди под дождем, чтобы достать билеты на балет.
По словам советского обозревателя газеты «Правда» Евгения Литошко, американские журналисты в своих репортажах отмечали,
что интерес их граждан к Большому театру превосходит все
предыдущие случаи ажиотажа в связи с визитами иностранных
артистов[46]. Кроме того, советские журналисты сообщили, что
авторитетным театральным критикам дали задание осветить эти
выступления. В СССР восприняли это как знак проявления
особого внимания к балету со стороны американской публики[47].
Слова благодарности Лавровского и его встреча с американцами
свидетельствовали о том, что он был тронут высокой оценкой
профессионализма деятелей искусства его родины, данной американцами. Таким образом, некоторые американцы разделяли
с советскими людьми любовь к балету. Советские журналисты
восприняли энтузиазм американцев как свидетельство высокой
оценки советского искусства. Эта на первый взгляд общая любовь
к балету наводила на мысль, что для некоторых американцев
и советских людей искусство способно успешно преодолеть
раскол между Востоком и Западом.

Члены балетной труппы Большого театра также выказывали
свое рвение выступить в Соединенных Штатах Америки, и советские репортеры писали об этом турне как о свидетельстве
того, что искусство способно содействовать пониманию между
гражданами СССР и США. По сообщениям советской прессы,
великолепная балерина Уланова объявила о готовности труппы
показать свое мастерство перед американским народом[48]. Другие
советские корреспонденты говорили о волнении американцев,
ожидающих скорого приезда Большого театра на гастроли. Советские журналисты цитировали статью «Хорошие новости
о России», опубликованную в газете «Нью-Йорк таймс», в кото-

---

[46] Литошко Е. Лучшее, что есть в мире искусства // Правда. 1959. 14 апреля.

[47] ТАСС. Огромный интерес в США к советскому балету // Известия. 1959. 14 апреля.

[48] ТАСС. Культурные связи способствуют взаимопониманию // Правда. 1959. 11 апреля.

рой одобрительно говорилось о налаживании культурных связей между США и СССР и подчеркивалось, что эти культурные соглашения заложили основу для укрепления связей между всеми народами в мире[49]. Слова Улановой и репортажи советских журналистов свидетельствовали об их понимании роли балетной труппы как представителей советской культуры, и этим подкреплялось более раннее заявление Орвида о способности культурного обмена изменить мнение американцев о советском народе.

Американская премьера «Ромео и Джульетты» Прокофьева в исполнении артистов Большого театра была провозглашена одним из самых ярких событий в истории Нью-Йорка[50]. Андрей Седых из газеты «Новое русское слово» отмечал, что 16 апреля 1959 года американцы, заполнившие нью-йоркскую Метрополитен-оперу, с восторгом приветствовали балет Большого театра[51]. Когда в вечер премьеры поднялся занавес, очарованные американцы увидели перед собой самых знаменитых артистов балета Советского Союза: балерину Уланову в партии Джульетты и Жданова в партии Ромео. По окончании спектакля труппа Большого театра многократно выходила на поклон в ответ на оглушительные аплодисменты публики[52].

Балетный критик из «Нью-Йорк таймс» Мартин рассыпался в похвалах по поводу выступления артистов балета, а также самого явления культурного обмена[53]. Он писал, что, хотя драматические качества балета могут показаться банальными[54] либо чересчур утрированными, этот нарочито драматичный стиль

[49] Там же.

[50] Salisbury H. E. New York Agog with Bolshoi Ballet Opening // Chicago Daily Tribune. 1959. April 17.

[51] Седых А. Триумф Большого театра в Нью-Йорке // Новое русское слово. 1959. 18 апреля.

[52] Salisbury H. E. New York Agog...; Martin J. Ballet: Bolshoi Troupe // The New York Times. 1959. April 17; Bolshoi Opening Hailed by Crowd: Glittering Audience Cheers «Romeo and Juliet» at «Met» // The New York Times. 1959. April 17.

[53] Martin J. Ballet: Bolshoi Troupe; см. также [Robinson 1994: 147].

[54] Martin J. Ballet: Bolshoi Troupe.

и глубина переживаний вызвали у зрителей на премьерном вечере шквал эмоций[55]. Помимо всего прочего, Мартин много писал о способности Улановой точнейшим образом передать характер Джульетты. По его мнению, через танец Уланова мастерски представила развитие Джульетты, ее взросление, это реалистичное изображение нашло отклик у публики[56]. Однако из репортажа ясно, что Мартин усмотрел во взрослении Джульетты не символ грандиозного прогресса целого общества, а лишь развитие отдельной личности. Он понимал балет, согласно традиционной западной интерпретации пьесы Шекспира, как историю любви, а не как произведение, в котором заключены более общие исторические проблемы.

Мартин не ограничивался похвалой в адрес одной лишь Улановой — он также уделил внимание работе других ведущих исполнителей, в частности, критик говорил о беспечной натуре Меркуцио и грубых манерах Тибальта. Говоря о хореографии Лавровского, он похвалил бал у Капулетти, назвав его блистательным, и массовые уличные сцены, подчеркнув, что танцы хорошо передают истинный дух музыки Прокофьева. К тому же Мартин был в восторге от потрясающей работы дирижера Юрия Файера[57]. Очевидно, что ведущий американский балетный критик высоко оценил премьеру Большого театра, а о Большом театре узнала широкая аудитория.

Уолтер Терри из газеты «Нью-Йорк геральд трибюн» отзывается о балете намного сдержаннее. Терри изложил свои претензии к постановке. Он назвал балет весьма тяжеловесным, а хореография, по его впечатлению, была простой и не слишком интересной[58]. Многие сцены включали в себя лишь небольшое число классических танцев[59]. Но Терри отметил энтузиазм американской публики

[55] Ibid.
[56] Ibid.
[57] Ibid.
[58] Terry W. Bolshoi Ballet Hailed in Debut at the Met // New York Herald Tribune. 1959. April 17.
[59] Ibid.

по отношению к Большому театру. Накануне премьеры американцы на рассвете начали создавать у Метрополитен-оперы очереди в надежде попасть на спектакль, даже на стоячие места[60]. Подробно останавливаясь на исполнителях, Терри описывал Уланову как балерину, у которой «в танце каждый жест будто поэзия»[61]. Хотя большинство восторгов Терри было адресовано Улановой, он отметил, что Жданов в партии Ромео и Ярослав Сех в партии Меркуцио также выступили превосходно. Кроме того, Терри признавал, что американский балет многим обязан русскому имперскому балету, следовательно, для американцев было привилегией иметь возможность попасть на спектакль Большого театра[62].

После второго спектакля, прошедшего с измененным составом исполнителей, Терри и Мартин вновь написали рецензии. По мнению Мартина, исполнительница партии Джульетты Раиса Стручкова в первых сценах не до конца уловила девичий характер Джульетты[63]. Однако в дальнейшем Стручковой удалось весьма убедительно изобразить героиню повзрослевшей. Что касается другой замены исполнителя, Левашёв в партии Меркуцио был бесподобен, как и вся балетная труппа[64]. Терри, который весьма сдержанно отзывался о премьерном вечере, написал более благосклонную рецензию на второй спектакль. На этом спектакле Стручкова танцевала Джульетту, блестяще показав развитие героини от жизнерадостной девушки до взрослой женщины[65]. Произошла замена и исполнителя партии Меркуцио. Терри полагает, что Левашёву не в полной мере удалось выразить беззаботный характер героя. Критик снова повторил свои прежние

[60] Ibid.
[61] Ibid.
[62] Ibid.
[63] Martin J. Ballet: A Trying Task // The New York Times. 1959. April 18.
[64] Ibid.
[65] Terry W. Bolshoi Ballet // New York Herald Tribune. 1959. April 18. Копия обнаружена в: The Bolshoi Ballet Premiere American Tour April 16, 1959 to June 20, 1959. Предоставлено С. Юроком для секции балета в архив Большого театра. Содержится в альбоме «США-1959». Москва, Музей ГАБТа.

замечания касательно того, что балет, по его впечатлению, включает в себя слишком мало классических танцев, а хореография не получила развития. Но даже с учетом этих недостатков Терри завершил свою рецензию словами, что второе исполнение было намного «живее» первого[66].

Подобно Мартину и Терри, которые отмечали положительные аспекты балета «Ромео и Джульетта», Джон Чапман в своей рецензии, опубликованной в газете «Дейли ньюс», говорил о том, что Уланова — выдающаяся Джульетта и что музыка Прокофьева превосходна. Однако Чапман отказывался давать подробные комментарии, пока не увидит тех же исполнителей в классическом балете[67]. Позднее, после просмотра «Лебединого озера», Чапман выразил свое предпочтение классике и подверг суровой критике «Ромео и Джульетту». В статье, опубликованной в газете «Чикаго дейли трибюн», Чапман пишет, что показом спектакля «Ромео и Джульетта» «во время своего дебюта в Америке балет Большого театра из Москвы проявил себя самым неудачным образом»[68]. По словам Чапмана, балет от начала до конца старомоден, а весь ажиотаж, предваривший премьеру, не был оправдан. Короче говоря, балет, по его мнению, «был совершенно провальным»[69]. Более того, Чапман называл Уланову «престарелой дамой», которой, по слухам, было между 57 и 62 годами[70].

В отличие от рецензии Чапмана, в других газетах по всем Соединенным Штатам Америки сообщалось о том, что с начала гастролей Большого театра публика пребывала в полном восторге. Клаудиа Кассиди из газеты «Чикаго дейли трибюн» рассыпалась в комплиментах балету «Ромео и Джульетта» за красивую сценографию, выдающееся музыкальное сопровождение и от-

---

[66] Ibid.

[67] Chapman J. Bolshoi Ballet's Debut at Met is Only Moderately Impressive // Daily News. 1959. April 17.

[68] Chapman J. Bolshoi Ballet Puts Its Worst Foot Forward in Its Debut // Chicago Daily Tribune. 1959. April 26.

[69] Ibid.

[70] Ibid.

личное исполнение Улановой и Жданова[71]. В газете говорилось, что своими аплодисментами аудитория вызывала балерин и танцовщиков на поклон 17 раз[72]. Аналогичным образом в газете «Зе ньюс» г. Фредерик в штате Мэриленд сообщается о 18-минутной несмолкаемой овации, которую зал устроил Большому театру на премьерном вечере[73]. В других репортажах говорилось о реакции бывших русских аристократов. Князь Сергей Оболенский, ставший американским гражданином, не скрывал своей радости по поводу приезда Большого театра на гастроли. Он отмечал, что чем больше граждан коммунистических стран познакомится с Соединенными Штатами Америки, тем труднее будет для советских лидеров сохранять для них свой авторитет[74].

Последующие исполнения «Ромео и Джульетты» в Лос-Анджелесе также удостоились положительных отзывов. В частности, Альберт Голдберг отметил таланты артистов балета, а также то, что выступление было оценено оглушительными аплодисментами[75]. О втором исполнении «Ромео и Джульетты», критик написал, что оно было гораздо лучше первого (то ли потому, что от спектакля многого не ожидали, то ли по причине присутствия «легкого напряжения», в результате которого банальное превратилось в волнующее)[76]. Голдберг отметил, что Стручкова представила намного более реалистичную Джульетту по сравнению с интерпретацией Улановой. Исполнение Левашёвым партии Меркуцио было выдающимся, ничуть не уступающим трактовке

[71] Cassidy C. One the Aisle: Ulanova, Bolshoi in Opulent Old Fashioned «Romeo and Juliet» // Chicago Daily Tribune. 1959. April 17.

[72] Freudenheim M. Bolshoi Ballet's U.S. Premiere a Dazzling Smash // Chicago Daily News. 1959. April 17.

[73] Thunderous Applause Greets Bolshoi Ballet // Associated Press. The News. 1959. April 17.

[74] Randolph N. The Classless Join the Class at the Bolshoi // Daily News: New York's Picture Newspaper. 1959. April 17.

[75] Goldberg A. Bolshoi Presents «Romeo and Juliet» // Los Angeles Times. 1959. May 22; Smith C. 6,600 Roar Welcome to Bolshoi Ballet on Its Glittering Opening // Los Angeles Times. 1959. May 20.

[76] Goldberg A. Bolshoi Presents «Romeo and Juliet».

Сеха в предыдущий вечер. Голдберг завершает свою рецензию тем, что некоторые длинные сцены, напрямую не связанные с судьбой Ромео и Джульетты, можно было бы удалить, но музыка Прокофьева на всем протяжении спектакля была превосходна[77]. Уолтер Арлен высказал такое мнение о завершающем исполнении «Ромео и Джульетты»: и в этот раз все прошло блестяще. Исполнители, включая Уланову в партии Джульетты и Жданова в партии Ромео, были великолепны, однако создавалось впечатление, будто танцы исполняются в более медленном темпе, нежели в день премьеры. Тем не менее, по мнению Арлена, балет «Ромео и Джульетта» стал отличной возможностью для Большого театра показать своих ведущих исполнителей и прекрасную балетную труппу[78].

В Лос-Анджелесе все внимание переключилось с балета на знаменитых гостей, присутствующих в зрительном зале. Сесил Смит, который был репортером светской хроники в газете «Лос-Анджелес таймс», акцентировал внимание на списке знаменитостей, присутствовавших в зале в тот вечер, и описывал это событие как шикарное общественное явление. Балет он подавал как роскошное событие, на которое пожаловала элита Голливуда[79]. Кристи Фокс в своей статье кратко упомянула о том, что благодаря Большому театру она словно перенеслась на улицы Вероны; внимание в ее статье уделялось также списку присутствовавших известных лиц[80]. Как видно из рецензий американских обозревателей, причинами ажиотажа, вызванного гастролями ГАБТа, были либо истинное понимание балета как формы искусства, либо простое любопытство в отношении советских исполнителей, либо возможность посетить важное светское мероприятие[81].

---

[77] Ibid.

[78] Arlen W. «Romeo and Juliet» Danced Final Time // Los Angeles Times. 1959. May 23.

[79] Smith C. 6,600 Roar Welcome to Bolshoi Ballet...

[80] Fox C. Bolshoi a Rare Experience // Los Angeles Times. 1959. May 22.

[81] Smith C. 6,600 Roar Welcome to Bolshoi Ballet... См. также [Robinson 1994: 372–377].

Помимо блестящих репортажей о советских исполнителях, было впечатление, что балет принес и дипломатический успех. Американская и советская пресса отмечали присутствие на нем директора Государственного департамента США по контактам Восток — Запад Фредерика Меррилла, советского посла в США Меньшикова, а также А. А. Соболева — постоянного представителя СССР в ООН[82]. Во время антракта Меньшиков заявил, что выступление стало «счастливой случайностью»[83], а турне ГАБТа укрепит отношения между советским и американским народами[84]. Он завершил свое краткое выступление перед прессой словами о том, что и в дальнейшем следует продолжать культурные обмены[85]. Присутствие советских и американских дипломатов входило в их профессиональные обязанности, однако доброжелательное заявление Меньшикова касательно культурного обмена и мер по укреплению хороших отношений между советскими и американскими гражданами подкрепляло заявления Советов о целях турне. Присутствие американских и советских дипломатов на открытии гастролей Большого театра, а также громогласные аплодисменты публики и благосклонные отзывы критиков об исполнителях казались визуальным подтверждением того, что культурный обмен может преодолеть раскол между капиталистическим и коммунистическим миром.

Советская пресса также превозносила реакцию американцев на балет «Ромео и Джульетта». Даже после начала гастролей ведущие газеты продолжали писать о том, на какие жертвы готовы пойти американцы, чтобы достать билеты. Советские журналисты часто цитировали американских балетных критиков, чтобы указать на искренность американцев и их страстное желание увидеть спектакль. Восемнадцатого апреля 1959 года в «Литера-

[82] Martin J. Bolshoi Opening Hailed by Crowd; Литошко Е. Триумф артистов Большого театра в Нью-Йорке // Правда. 1959. 18 апреля.

[83] Freudenheim M. Celebrities Dazzled by Ballet // Corpus Christi Times. 1959. April 17.

[84] Ibid.

[85] Ibid.

турной газете» советские журналисты ссылались на американский новостной репортаж, в котором Мартин сообщал: американцы пошли бы даже на преступление, лишь бы заполучить билеты. Американский импресарио и организатор турне Большого театра Юрок дал комментарии по поводу этого энтузиазма и отметил, что его офис получил целый миллион заявок на билеты[86]. Корреспондент газеты «Известия» Н. Карев начал свою заметку 19 апреля 1959 года словами, что американцы ждали в очереди часами, чтобы приобрести билеты, и не оставляли надежды, даже когда на билетной кассе появилось объявление «Все билеты проданы». По словам Карева, эти люди продолжали надеяться каким-нибудь путем приобрести билеты[87]. Акцент советской прессы на бурной реакции американцев и их стараниях добыть билеты указывал на то, что турне ГАБТа оказалось успешным. Эти новостные репортажи подкрепляли советские власти в убеждении, что их цель демонстрации советского превосходства достигнута. Для обычных советских граждан эти репортажи имели целью внушить гордость за достижения страны.

После премьерного вечера советские репортеры также начали красочно описывать восторг и восхищение американцев в адрес советских исполнителей. Карев отметил, что, по сообщениям газеты «Дейли миррор», балет «Ромео и Джульетта» «берет за душу всех зрителей»[88]. Прославленная советская балерина Уланова получила от американцев высокую оценку. В частности, американская пресса провозгласила ее «легендарной примой-балериной»[89]. По словам Карева, зал аплодировал балетной труппе 15 минут[90]. В других советских репортажах говорилось о публи-

---

[86] Гамбольдт К. Миллион заявок // Литературная газета. 1959. 18 апреля.

[87] Карев Н. Триумф советского балета в Нью-Йорке // Известия. 1959. 19 апреля.

[88] Там же.

[89] Там же.

[90] Там же. В одной из статей, в частности, отмечалось, что ничто из недавнего прошлого несопоставимо со всеобщим восторгом, который испытывала публика на премьерном спектакле ГАБТа. По мнению Г. Э. Солсбери, это выступление можно сравнить только с мировой премьерой оперы Дж. Пуччини «Девушка с Запада»; см.: Salisbury H E. New York Agog with Bolshoi Ballet Opening.

кациях на первых полосах газет «Нью-Йорк таймс» и «Нью-Йорк геральд трибюн» статей, посвященных этим балетным спектаклям[91]. Например, в газете «Советская Россия» сообщалось о том, что Мартин не только тепло отзывался о работе солистов, но и отмечал мастерство всей балетной труппы, называя их «звездами». Другой нью-йоркский балетный критик, Терри, объявил этот спектакль «событием исторического значения»[92].

Подробное цитирование в СССР громких репортажей американской прессы могло иметь две причины. Во-первых, они позволяли оперативно узнавать о реакции критиков и публики. Нередко эти статьи были единственным доступным источником, обеспечивающим этой информацией. Во-вторых, столь доверительное отношение к критическим статьям иллюстрировало советское понимание роли прессы в обществе. Наряду с различным осмыслением роли балета, в США и СССР по-разному понимали и роль прессы. В отличие от американской концепции свободной прессы, в советском обществе правительство держало прессу под строгим контролем. Для Советов она отражала государственную власть, прежде всего официальную позицию Центрального комитета. Такие газеты, как «Правда», по сути, стали голосом правительства. Хрущёв, как и его предшественники, заявлял о крайней необходимости тесной связи между правительством и прессой: «Печать — главное наше идейное оружие. Она призвана разить врагов рабочего класса» [Хрущёв 1957: 23]. Идея свободы выражения была Хрущёву чужда. Например, во время его визита в США летом 1959 года он решил, что Эйзенхауэр намеренно собрал антисоветских демонстрантов. По версии Хрущёва, они могли провести свои акции протеста лишь в том случае, если им это приказал Эйзенхауэр [Таубман 2008: 463]. Таким образом, логично сделать вывод, что в СССР хвалебные репортажи в прессе воспринимались как написанные с одобрения американского правительства. Советские руководители могли

[91] ТАСС. Культурные связи способствуют взаимопониманию // Правда. 1959. 11 апреля.

[92] Там же.

прийти к выводу, что американские лидеры аплодировали Большому театру и что культурная атака подействовала на высшие чины американского правительства.

Двадцатого марта 1959 года на международной пресс-конференции в Москве директор Государственного академического Большого театра Георгий Орвид изложил цель турне, которая заключалась в демонстрации американцам лучших достижений советской хореографии[93]. В своей речи Орвид высказал мысль, что туры в рамках культурного обмена зарекомендовали себя способными поколебать негативное мнение американцев о Советах [Ezrahi 2012: 141]. Во время американского турне ведущие советские газеты, такие как «Правда», «Известия», «Советская Россия» и «Советская культура», воздерживались от указаний на идеологическое содержание «Ромео и Джульетты». Советы, вероятно, решили не объявлять во всеуслышание об идеологическом подтексте балета, поскольку американские разведывательные службы и Государственный департамент следили за этими публикациями. Хотя стало очевидно, что, по мнению Советов, балет «Ромео и Джульетта» имел успех, советские репортеры все еще игнорировали идеологический подтекст балета. После американской премьеры «Ромео и Джульетты» 16 апреля 1959 года Советы, таким образом, предпочитали подчеркивать достижения исполнителей (следовательно, коммунистической идеологии) как мерило успеха гастрольного турне. Последующие репортажи советской прессы (начиная с 17 апреля) подчеркивали энтузиазм американцев в отношении балета и оказанный ими теплый прием. Многочисленные стоячие овации и похвалы известных балетных критиков служили подтверждением триумфа Большого театра.

Очевидное замалчивание марксистского смысла «Ромео и Джульетты» произошло, судя по всему, по двум причинам. Во-первых, в репортажах американской прессы ни один из авто-

---

[93] Москва, Музей ГАБТа. США, 1959, 1962, 1966. Л. 1–3. Заявление директора Государственного академического Большого театра Союза ССР Георгия Орвида на пресс-конференции советских и иностранных журналистов 20 марта 1959 года в 16:00 в связи с предстоящими гастролями балетной труппы ГАБТа в США и Канаде.

ров, похоже, не замечал, что этот балет несет особое идеологическое послание. Советы, судя по всему, поняли, что это послание не найдет отклика у американской публики. Вместо этого они намеревались постепенно воздействовать на мнения американцев, демонстрируя им превосходство коммунизма в культурном и художественном смысле. Эта тактика представлялась выигрышной, поскольку американцы во всеуслышание заявляли о своем восхищении Большим театром и превозносили мастерство балетной труппы. В силу предполагаемого успеха этой тактики Советы продолжали полагаться на нее во время проведения оставшейся части турне. Величие Большого театра (а не прямые идеологические послания) должно было преодолеть политические доктрины, объединяя между собой разных людей.

Вторая причина, по которой Советы замалчивали смысл «Ромео и Джульетты», заключалась в том, что и обычные американцы, и ученые явно воспринимали визит Большого театра как угрозу. Например, Юджин Касл, простой американский гражданин, написал передовицу для газеты «Чикаго дейли трибюн», в которой он призывал президента Эйзенхауэра разорвать договор по культурному обмену[94]. По утверждению Касла, с началом Берлинского кризиса США должны были сделать все возможное, чтобы не предоставлять Советам возможности для победы их пропаганды. Касл напрямую заявляет:

> Турне [балета Большого театра] по Соединенным Штатам Америки в это время является частью плана Хрущёва сделать нас податливыми для будущего завоевания красными. Балет будут сопровождать советские шпионы и диверсанты, чья нескрываемая цель — разрушить нашу страну изнутри[95].

Аналогичным образом ученый и дипломат Баргхорн особо отмечал: турне в рамках культурного обмена имеют целью заставить американцев забыть о негативных аспектах советской по-

[94] Castle E. W. Wants Bolshoi Ballet to Stay Home // Chicago Daily Tribune. 1959. April 5.
[95] Ibid.

литики [Barghoorn 1960: 336]. В частности, он считал турне ГАБТа 1959 года средством заставить американцев отринуть коммунистическое учение о вечной борьбе между двумя системами. Однако Баргхорн отвергал способность балета сделать американцев коммунистами [Barghoorn 1960: 336].

Другие репортеры, которые были более лояльны в своих отзывах о балете, тем не менее отмечали его разрушительные цели. В статье под названием «Милейшая пропаганда Хрущёва» в «Лос-Анджелес таймс» Ирвинг Левайн пишет, что после смерти Сталина новая власть нацелилась на изменение международного имиджа Советского Союза посредством использования искусства в качестве пропагандистского оружия[96]. В конце статьи Левайн объясняет, что целью недавних турне ГАБТа по западным странам, включая США, является желание Советов использовать культуру (а в более узком смысле — танец) как средство дипломатии[97]. Казалось бы, изменение тактики Советов указывало на то, что, как и предупреждали Касл и Баргхорн, Америка может подвергнуться трансформации, поскольку признание со стороны американцев искусства Большого театра будет медленно ослаблять антисоветские настроения, а американцы начнут отождествлять себя с Ромео и Джульеттой — прогрессивными историческими силами и победителями в классовой борьбе. В конечном счете, если план Советов удастся, одобрение Америкой балета «Ромео и Джульетта» приведет к распространению более благожелательных представлений об СССР и о коммунизме.

Поскольку некоторые американцы относились к Большому театру как идеологической угрозе или, по крайней мере, признавали турне пропагандистским мероприятием гигантских масштабов, в Кремле продолжали соблюдать осторожность касательно манеры, в которой они восхваляли это турне. Идея Касла о том, что балетные гастроли были средством «сделать [американцев]

[96] Levine I. R. Khrushchev's Prettiest Propaganda: For the First Time in Its Fabulous History, the Bolshoi Ballet is in the U.S. And There's a Reason // Los Angeles Times. 1959. April 19.

[97] Ibid.

податливыми для будущего завоевания красными», отражала мотивацию, стоящую за советской культурной атакой, в частности — за турне ГАБТа. В этом случае шпионы и диверсанты не станут «разрушать страну [Соединенные Штаты Америки] изнутри»[98], но положительная оценка искусства позволит искоренить ложные политические доктрины, тем самым подсознательно разрушая антикоммунистические настроения американцев. Советы весьма осторожно выражали свое удовлетворение восторгами американцев в адрес советских исполнителей. Если бы Советы интерпретировали одобрение публикой выступлений Улановой и труппы Большого театра как свидетельство самоидентификации американцев с коммунистическим посылом балета, тогда это умозаключение поколебало бы представление об этом гастрольном турне как жесте доброй воли. Тогда, возможно, американские власти, вооружившись прямым доказательством истинного умысла Советов, в будущем полностью отказались бы от договоров и обменов в рамках культурной дипломатии. Наконец, помимо того, что использование Советами балета как идеологического оружия могло подорвать их притязания на то, что они являются мирным и готовым к сотрудничеству государством, без новых договоров в области культуры Советы могли потерять ценнейшие средства экспорта своей пропаганды. Обе эти причины, вероятно, побуждали Советы замалчивать идеологический подтекст балета и его цели.

В общем, понимание балета американцами сильно отличалось от роли этого вида искусства в Советах. Обзор статей о балете указывает на то, что американцы воспринимали выступления Большого театра как великолепные культурные и общественные мероприятия[99]. Ведущие критики хвалили творческие достижения Большого театра, но не превозносили идеологию Советско-

---

[98] Castle E. W. Wants Bolshoi Ballet to Stay Home.

[99] Критические статьи в ведущих советских и американских газетах за апрель — июнь 1959 года, включая следующие издания (но не ограничиваясь ими), как то: «Правда», «Известия», «Литературная газета», «Нью-Йорк таймс», «Лос-Анджелес таймс», «Сан-Франциско кроникл».

го Союза[100]. Овации свидетельствовали о том, что публика все же признала непревзойденное мастерство Большого театра и с одобрением восприняла советское искусство. Эта высокая оценка, хотя и вполне искренняя в отношении искусства, не создавала впечатления, будто балет способен сгладить идеологические различия между США и СССР. Более того, на национальном уровне правительственные чиновники были слишком заняты Берлинским кризисом и не видели в Большом театре непосредственной угрозы интересам США. Поскольку ГАБТ не представлял прямой угрозы, эти государственные деятели и дипломаты предпочли и дальше вплотную заниматься сдерживанием продолжающегося Берлинского кризиса[101]. На всем протяжении турне Большого театра коммунистическая и капиталистическая системы не могли выйти из тупика в переговорах по Берлину, продолжая придерживаться диаметрально противоположных взглядов.

Эффективность балета как пропагандистского оружия представлялась более очевидной для Советов, чья решимость использовать балет как оружие холодной войны наглядно иллюстрировала позицию Хрущёва в отношении связей с капиталистическими государствами. В конце 1950-х годов Хрущёв многократно публично заявлял, что мирное сосуществование включает в себя понятие мирного соревнования с капиталистами[102]. Вместо того чтобы капиталистам и коммунистам уничтожить друг друга при помощи ядерного оружия, мирное соревнование приведет к тому,

---

[100] На текущий момент доступными свидетельствами являются прежде всего газетные статьи. В беседе с архивистами Национального управления архивов (Колледж-Парк, Мэриленд) выяснилось, что многие документы, касающиеся мероприятий по культурному обмену, несколько десятилетий назад были уничтожены. Вероятно, в то время они не считались столь важными, чтобы сберечь их.

[101] Подробный разбор того, как администрация Д. Д. Эйзенхауэра видела гастроли ГАБТа и реагировала на них, а также обсуждение Берлинского кризиса и турне ГАБТа см. в гл. 7.

[102] Хрущев Н. С. О мирном сосуществовании // Красный октябрь. 1959. 9 сентября.

что победителем выйдет лучшая система. Хрущёв настаивал на том, чтобы СССР занимал в этом соревновании «атакующую» позицию[103]. К тому же он, как и его предшественники в 1920-х годах, осознавал выгоду применения культурной дипломатии как продолжения внешней политики [Coombs 1964: 87–88; Barghoorn 1960: 11]. При Хрущёве выступления артистов выполняли функцию внешнеполитических инструментов [Barghoorn 1960: 11]. Премьера балета Большого театра представляла собой важную культурную дипломатическую миссию, и по причине кажущейся безобидности этого турне американцы не должны были чересчур опасаться советских идей. Благодаря регулярным мероприятиям по культурному обмену американцы привыкнут к коммунистическим идеям и начнут отождествлять себя с коммунистическими принципами. Американцы уподобятся новым советским людям, посвятившим себя построению коммунистического общества.

Поскольку американская публика аплодировала Большому театру, Советы рассматривали «Ромео и Джульетту» как первый удачный шаг в их культурной атаке. В СССР явно продолжали видеть в искусстве область, в которой можно соревноваться и в будущем одержать победу над капиталистическим миром. Горячий и сердечный прием Большого театра в США служил Советам свидетельством того, что искусство способно преодолеть политические преграды, то есть в состоянии искоренить ложные доктрины. В дальнейшем аплодисменты Большому театру перерастут в аплодисменты Советскому Союзу, а благодаря регулярным мероприятиям в рамках культурного обмена американцы и дальше будут подвергаться влиянию коммунистических идей. Искусство (в нашем случае — балет) постепенно превратит американцев в новых советских людей, которые посвятят свою жизнь строительству коммунистического общества. Это отношение свидетельствовало о «морозах», которые периодически случались во время оттепели, но в то же самое время гастроли театра были мерой, характерной для «весны», поскольку восхи-

---

[103] Там же.

щение американцев и советских граждан артистами балета превалировало над их идеологическими и политическими различиями.

Выводы советского руководства о том, что балет «Ромео и Джульетта» оказался успешным, привели к высоким ожиданиям и от следующего полнометражного балета. Большой театр и советское руководство приготовились поразить американцев, показав им знаменитый балет из царской эпохи, но включающий в себя инновации советской хореографии. Для начала из произведений имперского прошлого Советы выбрали одного из самых любимых и наиболее исполняемых русских композиторов — Петра Ильича Чайковского — и его шедевр «Лебединое озеро».

Глава 4
Имперский коммунизм

*Советская интерпретация балета
П. И. Чайковского «Лебединое озеро»*

После теплого приема, оказанного балету «Ромео и Джульетта», Советы рассчитывали закрепить успех с помощью балета Чайковского «Лебединое озеро». С 1930-х годов они стремились давать уже существующим дореволюционным балетам свою трактовку в соответствии с марксистским учением. Эта мера была направлена на уменьшение внутреннего напряжения, вызванного сохраняющимся в коммунистическом обществе преобладанием дореволюционного искусства. Советские деятели искусства переработали значительную часть балета таким образом, чтобы продемонстрировать классовую борьбу, и даже переписали финал так, чтобы силы прогресса, Одетта и принц Зигфрид, восторжествовали над злодеем Ротбартом. Они полагали, что их новая интерпретация и переделка шедевра Чайковского будут способствовать тому, чтобы балет отвечал марксистским принципам. Расчет, который театры и правительственные чиновники связывали с переработанной версией «Лебединого озера», был связан с их претензией на то, что великие русские композиторы будто бы выражали демократические идеалы и предвосхищали триумф коммунизма. Советы решили представить на сцене эту версию во время своего визита в США. В рамках культурной атаки они намеревались использовать классику царской эпохи для подкрепления успеха, достигнутого благодаря балету «Ромео и Джульетта». Как и в первом случае, «Лебединое озеро» должно было вызвать восхищение американцев, подсознательно внушить им марксистские идеи, что стало бы крохотным шагом в сторону конечной перекройки американцев в новых советских людей.

В 1930-е годы официальное понимание соцреализма в СССР включало в себя не только создание новых оптимистичных произведений, но и реорганизацию русского классического наследия [Homans 2010: 341–345]. Параллельно с подчеркиванием роли соцреализма и драмбалетов советская власть одобряла творчество Чайковского и позволяла театрам исполнять его произведения [Fitzpatrick 1992: 205]. Включение в репертуар с подачи Сталина произведений из прошлого должно было в культурном отношении служить стабилизирующей силой в неспокойные 1930-е годы, и преклонение Сталина перед творчеством Чайковского в значительной степени повысило авторитет этого композитора [Figes 2002: 480–481]. Орландо Фиджес, специалист по истории России, объясняет это тем, что в период 1930-х годов идея соцреализма включала в себя националистические традиции XIX века. В отличие от авангардизма 1920-х годов, в эпоху соцреализма русские, а теперь уже советские граждане должны были признавать исторические достижения своей страны, а творчество таких авторов, как Чайковский, считалось образцом для всех советских композиторов [Figes 2002: 480–481; Lee 1983: 175]. С гигантской волной изменений, которым подверглись в СССР промышленность и сельское хозяйство [Figes 2002: 480], и приходом к власти представителей нового класса искусство превратилось в неизменный источник гордости за достижения страны, поэтому, невзирая на то что СССР официально отрицал наследие царской эпохи, дореволюционные балеты стали неотъемлемым аспектом культурной идентичности Советов.

Не только власти одобрительно относились к творчеству Чайковского — советский народ тоже восхищался произведениями этого композитора. Юрий Слонимский предложил объяснение причины положительного отношения к нему. По словам Слонимского, в первые годы после революции советский народ отдавал предпочтение произведениям русской балетной классики, а не новым модернистским творениям [Slonimsky Y. 1960: 92, 116].

Любовь народа к Чайковскому показала, что внутри царистского общества некоторые композиторы стремились выражать демократические устремления, а простой народ выделял и особо ценил балеты с серьезным идейным содержанием. Слонимский объяснял, что творчество Чайковского вызывало отклик у простых людей, поскольку композитор обращался к демократическим устремлениям народа. Слонимский особо не развивал этой мысли, но продолжил объяснение, отметив, что одобрение массами творчества Чайковского заставило советское руководство обратить свое внимание на балет как на образовательный компонент, вдохновлявший каждого на то, чтобы «лучше понять себя и окружающий мир, обогатиться духовно и сформировать собственные представления о морали» [Slonimsky Y. 1960: 116]. Советские балетные критики также с готовностью приняли произведения Чайковского. Помимо того что его сочинения олицетворяли собой демократические идеи, блестящее развитие в его творчестве психологического реализма и упор на внутреннюю мотивацию персонажей должны были служить примером для советских композиторов [Slonimsky Y. 1960: 63].

Высокую оценку Чайковского как властями, так и простым народом можно также объяснить посредством идей марксистско-ленинской эстетики. Слонимский отмечает, что во всех государствах, в том числе в царской России, существовало два типа культуры: первый, к которому относились произведения Чайковского с их реалистичными героями, был обращен к простому народу, в то время как второй обслуживал аристократов. После революции те формы искусства, которые обращались к массам, были приняты новой властью [Slonimsky Y. 1960: 92]. Народная любовь в сочетании с идеологическими оправданиями привела к тому, что в советском обществе Чайковский был удостоен ключевой роли.

Кроме того, Слонимский придерживался мнения, что работы дореволюционных хореографов, Мариуса Петипа и Льва Иванова, вполне достойны одобрения. Слонимский хвалил Петипа, постановщика первого и второго актов «Лебединого озера», за то, что он продемонстрировал в них свое богатое воображение

[Slonimsky Y. 1960: 92; Jaffe 1979: 14]. Борис Асафьев, еще один советский критик и композитор, хвалил другого хореографа «Лебединого озера», Иванова, за его работу во втором и в четвертом актах. По словам Слонимского, хореография Иванова и музыка Чайковского слились настолько тесно, что можно говорить о единстве музыкально-хореографического воздействия. Асафьев ставил в заслугу хореографии Иванова создание им «лирико-симфонических» танцев, что было высшей похвалой для хореографа [Слонимский 1937: 190]. Преклонение советского балетного мира перед Чайковским позволило балетному критику Николаю Волкову утверждать, что произведения Чайковского остаются «предметом особой гордости почти всех советских театров оперы и балета» [Volkov 1955: 82]. Особое восхищение советских людей творчеством Петипа, Иванова и Чайковского привело к тому, что балету «Лебединое озеро» отводилось в советском репертуаре особенное место.

Наряду с этими официальными доводами в защиту Чайковского, западные ученые выдвигали свои теории касательно того, почему Советское государство признало Чайковского. Джеймс Бакст приписал это стилистическому богатству композитора. Он полагал, что благодаря способности Чайковского сочинять балеты, наполненные реалистичными картинами триумфов и душевных страданий человека, советские композиторы, работая над новыми произведениями, брали его сочинения за образец. В частности, по словам Бакста, в СССР считалось, что советские музыканты черпают вдохновение в способности Чайковского превосходнейшим образом использовать музыку для передачи эмоций и реалистичного изображения человека [Bakst 1977: 341–342]. В результате такое сходство музыкальных стилей (стиля, присущего Чайковскому, и стиля, свойственного соцреализму) укрепило репутацию композитора в Советском Союзе.

Несмотря на то что позднее «Лебединое озеро» обрело славу одного из самых популярных балетов в мире, в первоначальной версии 1877 года оно было встречено жесткой критикой. К примеру, по мнению критиков, танцевальные номера в балете не производили особого впечатления [Davlekamova 2011: 114–115].

Хореограф Вацлав Рейзингер ввел в балет большое количество танцев, которые не способствовали развитию сюжета и не соответствовали музыке, а были созданы лишь для того, чтобы позволить зрителю оценить таланты балерин [Beaumont 1952: 13]. Более того, не обладавший достаточным опытом дирижер впал в уныние из-за того, что от него требовалось управлять этой сложной партитурой Чайковского [Beaumont 1952: 16]. Увидев на сцене слабую хореографию и не особо выдающееся музыкальное исполнение, публика оказалась не готова вполне оценить произведение Чайковского. Обычно балеты конца 1800-х годов содержали легкие мелодии и оживленные по характеру танцы. Однако Чайковский поднял балетную музыку до уровня симфонического произведения, и зритель, который не привык к такому по-настоящему серьезному подходу к созданию балета, не оценил его сочинения [Beaumont 1952: 16]. Со временем руководство Большого театра изъяло этот балет из репертуара [Davlekamova 2011: 115].

В 1895 году созданная Петипа и Ивановым хореография принесла балету «Лебединое озеро» оглушительный успех, в результате чего эта версия стала образцом для всех последующих постановок [Davlekamova 2011: 115]. Мастерство Петипа проявилось в его способности выразить через танец эмоции персонажа и развитие его образа, примером чего может служить па-де-де Зигфрида и Одиллии [André 1998: 48]. В дополнение к работе Петипа хореограф Иванов усовершенствовал танцы кордебалета лебедей, заставив их воплощать чувство глубокой скорби, предвещающее трагический финал балета [André 1998: 43]. Кроме того, хореографы попросили внести в партитуру некоторые изменения. Например, тема черного лебедя из третьего акта первоначально звучала в первом[1].

Балет Чайковского продолжал сохранять свою популярность, а также претерпевать различные изменения как на протяжении последних лет царской эпохи, так и в советский период. В 1913–

---

[1] Brown I. Reconstructing Ballet's Past 1: Swan Lake, Mikhailovsky Ballet // The Arts Desk. P. 5. URL: http://www.theartsdesk.com/dance/reconstructing-ballets-past-1-swan-lake-mikhailovsky-ballet (в настоящее время ресурс недоступен).

1914 годах Александр Горский дополнил балет знаменитым испанским танцем. Во втором акте Горский придал лебедям больше реалистичности, заставив их бежать по кругу, чтобы передать свое смятение [Суриц 1979: 113]. Кроме того, Горский ввел нового персонажа, шута, который «вносил дополнительное оживление в действие первого акта» [Суриц 1979: 121]. Спектакль, который в 1959 году увидела американская публика, включал в себя, видимо, хореографию Горского, а также Асафа Мессерера, который поставил собственную версию «Лебединого озера», опираясь на более раннюю работу Горского. В частности, советские авторы приписывали Горскому хореографию первого, второго и третьего актов, а Мессереру — четвертого[2]. Отдельно отмечалось, что Мессерер и Александр Радунский, танцовщик и хореограф Большого театра, вносили в хореографию свои изменения[3].

По идейным соображениям в балете произошли и другие изменения. В 1930-е годы советская власть «социализировала» дореволюционную классику [Reynolds, McCormick 2003: 253]. Поскольку все внимание советских деятелей искусства было направлено на соцреалистические доктрины, они попустительски относились к философскому содержанию балета, которое, как становится ясно из личных записей Чайковского, имело для этого произведения ключевое значение [Davlekamova 2011: 117]. Чайковский, как и другие композиторы-романтики, использовал свои сочинения для исследования как «внутреннего мира» человека, так и своего неустойчивого психического состояния [Mainiece 2011: 106]. Сочиняя «Лебединое озеро», он бился над вопросом, стоит ли связывать себя брачными узами; несмотря на то что он все-таки вступил в брак, этот союз завершился катастрофой. Личная трагедия Чайковского заставила современных авторов, среди которых — Виолетта Майниеце, считать балет «Лебединое озеро» отчасти автобиографическим. У Чайковского в финале оригинальной версии балета Зигфрид умирает. Май-

---

[2] Brown I. Reconstructing Ballet's Past... P. 3; The Bolshoi Ballet: Souvenir Booklet. Metropolitan Opera House, 1959. P. 48–51.

[3] Ibid. P. 46, 48, 62.

ниеце понимает этот финал как отражение веры Чайковского
в то, что лишь после смерти беспокойная душа человека может
обрести вечную любовь [Mainiece 2011: 106]. Советская версия
«Лебединого озера», часто исполнявшаяся в СССР и представ-
ленная американской публике в 1959 году, заканчивалась торжеством Одетты и Зигфрида над Ротбартом [Суриц 1979: 116–117][4].
Для советского руководства, которое ставило во главу угла
важность коллектива и расценивало выражение личных чувств
как пережитки буржуазного общества, только такой финал был
совместим с новыми коммунистическими ценностями. Советские
критики, таким образом, преуменьшали значение глубинных
личностных и психологических аспектов балета, наделяя его
чертами, соответствующими марксистскому учению.

Согласно советской версии балета «Лебединое озеро», действие
начинается с того, что девушки и кавалеры веселятся вместе с принцем Зигфридом. Праздник прерывает мать Зигфрида, которая
пришла напомнить своему сыну о его долге выбрать себе невесту.
Расстроенный Зигфрид с неохотой снова присоединяется к торжеству, но после того, как его друзья удаляются, он сидит в одиночестве
и удрученно размышляет о своем будущем. Неожиданно принц
видит летящих лебедей и решает отправиться на охоту[5].

На берегу озера Зигфрид завороженно смотрит, как лебеди
превращаются в юных дев (см. рис. 4.1). Одна из них, девушка-
лебедь Одетта, притягивает его взгляд. Одетта рассказывает

---

[4] См. также: Brown I. Reconstructing Ballet's Past... P. 3; The Bolshoi Ballet... P. 50.

[5] The Bolshoi Ballet... P. 48; Tchaikovsky P. Swan Lake, 1957, DVD. Directed by
Z. Tulubyeva, choreographed by Marius Petipa and Lev Ivanov, conducted by
Yuri Faier. West Long Beach, NJ: Corinth Films, Inc., 1984. Act I, Scene 2, 3, 5, 6.
Согласно российским источникам по балетной теме, балет «Лебединое
озеро» в 1956–1969 годах не подвергался переработке. См. [Davlekamova
2011]. Поскольку не существует полнометражной версии 1959 года, в значительной мере в этом исследовании используется версия 1957 года. Суще-
ствующий фрагмент спектакля 1959 года, а именно весь второй акт, включая
первую встречу Одетты с принцем Зигфридом, почти совпадает с версией
1957 года. К тому же ведущие исполнители в спектакле 1957 года, Плисецкая
и Фадеечев, во время турне 1959 года неоднократно выступали в «Лебедином
озере» в главных ролях.

Рис. 4.1. Второй акт. Сувенирный буклет гастролей Большого театра в Метрополитен-опере, 1959 год. Опубликовано с разрешения Нессы Хайамс Пикер и семьи С. Юрока

Зигфриду, что она и другие лебеди — под колдовскими чарами злого волшебника-филина Ротбарта. Эти девы были превращены в лебедей и могут вернуться в свое человеческое обличье лишь с наступлением ночи. Одетта рассказывает ему, что только любовь самоотверженного юноши способна разрушить это колдовство, и Зигфрид клянется Одетте в своей любви. Ротбарт, затаившись в руинах своего замка, подслушивает, как Зигфрид произносит слова любви. С рассветом юные девы снова становятся лебедями и улетают[6].

На следующий день девушки, каждая из которых желает стать невестой Зигфрида, прибывают в замок его матери. Зигфрид, поглощенный своей любовью к Одетте, не может отдать предпо-

6 The Bolshoi Ballet... P. 49.

чтение ни одной из этих юных дев. В этот момент прибывает Ротбарт со своей дочерью Одиллией. Ротбарт придал своей дочери вид Одетты[7]. Зигфрид принимает Одиллию за Одетту и объявляет всем о своей любви к юной деве. В этот момент клятва, что принес он настоящей Одетте, оказывается нарушена. Ротбарт и Одиллия торжествуют. В разгар их глумления едва различимый образ белого лебедя — Одетты — возникает в окне замка. Ротбарт и Одиллия исчезают, а Зигфрид бежит из замка на поиски Одетты[8].

На берегу озера девушки-лебеди, среди которых — и Одетта, выражают свое горе. Появляется Зигфрид и рассказывает об обмане Ротбарта[9]. Взбешенный поступками Зигфрида, Ротбарт вызывает бурю, но Зигфрид не покидает Одетты. Ротбарт в ярости бросает принцу вызов. Зигфрид героически убивает Ротбарта, освобождая Одетту и ее подруг от чар злого волшебника. Торжествующие Зигфрид и Одетта радостно встречают новый день[10].

В соответствии с коммунистическими доктринами в 1930–1940-х годах советские критики и ученые стали рассматривать этот балет Чайковского как отражение классовой борьбы и воплощение идеалов Советского Союза. К примеру, Владимир Потапов в статье, опубликованной в 1947 году, говорит, что дурная природа злого волшебника-филина Ротбарта, по сути, подчеркивает присутствующий в балете классовый конфликт, а советские балерины понимали этот балет как борьбу между силами добра и зла [Potapov 1947: 82]. В политическом смысле (на международном уровне) идея добра и зла понималась как различия между советской и капиталистической системами. Советские чиновники утверждали, что внутри их системы все люди способны раскрыть свой истинный потенциал, в то время как на капиталистическом Западе привилегии имеют только немногочисленные представители элиты.

---

[7] Ibid. P. 50.

[8] Ibid. P. 50; Tchaikovsky P. Swan Lake, 1957. Act II, Scene 24, 28.

[9] The Bolshoi Ballet... P. 50.

[10] The Bolshoi Ballet... P. 50.

Иные ведущие советские музыкальные и балетные критики,
в их числе — Асафьев, развивали мысль о классовой борьбе,
утверждая, что Чайковский включал в свои балеты эту марксистскую идею. По утверждению Асафьева, Чайковский изображал
то, как «на конкретной исторической почве сталкивались деклас-
сированные принцы-интеллигенты, Зигфриды, с сумрачными
хранителями феодального засилья баронами, подобными Ротбарту» [Глебов 1934: 22]. По мнению Асафьева, включив в балет
это напряжение, композитор уловил конфликт своей эпохи
[Глебов 1934: 32]. Учитывая, что, по мнению советских критиков,
балет «Лебединое озеро» олицетворял собой классовую борьбу,
этот балет они понимали как пролетарский, что являлось одной
из ключевых характеристик доктрины соцреализма. Применительно к искусству термин «пролетарский» относился к любым
произведениям, которые допускали марксистскую интерпретацию [Riasanovsky, Steinberg 2005: 572]. Таким образом, советские
критики видели в балете изображение исторической напряженности между попытками феодалов помешать людям в достижении
их целей и постоянным стремлением низших классов ниспровергнуть репрессивную систему.

Когда в Нью-Йорке начался спектакль Большого театра и поднялся занавес, перед американской публикой предстала уже зна-
комая им первая картина чествования Зигфрида. Хотя эту сцену
американская аудитория прекрасно знала, музыку можно было
понять как воплощение соцреалистического принципа создания
легко узнаваемых персонажей. Балет «Лебединое озеро» начинается с того, что девушки и кавалеры радостно танцуют размерен-
ный и в то же время беззаботный по характеру вальс. Зигфрид
радостно присоединяется к торжеству. Только когда входит его
мать, владетельная княгиня, со своей свитой, музыка становится
нежнее, веселье прерывается, а княгине преподносят цветы[11].

Княгиня напоминает своему сыну о том, что на предстоящем
балу он обязан выбрать себе ту, которую возьмет в жены, и музыка становится мягче. Под эту негромкую музыку Зигфрид ка-

---

[11] Tchaikovsky P. Swan Lake, 1957. Act I, Scene 2.

чает головой в смятении, а мать смотрит на сына с успокаивающей улыбкой и затем удаляется[12]. После ухода княгини гости и Зигфрид продолжают веселье. Когда народ покидает сцену, Зигфрид сидит в одиночестве и печально размышляет о том, что приказала ему мать[13]. Публика понимает, что юный принц взволнован и в то же время пребывает в неуверенности из-за предстоящего вступления во взрослую жизнь. Смятение Зигфрида находит отклик у аудитории, поскольку балет реалистично передает эти эмоции.

Вслед за принцем Зигфридом хореографы балета представляют и раскрывают главный женский образ, Одетту. По словам некоторых балетных критиков, танцы Иванова являются хореографическим отражением музыки Чайковского [Slonimsky Y. 1960: 25]. Львов-Анохин отмечает, что через движения Одетты, где задействованы ноги, руки, тело, публика моментально схватывает человеческие эмоции персонажа. В частности, танец Улановой в партии Одетты «органично сливается... с музыкой Чайковского» [Львов-Анохин 1984: 43]. Львов-Анохин отмечал ее выдающуюся способность успешно передавать через танец человеческие эмоции [Львов-Анохин 1984: 45]. Асафьев хвалил Уланову за непринужденность ее танца, позволявшую ей точно выразить естественность и простоту мелодии Чайковского и передать эмоции Одетты [Львов-Анохин 1984: 43]. Например, когда Одетта превращается из лебедя в юную деву, движения Улановой передают это перевоплощение. Уланова поворачивает голову так, словно отряхивает капли воды [Львов-Анохин 1984: 51]. Когда Одетта полностью осознает свою любовь к принцу Зигфриду, ее танцы ясно выражают ее трансформацию из пугливой принцессы лебедей в решительную и уверенную в себе молодую женщину. Критики превозносили способность Улановой улавливать суть психологического содержания балета и передавать заложенные в нем темы любви и верности [Львов-Анохин 1984: 50–51, 54].

---

[12] Ibid. Act I, Scene 3.

[13] Ibid. Act I, Scene 5, 6.

Незамысловатые движения Улановой и созданный ею убедительный образ Одетты как реальной личности со всей ясностью отображали соцреалистические догмы. С учетом присущего соцреализму акцента на передачу простыми средствами замысловатых идей и сложных характеров публика могла идентифицировать себя с правдоподобными персонажами, выражающими простое человеческое стремление к счастью. Видя перед собой персонажей, передающих целую серию разнообразных человеческих эмоций, зрители, как и в случае с «Ромео и Джульеттой», могли идентифицировать себя с героем или героиней, поэтому балет «Лебединое озеро» был не просто сказкой с героями, далекими от житейских забот обычных граждан. Напротив, требование Советов, чтобы балет включал в себя реалистичных персонажей, жаждавших любви и подлинной верности, соответствовало ценностям коммунистического общества.

Подобно Улановой в партии Одетты, прима-балерина Плисецкая также убедительно передавала превращение героини из лебедя в юную деву. То, как Плисецкая раскрывает свои руки, имитирует жесты человека, вновь обретшего способность пользоваться своими конечностями. Как только Одетта видит Зигфрида, она в замешательстве бежит прочь. Как бы то ни было, Одетта быстро пересиливает свой страх, осознавая свою любовь к Зигфриду. Она нежно обнимает его, исполняя арабеск, в котором балерина становится на одну ногу, отводя другую назад, что на всем протяжении балета выступает символом их любви и конечной победы[14].

В третьем акте Одетта Плисецкой впадает в отчаяние, когда становится свидетелем предательства Зигфрида, однако ее тревога рассеивается, как только она осознает, что это была его невольная ошибка. После смерти злого волшебника Ротбарта Одетта и Зигфрид ликуют, Одетта обнимает Зигфрида, исполняя при этом благородный арабеск — напоминание о ее первом признании в любви[15]. Выражение Одеттой эмоций через хорео-

---

[14] Tchaikovsky P. Swan Lake, 1957. Act I, Scene 10; см. также [Kersley, Sinclair 1964: 8].

[15] Ibid. Act IV, Scene 31, 32.

графию заставляет зрителя сопереживать тому, как она реагирует на поступки принца[16]. Таким образом, с момента первой встречи испуганной принцессы-лебедя с Зигфридом, с того мгновения, когда она узнает о его измене с Одиллией, и до финального торжества движения Одетты передают ее сложный характер.

Многократное использование Чайковским одних и тех же музыкальных тем, схожих с лейтмотивами, также формирует образ Одетты. Танцы принцессы-лебедя являются визуальным свидетельством таланта Чайковского сочинять dansante, то есть музыку, которая точно отражает конкретные физические движения [Wiley 2001: 153]. Даниэль Житомирский в своей работе, посвященной балетам Чайковского, настаивает на том, что все сцены с Одеттой сопровождает нежная лирическая музыка [Житомирский 1957: 39], но все же композитор не изображает Одетту мистическим существом. Напротив, Житомирский говорит, что музыка Чайковского создает «глубоко реальный, конкретный человеческий» образ [Житомирский 1957: 39]. Другие советские критики вторили этому тезису, утверждая, что Чайковский создает образ реалистичной молодой девушки, чьи тревоги находят отклик в душе простого человека [Глебов 1934: 33]. Музыкальная тема Одетты соединяется с танцами, чтобы сформировать ее индивидуальность. К примеру, когда Одетта появляется на сцене впервые, Чайковский вводит главную музыкальную тему балета, известную как лебединая тема [Bakst 1977: 229]. Эта музыка также служит отражением эмоций Одетты. В тот момент, когда Одетта описывает свой неизбывный страх перед Ротбартом, звучит мягкая, меланхоличная музыка. По мере того как любовь Одетты и Зигфрида крепнет, музыка отражает их радость[17]. Использование повторяющихся музыкальных тем не только позволяет показать характер каждого персонажа в развитии, но и объединяет балет музыкально. Тесная связь между музыкой и хореографией заставляла зрителей сконцентрировать

---

[16] Ibid. Act II, Scene 12, 31, 32.

[17] Ibid. Act II, Scene 12.

свое внимание на балете и вызывала у них более острую реакцию на события, разворачивавшиеся на сцене [Bakst 1977: 229].

Как и в случае с Одеттой, музыка и хореография Зигфрида передают развитие его личности. По словам Слонимского, Фадеечев, который много раз выступал в партии принца Зигфрида, наполнил каждый танец подлинными эмоциями, позволившими ему стать «идеальным лирическим героем», а его исполнение осталось непревзойденным [Slonimsky Y. 1960: 54]. Как пишет Елена Гришина, причиной успеха Фадеечева стал тщательный анализ всей музыкальной партитуры балета, проведенный им с целью понять характер принца [Гришина 1990: 82]. Изучив неоднократно повторяющуюся в балете лебединую тему, а также музыку, которая сопровождает Одетту, Фадеечев понял суть партии Зигфрида [Гришина 1990: 82].

Удивительно нежная музыка Чайковского в сочетании с экспрессивной хореографией реалистично описывает этих психологически сложных персонажей. Музыка и хореография балета иллюстрируют преображение Одетты из робкой принцессы-лебедя в зрелую и решительную молодую женщину. Использование композитором узнаваемых мелодий для передачи страха или радости героев встретило одобрение советских критиков, приверженцев соцреалистических догм, желавших видеть произведения, доступные для понимания масс. За неуклонным стремлением Советов продемонстрировать наличие в «Лебедином озере» Чайковского реалистичных персонажей стояло их желание показать, что сочинение композитора соответствует канонам соцреализма. Советские деятели культуры предпочитали не менять оригинальные мистические сюжеты, а настаивать на том, что произведение якобы содержит марксистские идеи, способные найти отклик у зрителя. Подобно Джульетте и Ромео, Одетта и Зигфрид предстают правдоподобными персонажами, которые сражаются со своими страхами и побеждают силы феодализма, тем самым способствуя появлению на свет нового общества, историческому прогрессу.

Советская власть искренне полагала, что и американцы станут выражать сочувствие борьбе Одетты и Зигфрида против феодальной системы. Советская партийная идеология предполагала, что художественные произведения, в том числе балет, поспособствуют победе над ложными идеологическими и политическими доктринами [Bakst 1977: 277]. Поскольку Советы официально переделали произведение Чайковского и признали его отображающим марксистские идеи, они искренне полагали, что это произведение — отличное средство для выражения коммунистических идей. Способность искусства восторжествовать над капиталистической идеологией подразумевала, что американцы будут симпатизировать Одетте и Зигфриду и восхищаться их противостоянием несправедливому обществу. Советские власти могли с уверенностью заключить, что мероприятия в рамках культурной дипломатии помогут американцам преодолеть свое заблуждение и принять истинное учение коммунистической партии.

Для того чтобы лучше выражать в балете марксистские идеи, в СССР решили сделать партию Зигфрида меньше по объему. Как видно из постановок 1957 и 1959 года, это радикальное сокращение партии Зигфрида приглушило философское содержание балета. Изначально Чайковский намеревался сделать Зигфрида в балете героической личностью, сражающейся со своими земными страстями ради обладания идеалом красоты [Davlekamova 2011: 119]. Ротбарт символизировал рок Зигфрида или темную сторону его души, в то время как Одетта и Одиллия противопоставлялись друг другу как два различных типа женской красоты [Davlekamova 2011: 120]. В постановках «Лебединого озера», которые непосредственно следуют оригинальному замыслу Чайковского, Зигфрид на протяжении всего балета исполняет технически сложные танцы[18]. Артист балета не полагается для пе-

---

[18] К 1950-м годам «Лебединое озеро» являлось смешением результатов творчества Петипа, Иванова, Горского и Мессерера. В 1969 году в СССР появилась переработанная версия. Версия «Лебединого озера» 1969 года в хореографии Ю. Григоровича считается близкой к истинному замыслу Чайковского. Во главе угла в этой версии балета находится психологическое состояние принца Зигфрида, тогда как Ротбарт выступает в образе его рока или судьбы, а Одетта олицетворяет его чистую любовь или идеал. В этой версии Зигфрид на протяжении всего балета принимает активное участие в сложных танцах,

редачи характера персонажа исключительно на утрированные формы выражения и музыку; напротив, его танцы выражают личные устремления и желания. Зигфрид занимает в балете центральное место, и сюжет построен вокруг того, что принц находится в поиске идеала — прекрасной Одетты [Davlekamova 2011: 120]. Следовательно, Советам требовалось снизить значимость принца Зигфрида и устранить акцент балета на личных проблемах человека. Изъятие этих элементов и стремление Советов представить балет как воплощение классовой борьбы привели к тому, что «Лебединое озеро» стало соответствовать соцреалистическим догмам и идеологии партии.

Сокращение партии Зигфрида означало, что теперь он не слишком много танцевал в балете, за исключением па-де-де с Одиллией в третьем акте. Вместо этого принцу отводилась всего-навсего роль партнера Одетты, построенная на пантомиме [Гришина 1990: 82–83]. В других случаях исполнитель партии Зигфрида для создания образа использует мимику и хореографически сложные жесты. Фадеечев на протяжении первого акта танцует с гостями, но танцует предельно сковано [Гришина 1990: 82–83][19]. Характер же Зигфрида передается благодаря изображению весьма спокойного, самоуверенного юноши. Однако он теряет самообладание, как только мать напоминает ему, что пришло время исполнить свой долг — выбрать невесту. В ответ принц в смятении качает головой, плечи его опускаются. Когда гости уезжают, Зигфрид остается один, поглощенный собственными мыслями; в этот момент возникает печальная тема лебедя[20]. Опора на музыкальный материал и разнообразие движений в сочетании со сценической выразительностью помогают Фадеечеву передать колебания юного героя, сознающего, какая на нем лежит ответственность. Наблюдая за

а его роль сопоставима по объему с ролью Одетты; см. статьи в: [Чайковский: Лебединое озеро 2011]. Кроме того, 3 июля 2011 года автору довелось присутствовать при живом исполнении «Лебединого озера» в версии Григоровича в постановке ГАБТа.

[19] См. также: Tchaikovsky P. Swan Lake, 1957. Act I, Scene 2.

[20] Ibid. Act I, Scene 2, 3, 6.

выступлением Фадеечева, публика достигает ясного понимания конфликта эмоций юного принца.

Кроме того, во время встречи Зигфрида с Одеттой во втором акте он передает свои эмоции с опорой на музыку и эмоциональную выразительность, а не на активный танец. Когда Зигфрид впервые видит Одетту, он, пораженный ее превращением, спешит к ней. В отличие от более сдержанной манеры поведения принца на празднике в первом акте, теперь его действия передают взволнованность и изумление [Гришина 1990: 88][21]. На протяжении второго акта действия принца ограничиваются сдержанным по характеру преследованием Одетты; на сцене он выступает ее партнером, выполняя с ней поддержки[22]. Эти действия, что справедливо и для других аспектов исполнения Фадеечева, выглядели реалистичными и простыми — в соответствии с условностями советского балета [Гришина 1990: 86]. Это сокращение партии Зигфрида к тому же уменьшает значение индивидуальной мотивации. Благодаря смещению фокуса с личных устремлений Зигфрида и интерпретации балета как выражающего марксистские идеи «Лебединое озеро» стало визуальным воплощением политической и художественной идеологии нового порядка — соцреализма, в особенности его принципов, согласно которым искусство должно быть пролетарским и партийным.

Лишь в третьем акте, когда принц появляется на сцене вместе с Одиллией, он все-таки исполняет изысканные танцы. Танцы Зигфрида отражают его возбуждение и восторг, когда он встречает ту, которую принимает за свою истинную любовь [Гришина 1990: 92]. Завороженный коварством Одиллии, Зигфрид по наивности поддается ее чарам. Танцовщик, выступающий в партии Зигфрида, исполняет серию гран жете, во время которой огромные мощные прыжки сменяют короткие перебежки, что передает его восхищение и любовь [Kersley, Sinclair 1964: 72][23]. Отражая ликование Зигфрида, музыка Чайковского приобретает более

---

[21] См. также: Tchaikovsky P. Swan Lake, 1957. Act II, Scene 10.

[22] Ibid. Act II, Scene 10, 12.

[23] См. также: Tchaikovsky P. Swan Lake, 1957. Act III, Scene 24.

богатое звучание, что соответствует торжеству и радости героя
[Kersley, Sinclair 1964: 72][24]. Благодаря этим огромным прыжкам,
происходящим на глазах у публики [Kersley, Sinclair 1964: 72],
зрители ощущают восторг принца, который танцует, как ему
кажется, с Одеттой [Гришина 1990: 92]. Однако узнав об обмане
Ротбарта и Одиллии, принц испытывает потрясение. Не получив
утешения от матери и гостей, Зигфрид в поисках Одетты мчится
к озеру. В последнем акте Зигфрид вновь передает свои эмоции
через игру, а не посредством танца [Гришина 1990: 92]. В серии
быстрых движений принц героически поражает Ротбарта и таким
способом освобождает Одетту с остальными девушками-лебе-
дями [Гришина 1990: 92][25].

Действия Зигфрида в третьем и четвертом актах помогают
выразить его эмоции и одновременно необходимы для отражения
сути партии. Решение позволить Зигфриду играть ключевую роль
в третьем акте (но при этом вновь ограничить его танцы в четвертом) можно объяснить двумя причинами. Во-первых, Советы
уже считали произведение Чайковского образцом для подража-
ния для всех композиторов, а также высоко ценили хореографию
Петипа и Иванова. Возможно, по этим причинам советские
деятели культуры не захотели значительно изменять какие-либо
аспекты этого балета, кроме того, что представлялось необходимым. Второе объяснение состоит в том, что роль Зигфрида
в третьем и четвертом актах соответствовала партийной идеологии. В третьем акте Зигфрид активно танцует лишь тогда, когда
находится вместе с коварной Одиллией. Поскольку Одиллия
является представителем феодального мира, что подразумевало
устаревшие представления о личности, заставить Зигфрида выражать свое личное счастье через изысканные танцы выглядело
идеологически корректным, поэтому в СССР, вероятно, решили
сохранить ведущую роль Зигфрида в третьем акте без изменений.
В следующем, четвертом акте Зигфрид снова выступает в качестве
танцующего персонажа, выполняющего поддержки с балериной.

---

[24] См. также: Tchaikovsky P. Swan Lake, 1957. Act III, Scene 27.

[25] См. также: Tchaikovsky P. Swan Lake, 1957. Act IV, Scene 32.

Только тогда, когда Зигфрид отрывает крыло Ротбарта, он мгновенно принимает на себя главенствующую роль, но и это сражение напоминает скорее драматический спектакль, чем балет. Советская радикальная переработка партии Зигфрида привела к тому, что балет стал в большей степени соответствовать доктрине партии и официальной идеологии.

Существенная переработка партии Зигфрида в буквальном смысле уменьшила изначальный акцент на личных проблемах человека, переместив внимание на более широкое марксистское идейное наполнение балета. Благодаря внесенным изменениям «Лебединое озеро» стало образчиком соцреализма. Более того, решение Советов исполнить в США именно эту версию «Лебединого озера» говорило о стремлении советских лидеров внушить американской аудитории марксистские идеи. С более заметным упором на общий классовый конфликт идейное содержание балета должно было лучше дойти до зрителя, способствуя преодолению лживых политических доктрин.

Помимо того что в СССР внесли изменения в партию Зигфрида, советские деятели культуры вслед за Ивановым повысили значение кордебалета, сделав его ключевым элементом балета. Слонимский утверждал, что кордебалет необходим по сюжету для того, чтобы передавать эмоциональное состояние Зигфрида и Одетты [Slonimsky Y. 1960: 121]. Во втором акте, после знакомства Зигфрида и Одетты и их взаимных признаний в любви, Одетта снова попадает под колдовские чары Ротбарта, который заставляет ее удалиться, и кордебалет выражает ее истинные эмоции. Под изысканную мелодию лебеди танцуют величественный вальс. Танцы кордебалета лебедей, отражающие счастье Одетты и Зигфрида, символизируют надежду, воплощенную в чистой любви[26].

Позднее, в четвертом акте, лебеди выражают свою печаль по поводу предательства Одетты принцем, исполняя торжественный траурный танец[27]. Танцы лебедей становятся неспешными и пе-

---

[26] Ibid. Act II, Scene 10, 11.
[27] Ibid. Act IV, Scene 30, 31.

чальными, когда они ожидают прибытия Одетты. Эти танцовщицы вызывают в Одетте чувство скорби и полной безысходно-
сти[28]. Слонимский понимал роль кордебалета лебедей в том же
ключе, что и роль масс в балете «Ромео и Джульетта». Поскольку
танцы кордебалета лебедей выражает те же самые эмоции, что
и Зигфрид с Одеттой, соцреалистические авторы, вероятно,
отождествляли этих второстепенных персонажей с силами прогресса. Лебеди воспевали победу Одетты и Зигфрида и разделяли
с юной парой ее сомнения и страхи. Подобно массам в балете
«Ромео и Джульетта», танцы кордебалета указывают на то, что
простой народ — на стороне тех героев, чьи действия подталки-
вают историю к конечному свободному обществу — коммуни-
стическому обществу.

Соцреалистические авторы также хвалили то, как блестяще
изобразил Чайковский мотивацию и характер Ротбарта. Советский критик Асафьев писал, что у Чайковского при появлении
на сцене Ротбарта звучат «либо воинственные фанфары, либо
властно маршевые интонации» [Глебов 1934: 32]. При первом
появлении Ротбарт выбегает на сцену и властно повелевает де-
вушкам-лебедям подчиниться ему. С приближением Зигфрида
музыка приобретает гнетущую окраску и становится более
приглушенной, а Ротбарт, крадучись, исчезает во тьме[29].
По Асафьеву, музыка Чайковского создает узнаваемый с первого
взгляда образ злого волшебника, не прибегая к «музыкальному
фейерверку» [Глебов 1934: 32–33], то есть клише, используемым
другими композиторами-романтиками [Глебов 1934: 32–33]. Для
советских критиков это убедительное описание Ротбарта соответствовало концепции соцреализма, согласно которой хореография и музыка должны были формировать индивидуальность
персонажей.

Тесная связь между музыкой, танцем и эмоциями вновь проявляется в изящном танце Одиллии и Зигфрида. В намерении
разлучить Одетту с Зигфридом Ротбарт превращает свою дочь

---

[28] Ibid. Act IV, Scene 30.
[29] Ibid. Act I, Scene 8.

в копию Одетты. Когда Ротбарт и Одиллия приезжают на бал, невероятное сходство Одиллии с Одеттой ослепляет Зигфрида, который наивно полагает, что танцует с Одеттой[30]. Уланова в партии Одиллии представала не злобной и мстительной, а скорее коварной [Львов-Анохин 1984: 52]. Одиллия Улановой очаровывает принца своим таинственным видом и пристальным взглядом. Уланова считала, что более сдержанная, строгая на вид Одиллия выглядела логично, а «ее надменность и холодность он мог принять за гордую повадку королевы, вынужденной держаться так в пышном зале замка, среди многочисленных гостей» [Львов-Анохин 1984: 52]. Движения Улановой в партии Одиллии отличны от тех, которые она выполняет в партии Одетты. Львов-Анохин объясняет:

> Если Одетта поднимает руки над головой мягко, округло, словно смущенно закрывая чуть склоненное к плечу лицо, Одиллия горделиво возносит руки над высоко поднятой надменной головой, как будто утверждая свое величие, королевское великолепие и могущество [Львов-Анохин 1984: 54].

Плисецкая, как и Уланова, посредством танца создавала два разных образа — Одиллии и Одетты. В отличие от движений, выполняемых Одеттой, танцы Одиллии выглядят более лживо и коварно, они отражают ее стремление обманом заставить Зигфрида признаться ей в любви и, таким образом, отречься от Одетты. Одиллия блестяще демонстрирует свои намерения при помощи утрированных чувственных движений, подчеркивающих зловещий характер музыки. Музыка передает то, как Зигфрид поддается коварным козням Одиллии и Ротбарта, и является более пронзительной версией темы любви Одетты и Зигфрида из второго акта[31]. Кроме того, тревожный ритм музыки созвучен резким жестам Одиллии, и дьявольский танец Одиллии создает

---

[30] Ibid. Act II, Scene 23, 24.
[31] Ibid. Act II, Scene 24.

резкий контраст между ней и Одеттой. Стремительные движения Одиллии в финале па-де-де с Зигфридом свидетельствуют о том, что ей удалось заманить принца в свою западню[32]. Связь Одиллии с Ротбартом делает ее продолжением феодального общества, и ее поступки отражают стремление феодального общества ограничить свободу и поступки человека. Обманывая Зигфрида, Одиллия не позволяет ему порвать с ограничениями феодального мира.

Мелодии и движения Одиллии подчеркивают, как далека она от сил прогресса и, следовательно, целей СССР. Музыка и хореография, позволяющие отличать Одиллию и Одетту друг от друга, отвечали требованиям советской власти создавать легкие для понимания произведения. Несмотря на то что двойную партию Одетты-Одиллии танцует одна и та же балерина, огромные различия в музыке и хореографии, сопутствующие каждой героине, дают зрителю понять, что эти два женских персонажа являются полными противоположностями. Таким образом, публика в зрительном зале должна была со всей ясностью осознать, что Одиллия принадлежит к угнетающим силам, а Одетта является символом прогресса. Эти очевидные музыкальные и хореографические различия позволяли советским чиновникам утверждать, что произведения Чайковского соответствуют соцреалистическим догмам, поэтому помогали им объяснить свое одобрение этого дореволюционного балета, написанного великим композитором.

В соответствии с канонами соцреализма высшие советские чиновники от культуры требовали, чтобы балет «Лебединое озеро» заканчивался победой главных героев. Такого рода адаптация сильно отличалась от оригинальной версии 1877 года и версии 1895 года, где в финале Одетта и Зигфрид умирают. В частности, в версии 1877 года Одетте и Зигфриду не удается вырваться из-под чар Ротбарта, обреченную на гибель пару влюбленных накрывают бушующие волны на озере. Когда они погибают, публика слышит меланхоличную тему лебедя и наблюдает за тем, как над озером парит Ротбарт, торжествующий победу [Beaumont 1952: 25, 50]. В версии 1895 года спектакль

---

[32] Ibid. Act II, Scene 24.

Рис. 4.2. Владимир Левашёв в партии Ротбарта. Четвертый акт. Сувенирный буклет гастролей Большого театра в Метрополитен-опере, 1959 год. Публикуется с разрешения Нессы Хайамс Пикер и семьи С. Юрока

также имеет трагический финал. Зигфрид клянется умереть с Одеттой, чтобы вместе спастись от Ротбарта, разрушив его заклятие. Появление Ротбарта на берегу озера напоминает Зигфриду о его помолвке с Одиллией и подсказывает Одетте, что с первыми лучами солнца она снова превратится в лебедя [Beaumont 1952: 50]. Зигфрид дает слово умереть вместе с Одеттой, но она вырывается от Зигфрида, намереваясь утопиться в озере. В этот момент возникает Ротбарт, который пытается снова превратить Одетту в лебедя. В то время как Ротбарт кружится над Одеттой и Зигфридом, они понимают, что только смерть спасет их. Как только они бросаются в озеро, Ротбарт замертво падает на землю. Финал балета был дополнен апофеозом, в котором, по замыслу Михаила Бочарова, Одетта и Зигфрид воссоединяются после смерти [Beaumont 1952: 50].

Советский акцент на марксистской идее человеческого счастья означал, что балет нуждался в иной концовке. В версии 1920 года Одетта и Зигфрид одерживали победу над Ротбартом. Хотя изначально она не пользовалась популярностью у зрителя, с 1937 года такой финал стал стандартным на долгие годы вперед [Суриц 1979: 116–117; Brown I. 1959: 3]. Подобранная для финала музыка уже не говорила о радостях загробного мира, а, напротив, отражала земное счастье и торжество героев[33]. Утвержденный жизнерадостный финал воспевал триумф прогрессивных сил общества. Эта версия «Лебединого озера» с визуальной и музыкальной точки зрения может служить примером стремления Советов создать новую идентичность, опираясь при этом на дореволюционный порядок. Ко всему прочему, финал с торжеством героев предоставлял возможность для более логичного объяснения балета как символизирующего победу интеллигенции над феодальными авторитетами. В переработанной версии финала правое дело оказывается сильнее дьявольских сил [Brown D. 1991: 119–120][34]. Счастливый финал фигурирует и в постановках 1950-х годов, включая спектакли, проходившие в 1959 году в Соединенных Штатах Америки. Американский зритель стал свидетелем нежелания Зигфрида и Одетты подчиниться Ротбарту, и их неповиновение приводит к тому, что феодальный замок злого волшебника-филина обрушивается в красную бездну. Этот акт неповиновения приводит в ярость Ротбарта, который жаждет уничтожить своих врагов. Зигфрид героически отрывает у Ротбарта крыло, после чего Ротбарт тщетно пытается вновь обрести силы и атаковать принца (см. рис. 4.2)[35].

Убив Ротбарта, Зигфрид освобождает Одетту и всех остальных девушек-лебедей от злого заклятия. Теперь, избавившись от чар Ротбарта, Одетта и Зигфрид обнимают друг друга, и в этот момент звучит музыка, возвещающая начало нового дня[36]. Советская версия балета «Лебединое озеро» с ее возвышенным финалом должна была смягчить кажущееся неизбывным противоречие, заключавшееся в возвращении искусства царской эпохи в ком-

---

[33] Ibid. Act IV, Scene 32.

[34] Ibid.

[35] Ibid.

[36] Ibid.

мунистическое общество, а также несла в себе соцреалистическую весть о будущем счастье в земной жизни и движении общества в направлении коммунизма.

Гордясь великим художественным наследием России, а ныне СССР, советская власть включила в программу гастролей эту марксистскую версию «Лебединого озера», дабы продемонстрировать превосходство советских исполнителей и подсознательно сделать американцев более податливыми для коммунистических идей. Американцы, страстно желавшие увидеть прославленную Плисецкую, а также знаменитый балет Чайковского, выражали свой восторг по поводу того, что этот балет включен в программу. Десятого апреля 1959 года в статье, напечатанной в «Нью-Йорк таймс», автор отмечает, что с труппой Большого театра приехала Плисецкая, и говорит о том, с каким трепетом американцы ждали выступления балерины в ее коронной партии черного лебедя (Одиллии) в балете «Лебединое озеро»[37]. В Лос-Анджелесе еще до выступлений ГАБТа, назначенных на период 19–30 мая, острая нехватка билетов на «Лебединое озеро» вынудила артистов согласиться на проведение еще одного спектакля[38]. Запрос американцев на дополнительный спектакль показал, что они очарованы турне Большого театра.

Как бы то ни было, 21 апреля 1959 года премьера балета «Лебединое озеро» ГАБТа в Нью-Йорке прошла с умеренным успехом. Терри подчеркивал, что выступление Плисецкой в партии Одетты-Одиллии было для нее первой возможностью танцевать за пределами Советского Союза[39]. Уделяя особое внимание исполнению Плисецкой, Терри описывал ее как «поэтичную» Одетту — по контрасту с ее Одиллией, которая представляла собой «страсть,

[37] Bolshoi Star added to U.S. Visit // The New York Times. 1959. April 10.

[38] Smith C. 6,600 Roar Welcome to Bolshoi Ballet on Its Glittering Opening // Los Angeles Times. 1959. May 20; «Swan Lake» Demand Brings Second Staging // Los Angeles Times. 1959. May 10.

[39] Terry W. Bolshoi Ballet // New York Herald Tribune. 1959. April 22. Копия обнаружена в: The Bolshoi Ballet Premiere American Tour April 16, 1959 to June 20, 1959. Предоставлено С. Юроком для секции балета в архив Большого театра. Содержится в альбоме «США-1959». Москва, Музей ГАБТа.

пронизанную ядом»[40]. В партии Одетты Плисецкая была грациозна, а в партии Одиллии она исполняла необыкновенные трюки, состоящие из па-де-ша и поразительной устойчивости в позах на пальцах, хоть она и не стала выполнять в партии Одиллии 32 фуэте[41]. В конце спектакля публика наградила ее оглушительными овациями. Из других исполнителей заслужили упоминание Фадеечев в партии принца Зигфрида, Георгий Соловьёв в партии шута и Владимир Левашёв в партии Ротбарта. Хотя Терри дал этому выступлению высокую оценку, он вкратце отметил, что питает сомнения в отношении хореографии Горского и Мессерера, а также исполнительского стиля. Терри не вдается в конкретику по этим вопросам, вместо чего заканчивает статью тем, что благодаря великолепнейшим костюмам, грандиозным декорациям и прекрасным исполнителям балет «Лебединое озеро» «стоит посмотреть»[42].

Как и Терри, в своей рецензии Андрей Седых из русскоязычной американской газеты «Новое русское слово» хвалит Плисецкую. Он отмечает, что Плисецкая лучше всего проявила себя в партии Одиллии в третьем акте. В партии Одетты руки и все тело Плисецкой выражали эмоции персонажа, тем не менее Плисецкая больше подходила на роль Одиллии, а не Одетты. К тому же новая хореография довольно сильно упростила партию принца Зигфрида, у которого остался только один танец в третьем акте. Однако эта новая хореография также предусматривала расширение партии Ротбарта, позволяя танцовщику показать свое

---

[40] Ibid.

[41] Ibid. Балерина в партии Одиллии исполняет 32 фуэте рон де жамб ан турнан ан деор (от фр. ronds de jambe en tournant en dehors), когда «танцовщица в позиции стоя поднимает правую ногу вперед; она закидывает правую ногу в сторону, вставая на левую ногу, на пальцы, и постукивает себя правой ступней (фуэте) по левому колену, начиная вращение. По завершении одного или более оборотов, при желании совершить еще оборот, танцовщица в той же самой манере быстро вытягивает правую ступню по направлению к зрительному залу и опускает левую пятку, слегка сгибая левое колено» [Kersley, Sinclair 1964: 67].

[42] Ibid.

мастерство. Седых заканчивает свой отзыв тем, что положительно отзывается о таланте дирижера Геннадия Рождественского, выводящего на передний план использование Чайковским средневековых мотивов в сочетании с русскими мелодиями, и завершает словами: «Воистину богата Россия талантами!»[43]

Если Терри и Седых высказывались об исполнении балета благожелательно, Мартин не был в восторге от спектакля. Он называет весь вечер «сплошным разочарованием»[44]. Главным образом его критика основывалась на том, что Советы использовали версию Горского и Мессерера и, следовательно, пренебрегли хореографией Иванова и Петипа. Партия Зигфрида подверглась сокращениям, в результате чего он исполнял танцы только в третьем акте, и даже Фадеечеву не удалось сделать Зигфрида интересным персонажем. И все же Мартин замечает, что большинство артистов балетной труппы, включая Плисецкую, показали выдающееся исполнение[45]. По его словам, выступление Плисецкой было превосходным, хотя она и пропустила 32 фуэте, танцуя партию Одиллии[46]. Мартин особо подчеркнул, что партия Одетты-Одиллии не позволила Плисецкой показать все свои возможности. Вместо партии, требующей классического исполнения, сдержанного по характеру, Плисецкой следует танцевать партии более активных героинь, что позволит ей продемонстрировать свою энергию и силу[47].

Невзирая на то что первый спектакль «Лебединое озеро» не поразил нью-йоркских критиков, следующий объявили важнейшим событием в мире искусства. В нем партию Одетты-Одиллии танцевала Нина Тимофеева[48]. Мартин, приятно удивленный спектаклем, во всеуслышание заявил о том, что выступление

[43] Седых А. Лебединое озеро // Новое русское слово. 1959. 22 апреля.

[44] Martin J. The Ballet: «Swan Lake» // The New York Times. 1959. April 22.

[45] Ibid.

[46] Terry W. Bolshoi Ballet // New York Herald Tribune. 1959. April 22; [Kersley, Sincalir 1964: 67].

[47] Martin J. The Ballet: «Swan Lake».

[48] Martin J. Ballet: Overnight Change // The New York Times. 1959. April 23.

было выдающимся. Тимофеева очень точно уловила скорбь Одетты и коварство Одиллии. Ее исполнение 32 фуэте говорит о том, что она обладает великолепнейшей техникой. Борис Хохлов в партии принца Зигфрида создал более реалистичный образ, даже в тех сценах, где у него нет танцев. Мартин, однако, отмечает, что его по-прежнему одолевают сомнения по поводу советской версии балета[49]. Схожую мысль высказывает Терри, который положительно отзывается о Тимофеевой за представление двух абсолютно разных, далеких друг от друга образов Одетты и Одиллии, в особенности отмечая ее исполнение 32 фуэте. Терри также не забывает отдать должное способностям Хохлова сделать роль принца Зигфрида более интересной[50].

На Западном побережье США в рецензиях на спектакли также основное внимание уделялось хореографии. Альберт Голдберг из газеты «Лос-Анджелес таймс» заметил, что, хотя советские хореографы видоизменили некоторые аспекты балета, исполнение было превосходным[51]. Голдберг пишет, что Большой театр включил в хореографию нововведения Горского и Мессерера, в результате чего исполнение сильно отличалось от постановок, в которых использовалась версия Иванова и Петипа 1895 года. По мнению критика, эти изменения в целом улучшили балет. Хотя Плисецкая и не выполнила 32 фуэте в партии черного лебедя, ее исполнение было великолепным[52]. Выступления Плисецкой в партии Одетты-Одиллии, Фадеечева в партии принца Зигфрида и всей балетной труппы были блистательными, а Рождественский великолепно продирижировал партитурой[53]. Виола Свишер, соглашаясь с Голдбергом, превозносила Плисец-

[49] Ibid.

[50] Terry W. Bolshoi Ballet // New York Herald Tribune. 1959. April 23.

[51] Goldberg A. Bolshoi's «Swan Lake» Familiar but Different // Los Angeles Times. 1959. May 24. Копия обнаружена в: The Bolshoi Ballet Premiere American Tour April 16, 1959 to June 20, 1959. Предоставлено С. Юроком для секции балета в архив Большого театра. Содержится в альбоме «США-1959». Москва, Музей ГАБТа.

[52] Ibid.

[53] Ibid.

кую и Фадеечева, а также Георгия Соловьёва в партии шута и Владимира Левашёва, исполнявшего партию Ротбарта[54]. Равным образом похвалы удостоился кордебалет за его превосходные танцы, а Симона Вирсаладзе хвалили за сценографию. Свишер отмечает, какой восторг переполнял публику в концертном зале «Шрайн-аудиториум» в Лос-Анджелесе[55].

В репортажах о выступлениях в Сан-Франциско также одобрительно высказывались о новой хореографии. Критик Клиффорд Гесслер превозносил грацию Плисецкой в «Лебедином озере». Кроме того, он называл всю труппу бесподобными артистами, чья слаженная работа, великолепие и утонченность стали причиной того, что люди шли на спектакли Большого театра[56]. В газете «Сан-Франциско икзэминер» Александр Фред писал, что хореография Горского и Мессерера, а также перегруппировка кордебалета создали иной рисунок, сохраняя при этом верность произведению Чайковского[57]. Фред удостоил похвалы как солистов балета, так и саму постановку, высказав лишь единственное пожелание, чтобы испанский танец играли в более медленном темпе[58].

Балетный критик из газеты «Сан-Франциско кроникл» Альфред Франкенштейн написал обширную статью, в которой он тщательно анализирует постановку «Лебединого озера» Большого театра, представленную в Сан-Франциско[59]. Франкенштейн

---

[54] Swisher V. H. «Swan Lake» Wins Kudos for Bolshoi // Los Angeles Mirror. 1959. May 22. Копия обнаружена в: The Bolshoi Ballet Premiere American Tour April 16, 1959 to June 20, 1959. Предоставлено С. Юроком для секции балета в архив Большого театра. Содержится в альбоме «США-1959». Москва, Музей ГАБТа.

[55] Ibid.

[56] Gessler C. Bolshoi Ballet «Swan Lake» Thrills Opera House Audience // Oakland Tribune. 1959. June 8.

[57] Fried A. «Bolshoi Stages a Stunning «Swan Lake» // S. F. Examiner. 1959. June 1. Копия обнаружена в: The Bolshoi Ballet Premiere American Tour April 16, 1959 to June 20, 1959. Предоставлено С. Юроком для секции балета в архив Большого театра. Содержится в альбоме «США-1959». Москва, Музей ГАБТа.

[58] Ibid.

[59] Frankenstein A. «Swan Lake», With Imagination // San Francisco Chronicle. 1959. June 8.

начал с того, что похвалил великолепную музыку Чайковского, благодаря которой балет обрел свой высокий статус и до сих пор продолжает исполняться. Под руководством опытного дирижера Рождественского оркестр звучал грандиозно, подчеркивая красоту и значимость произведения Чайковского. Анализируя хореографию, Франкенштейн одобрительно отзывался о новшествах Горского и Мессерера, которые наполнили новой энергией оригинальную работу Петипа и Иванова. В процессе этих изменений в хореографии были удалены сцены, служащие лишь заполнению времени, и созданы более реалистичные персонажи[60]. В число этих значительных изменений входило решение Горского переработать первый и третий акты таким образом, чтобы танцы во втором и в четвертом выглядели как более глубокое выражение эмоций героев. Кроме того, Горский вводит в первый акт еще одного персонажа — придворного шута[61]. Как пишет Франкенштейн, образы персонажей балета явились результатом таланта танцовщиков, хореографических нововведений, а также костюмов, созданных Симоном Вирсаладзе. В частности, Франкенштейн говорит о блестящем исполнении Левашёвым партии Ротбарта, Фадеечевым — принца Зигфрида, Соловьёвым — придворного шута, Плисецкой — Одетты-Одиллии. С наибольшим вниманием Франкенштейн описывает исполнение Плисецкой, отмечая ее способность в равной мере хорошо передавать мягкую натуру Одетты и образ вероломной Одиллии[62].

---

[60] Ibid.

[61] Роль шута была создана для танцовщика Василия Ефимова и сохранилась в последующих постановках. Хотя оригинальная постановка «Лебединого озера» в версии Горского появилась в начале 1900-х годов, он продолжил вносить изменения вплоть до начала 1920-х годов, то есть уже в советский период. Решение рассмотреть его работу в советском контексте представляется оправданным по причине присутствия многих его нововведений, таких как роль шута, в постановке 1959 года. Кроме того, и другие аспекты постановок 1957 и 1959 года, как кажется, были основаны на работе Горского, такие как упрощение танцев и акцент на встрече Одетты и Зигфрида в четвертом акте [Beaumont 1952: 66, 148].

[62] Frankenstein A. «Swan Lake», With Imagination.

В репортажах американской прессы речь шла в основном о выступлениях артистов и великолепии произведения Чайковского. Эти похвалы указывали на то, что критики, как и публика, реагировали на спектакль как на свидетельство артистических талантов балетной труппы Большого театра, однако не воспринимали советской идеологии. Даже если Франкенштейн высоко оценил хореографию Горского и Мессерера, он не восхищался советской системой. Хотя Франкенштейн и признавал хореографические таланты Горского и Мессерера, он не считал причиной их успеха идеологию государства. Вместо этого Франкенштейн объективно признавал достижения исполнителей выдающимися, но прямо утверждал, что своим успехом и славой балет «Лебединое озеро» обязан музыкальной партитуре Чайковского.

Эта высокая оценка культуры царской эпохи более отчетливо проявляется в других критических статьях. Джон Чапман из газеты «Чикаго дейли трибюн» пишет, что по сравнению с разочаровывающим спектаклем «Ромео и Джульетта» «Лебединое озеро» поразило публику[63]. Чапман отмечает, что этим выступлением труппа ГАБТа продемонстрировала свои дарования. В частности, он сравнивал выдающееся выступление Плисецкой с техническим мастерством балерин царской эпохи и завершил тем, что труппа ГАБТа превосходно представляет русскую культуру. Чапман подразумевал, что Большой театр не является образцом советской политической культуры. Рассуждая на тему будущих турне, Чапман завершает статью пожеланием Большому театру включать в свои гастрольные программы исключительно балеты царской эпохи[64].

Как и в случае с Чапманом, проигнорировавшим политический аспект гастролей Большого театра, многие американские критики и американская публика не обратили внимания на идеологические цели, которые ставили перед собой Советы. Казалось, американцы способны оценить по заслугам таланты советских

63 Chapman J. Bolshoi Ballet Puts Worst Foot Forward in Its Debut // Chicago Daily Tribune. 1959. April 26.

64 Ibid.

артистов, не подвергая сомнению своих политических и идеологических представлений. Как это было с «Ромео и Джульеттой», зрителей, посещавших показы «Лебединого озера», восхищали таланты исполнителей, однако разделять любовь к искусству могли представители самых разных политических и экономических систем. В итоге похвалы американцев в адрес Большого театра могут быть расценены как свидетельство «весеннего периода» во время оттепели. Однако это была «весна» лишь отчасти, поскольку оценки советских хореографических нововведений были неоднозначны. Таким образом, представлением на сцене балета «Лебединое озеро» цель руководства ГАБТа показать свои хореографические нововведения американцам оказалась достигнута не в полной мере.

В отличие от СССР, где лидеры ожидали от искусства, что оно будет вдохновлять, обучать и прививать учение партии, американцы посещали спектакли Большого театра либо в силу простого любопытства, либо из подлинной любви к балету, либо с намерением продемонстрировать свое богатство и общественное положение. Применительно к ценам 1959 года билеты считались очень дорогими. Хотя некоторые билеты продавались по 2 доллара, на многие спектакли стоимость одного билета составляла от 50 до 150 долларов. Но дороговизна билетов не останавливала людей, желающих попасть на спектакли ГАБТа, и агентство Юрока было завалено запросами на их приобретение [Robinson 1994: 373–374][65]. Балет не только восхищал ценителей искусства, но и угождал элитам общества. Со слов одной из ведущих советских балерин Плисецкой, приемы, на которых побывала балетная труппа, в основном посещала элита американского общества [Плисецкая 1994: 247–248]. В результате в 1959 году американская балетная публика являла собой смесь представителей высшего класса и не столь состоятельных ценителей красоты балетного искусства. Американцы высоко оценили «Лебединое озеро», воспринимая этот балет как эталонное произведение искусства и роскошное публич-

---

[65] См. также: Salisbury H. E. New York Agog with Bolshoi Ballet Opening // Chicago Daily Tribune. 1959. April 17.

ное мероприятие, а вовсе не как образовательный инструмент, каковым его видели в Советском Союзе. В связи с различным пониманием роли балета в обществе в США и СССР эта мера культурной дипломатии достигла лишь частичного успеха. Он состоял в том, что американцы высоко оценили выдающихся исполнителей, однако вовсе не с идеологической точки зрения.

Хотя исполнявшаяся версия балета «Лебединое озеро» обладала идеологическим содержанием, Советы по-прежнему предпочитали замалчивать этот аспект. Уолтер Сорелл из «Провиденс сандей джорнал» задал Орвиду вопрос об измененном финале балета. Вместо того чтобы предложить объяснение финала с идеологической точки зрения, Орвид заявил, что, поскольку под конец балета музыка Чайковского столь возвышенна, переработанный финал кажется ему более уместным[66]. В результате стало очевидно, что в СССР стремились замалчивать идеологическое содержание балета, вместо этого сфокусировавшись на российских и позднее советских достижениях.

Советские журналисты продолжали цитировать репортажи из американской прессы, в которых сообщалось о больших достижениях балетной труппы. В статье под заголовком «"Лебединое озеро" в Нью-Йорке» газета «Советская культура» цитирует американского критика Терри из газеты «Нью-Йорк геральд трибюн», который сообщает, что выступление Плисецкой в роли Одетты-Одиллии публика встретила криками brava[67]. В статье также сказано, что, по словам репортера агентства «Юнайтед пресс интернешнл», исполнение Плисецкой и Фадеечевым па-де-де во втором и в третьем актах было «просто замечательным»[68]. Несколькими днями позже в другой статье в «Советской культуре» отмечалось, что критики не ограничились теплыми словами только в отношении Плисецкой. К примеру, Терри хвалил за выдающиеся хореографические способности Тимофееву, го-

---

[66] Sorell W. Bolshoi's «Swan Lake» Dazzling // The Providence Sunday Journal. 1959. May 3.

[67] ТАСС. Лебединое озеро в Нью-Йорке // Советская культура. 1959. 23 апреля.

[68] Там же.

воря, что своим исполнением она «завоевала все сердца»[69]. В других отзывах содержатся схожие хвалебные отзывы о балетной труппе. Полагаясь на критические отзывы в «Нью-Йорк таймс», «Московская правда» публиковала истории, где подчеркивалось, что причиной успеха «Лебединого озера» были не только выступления ведущих танцовщиков, но и слаженная работа всей труппы[70].

Подробный обзор отзывов американской прессы появился в статье Е. Литошко в газете «Правда» под названием «Блестящий успех советского балета в Нью-Йорке». В своей статье Литошко пишет, что исполнение «Лебединого озера» 21 апреля было встречено громоподобными овациями зрительного зала. Газета «Нью-Йорк геральд трибюн» провозгласила Плисецкую «одной из лучших в созвездии звезд мирового балета». Критик Джон Чапман, в частности, отметил: «Я не могу вообразить, как можно вложить больше мастерства, страсти и красоты в то, что мы видели на балетной сцене»[71]. Оценил Чапман и всю балетную труппу, отмечая, что она продемонстрировала «исключительное очарование и совершенство»[72]. В газете «Нью-Йорк пост», также хвалившей Плисецкую и балет «Лебединое озеро», говорилось, что Большой театр был великолепен и что в английском языке не хватает «превосходных степеней», чтобы выразить восторг перед этим спектаклем[73]. Балетный критик газеты Фрэнсис Херридж писал, что никогда еще американцы не видели «более величественной постановки "Лебединого озера" и более изумительной королевы лебедей, чем Майя Плисецкая»[74]. В целом в отзывах прессы отмечались яркие таланты всех солистов, в том числе

---

[69] Курдюмов Н. Всеми цветами радуги // Советская культура. 1959. 28 апреля.

[70] Спектакль был живым, ярким, захватывающим // Московская правда. 1959. 25 апреля.

[71] Литошко Е. Блестящий успех советского балета в Нью-Йорке // Правда. 1959. 25 апреля.

[72] Там же.

[73] Там же.

[74] Там же.

Фадеечева, а также работа дирижера Рождественского. «Мы не видели ничего подобного», — приводит слова из американской прессы Литошко, цитируя «Дейли миррор»[75].

Ведущие балерины, как и пресса, были в восторге от того, как их принимала Америка. В своих воспоминаниях Плисецкая рассказывала, что после премьеры «Ромео и Джульетты» она и остальные участники труппы тщательно готовились к выступлению в «Лебедином озере» [Плисецкая 1994: 245]. Плисецкая отмечала, что она и ее партнер Фадеечев очень старались показать безупречный балет, а солисты и кордебалет «из кожи вон лезли» [Плисецкая 1994: 246]. Кроме того, дирижер ГАБТа Файер работал с американским оркестром, добиваясь блестящего исполнения. По окончании каждого акта раздавались бурные овации, исполнителей вызывали на поклон бесчисленное количество раз. В конце второго акта особенно громкие аплодисменты заглушили музыку, так что Плисецкая заканчивала свое выступление, действуя по интуиции. После спектакля поклонники окружили Плисецкую в надежде получить автограф, и с некоторыми из них она поддерживала связь на протяжении нескольких лет. К тому же, с ее слов, она была в курсе того, как ее выступление представляли в самых заметных журналистских репортажах [Плисецкая 1994: 246–247]. Пусть даже Плисецкая напрямую не говорит о своей реакции на эти похвалы, радушный прием указывает, что американская публика высоко ценила ее талант и считала ее одной из ведущих фигур в мире балета.

Хотя многие советские корреспонденты воспринимали американские отзывы о балете положительно, некоторые советские репортеры порой заявляли о стремлении американских обозревателей приуменьшить энтузиазм публики в отношении балета. Н. Карев в заметке от 24 апреля утверждал, что журналисты стараются ослабить интерес американцев к балету, называя советские постановки старомодными по причине отсутствия в них современных танцев[76]. Кроме того, Карев обвинял репортеров из

---

[75] Там же.

[76] Карев Н. Балет и политика // Известия. 1959. 24 апреля.

«Нью-Йорк таймс» в том, что они сотрудничают с Государственным департаментом США, желающим ослабить поддержку балета со стороны общественности. Несмотря на эти отрицательные моменты, каждый новый день, отмечал Карев, приносил труппе Большого театра новый триумф[77].

Юрок пришел от этой статьи в негодование и направил телеграмму, датированную 27 апреля, советскому министру культуры Михайлову. В телеграмме он убеждал министра в том, что Карев допустил ошибку, когда цитировал американских балетных критиков, в частности Мартина, и что, по мнению Юрока, это усилия Карева были направлены на снижение интереса публики к Большому театру[78]. Для столь негативного отзыва Карева об американской прессе не было причин, и ничто не свидетельствует о том, чтобы высокопоставленные советские чиновники осудили или, напротив, одобрили его действия. Упрек со стороны властей, вероятно, возник по той причине, что эта статья, кажется, была его единственным отрицательным отзывом об американцах. В других статьях Карева, напечатанных в «Известиях», негативная информация отсутствовала. Кроме того, из множества просмотренных репортажей советской прессы это, кажется, был единственный откровенно негативный отзыв. По-видимому, советские власти не желали, чтобы пресса публиковала какой-либо негатив об американцах; напротив, они хотели, чтобы о турне говорилось в восторженных тонах. Отрицательные отзывы в прессе сделали бы Советы мишенью для обвинений в том, что они не были по-настоящему заинтересованы в использовании культурного обмена для укрепления отношений с Соединенными Штатами Америки. Пересказывая лишь положительные отзывы, советская пресса защищала правительство от такого рода атак, поддерживая официальные заверения касательно благих целей турне.

У советских властей сложилось представление, что культурная дипломатия работает. Балет «Лебединое озеро», как и «Ромео

---

[77] Там же.

[78] РГАЛИ. Ф. 2329. Оп. 8. Д. 1234. Л. 119. Телеграмма министру культуры Н. А. Михайлову. 27 апреля 1959 года.

и Джульетта», оказался серьезным шагом в атаке на капиталистическую идеологию. Как и в случае с «Ромео и Джульеттой», советская пресса продолжала описывать турне Большого театра как крайне успешное. Поскольку «Правда» являлась официальным рупором Центрального комитета, советское правительство прямо заявляло об отличных результатах гастрольного турне через статьи наподобие той, автором которой был Литошко. Высочайшая оценка, данная американскими критиками Большому театру, и аплодисменты публики должны были указать советскому руководству, что американский народ высоко оценил талант советских исполнителей. Тактика демонстрации высоких достижений советских исполнителей имела успех. Советские лидеры верили, что одобрительные отзывы американцев о танцовщиках и музыкантах являлись доказательством способности искусства преодолеть границы капиталистического и коммунистического миров. В конечном итоге, как гласила партийная идеология, искусство изгонит ложные политические доктрины [Bakst 1977: 277], к которым относится капитализм, и тогда американцы примут коммунистические идеи. Турне ГАБТа способствовало превращению американцев в новых советских людей, поэтому культурная дипломатия играла инструментальную роль в достижении СССР победы в холодной войне.

Поскольку некоторые американские критики заявляли, что «Лебединое озеро» в постановке ГАБТа не имеет себе равных, а советские балерины — одни из лучших балерин в мире, советская власть получила доказательство того, что некоторые на Западе воспринимают СССР как равного партнера. Перед отъездом Большого театра Орвид — директор ГАБТа — заявил, что артисты и сотрудники сделают все возможное, чтобы продемонстрировать американскому народу уникальный характер советской хореографии и советского искусства[79]. Кроме того, Лавровский отме-

---

[79] Москва, Музей ГАБТа. США, 1959, 1962, 1966. Л. 1–3. Заявление директора Государственного академического Большого театра Союза ССР Георгия Орвида на пресс-конференции советских и иностранных журналистов 20 марта 1959 года в 16:00 в связи с предстоящими гастролями балетной труппы ГАБТа в США и Канаде.

тил, что «Лебединое озеро» с его глубоким психологическим содержанием «дает мастерам балетного театра широкие возможности для раскрытия своих артистических способностей»[80]. Высокая оценка Большого театра и его исполнителей американскими критиками и публикой служила для Советов доказательством того, что их план удался и что благодаря балету они достигли многовековой цели — признания Западом России, а теперь и Советского Союза равным партнером.

Это давнее желание, чтобы Запад воспринимал русских как равных, оставалось одним из доминирующих направлений мысли в дореволюционном обществе. После революции советские лидеры продолжали стремиться к этой цели. Начиная со сталинской индустриализации СССР проводил кампанию, целью которой было догнать и перегнать Запад. Эта цель стала более заметной и в других областях с того момента, как Хрущёв принял решение проводить политику мирного сосуществования и соревнования. Во всех сферах, включая экономику и культуру, СССР намеревался продемонстрировать свое первенство. Поскольку некоторые американские критики объявили «Лебединое озеро» в постановке Большого театра спектаклем, не имеющим себе равных, в Советском Союзе наконец заключили, что при коммунистическом правлении их страна вызывает восхищение Запада и что западные балетные критики признали это достижение. Для советской власти настоящая тактика — положиться на таланты мастеров искусства как средство продемонстрировать превосходство коммунизма — казалась выигрышной. Эта кажущаяся победа подтверждает представление о том, что наличие культурных дипломатических связей не являлось свидетельством оттепели в политических отношениях. Напротив, политические аспекты турне продолжали входить в категорию «морозов» в сфере отношений между двумя государствами. Культурная дипломатия предоставляла возможность заручиться поддержкой для советской системы. Советские руководители могли к тому же заключить, что они положились на искусство как средство до-

---

[80] Лавровский М. На гастроли в США и Канаду // Труд. 1959. 1 апреля.

стижения некоторого равенства, поэтому они, вероятно, полагали, что искусство приведет и к другим успехам.

Таким образом, с помощью переработанной и переосмысленной версии балета «Лебединое озеро» Советы, на первый взгляд, добились крупной победы благодаря искусству. Однако повышенное внимание советских обозревателей к хвалебным отзывам американцев в адрес «Лебединого озера» не всегда отражало впечатления каждого отдельного критика от любого спектакля. Более того, в СССР и США люди, посещая балет, ставили перед собой разные цели. Их несовпадение привело к тому, что всякая сторона упускала из виду позицию оппонента. Вследствие этого американцы хвалили балет «Лебединое озеро» за его художественные достоинства. С позиции Советов, турне (в силу неутихающих восторгов американцев) представлялось громким триумфом коммунистических идей.

Следом за «Лебединым озером» Большой театр представил полнометражный балет «Жизель». Под контролем театрального руководства советские мастера искусств превратили этот французский романтический балет в прямую демонстрацию художественных достижений и превосходства советского искусства, что подчеркивало приверженность коммунистов художественному совершенству.

Глава 5
Сохранение и усовершенствование классики

Балет «Жизель»

До сих пор в целом благосклонные отзывы американцев о балетах «Ромео и Джульетта» и «Лебединое озеро» указывали на то, что ведущие советские исполнители произвели на публику и критиков сильное впечатление и сумели их очаровать. Советское театральное руководство ожидало, что балет «Жизель» в равной степени поразит и восхитит американскую публику, что приведет к очередному триумфу в холодной войне. С первых дней и на всем протяжении американского турне в СССР рассчитывали использовать таланты советских мастеров искусств, чтобы поразить американцев. В отличие от других художественных форм, использующих диалог и поэзию, балет не нуждался в понимании зрителем русского языка. Он позволял преодолеть языковой барьер, и понять его мог каждый, включая американского зрителя [Homans 2010: 342].

Поскольку в СССР полагали, что внешние стимулы, включая искусство, могут изменить способ мышления человека, турне Большого театра должно было заложить фундамент для восприятия американцами грандиозных достижений в области культуры и искусства как связанных с коммунистическими идеями. Регулярно возникающая у американцев ассоциация выдающихся достижений в области искусства с советской системой в конечном итоге должна была привести к тому, что они станут более восприимчивы к советской идеологии. Советские руководители полагались на искусство как средство сделать американцев более податливыми к коммунистическим идеям, следовательно, искусство играло ключевую роль в распространении коммунистических идей, ведущем к превращению американцев в новых советских людей.

Продолжая свою культурную атаку, Советы включили в программу «Жизель», намереваясь доказать всем, что их артисты способны не только мастерски танцевать классические русские и современные советские балеты, но и блестяще исполнить один из самых известных образцов мировой балетной классики. Неизменная опора на классические шедевры стала одним из ключевых элементов советской культурной идентичности. Советская культура стремилась образовывать массы, воспитывая в них способность по-настоящему ценить великие произведения искусства, в том числе классический балет [Roth-Ey 2011: 4]. Ведущие мастера советского балета не отвергали достижений своих предшественников царской эпохи, а, напротив, стремились усовершенствовать их произведения. Известный балетный критик Юрий Слонимский писал: новый советский балет (по контрасту со старыми традициями) стремился подчеркнуть внутренние эмоции персонажа, что давало публике возможность отождествлять себя с героями. Отныне искусство не было отделено от повседневной жизни простых людей, а отражало их устремления [Slonimsky Y. 1960: 117]. В этой связи дореволюционные балеты, такие как «Жизель», продолжали занимать в репертуаре Большого театра ведущее место и регулярно шли на его сцене [Slonimsky Y. 1947: 6].

Советский балет всячески стремился усовершенствовать дореволюционный репертуар. В СССР утверждали, что их версия «Жизели» — с ее акцентом на теме искупающей любви и сложными реалистичными персонажами — являла собой разительный контраст западным интерпретациям, где в балете видели лишь легкомысленную любовную историю и средство демонстрации мастерства артистов[1]. «Жизель» предоставила Советам возмож-

---

[1] The Bolshoi Ballet: Souvenir Booklet. Metropolitan Opera House, 1959. P. 53–54.

ность показать стремление русских, а затем советских мастеров искусства к художественному совершенству, а также то, что советская версия значительно превосходит менее реалистичные (предположительно) западные интерпретации. Советская «Жизель» показывала, что через классический танец или балет можно рассказать вполне реальную историю, что ставило советский балет на недосягаемую высоту. Ожидалось, что американская публика, пришедшая смотреть «Жизель» в постановке Большого театра, будет удивляться тому, как Советам удалось не только сохранить балетную классику, но и, более того, поднять ее на столь высокий уровень. Если американцы признают эту версию «Жизели» равной западным постановкам или даже превосходящей их, тогда Советы смогут объявить это свидетельством одобрения Западом коммунистической системы, а культурная дипломатия (в частности, турне Большого театра) поспособствует победе в холодной войне. При коммунистической системе интерпретация артистами балета их ролей привела к усовершенствованию творений капиталистического Запада и имперского прошлого. Так коммунизм должен был подтвердить свое превосходство.

«Жизель» входила в традиционный русский балетный репертуар начиная с 1840-х годов [Lifar 1954: 92–93, 97]. В советскую эпоху этот балет по-прежнему шел в театрах, поскольку советская власть уделяла много внимания поддержанию и совершенствованию великой русской балетной традиции [Roth-Ey 2011: 4].

Для того чтобы постичь исключительную роль «Жизели» в искусстве и понять, как этот балет стал неотъемлемой частью русского и советского репертуара, необходимо дать краткий обзор развития западноевропейского и русского балета в период с конца XVIII по начало XIX века.

Как и в случае с театрами оперы и балета в Западной Европе, русский балет испытал на себе влияние Французской революции и романтизма.

Французская революция освободила искусство от полного контроля со стороны аристократии, таким образом предоставив деятелям искусства возможность развивать новые жанры. Эта новая художественная свобода в тесной связи с романтизмом заложила основу для развития балетного искусства на столетия вперед [Beaumont 1969: 10, 16–17].

Движение романтизма зародилось в конце XVIII — начале XIX века. Хотя оно было весьма разнородным, различаясь в зависимости от стран и жанров, в общем и целом произведения романтизма тяготели к фантастическим и мистическим мирам, сверхъестественному, причудливым идеям, меланхоличным сюжетам, отвергая при этом акцент эпохи Просвещения на логику [Beaumont 1969: 9]. В целом романтики стремились ниспровергнуть классические образцы, доминировавшие в искусстве. В частности, авторы романтических балетов восставали против ностальгии по древнегреческой и древнеримской мифологии. Поскольку некоторые французские хореографы и композиторы эмигрировали из страны, новые романтические балеты попали в Россию, где они оставались чрезвычайно популярны как в царскую эпоху, так и в советский период [Homans 2010: 175][2].

По мере того как артисты и музыканты разрабатывали эти романтические идеи, балет испытывал на себе существенные изменения. В частности, композиторов увлекла идея сверхъестественного, и в 1832 году в Париже состоялась премьера романтического балета «Сильфида» [Posner 1947: 22]. Ближе к середине века он достиг и русской сцены.

Балет, ставший весьма популярным в Западной Европе и России, рассказывает трагическую историю безнадежной любви шотландского крестьянина по имени Джеймс к духу воздуха Сильфиде. Он содержал те же элементы, в том числе крестьянского быта, сельской обстановки, исторического прошлого, и тех же сверхъестественных персонажей, которые позднее появятся в «Жизели». По мнению балетного критика Сирила Бомона, эти схожие элементы не были случайностью, поскольку Теофил Готье, будущий либреттист «Жизели», присутствовал на премьере «Сильфиды» [Beaumont 1969: 13–16][3].

---

[2]   См. также: The Bolshoi Ballet. P. 53–54.

[3]   Далее в работе будет приведен краткий пересказ либретто балета. Несмотря на то что Джеймс всем сердцем любит свою невесту, Эффи, его охватывают чувства при виде неземной красоты лесной нимфы (она была духом воздуха)

«Сильфида» не только открыла эпоху романтического балета, но и изменила традиции балетного спектакля. Премьера этого романтического балета ознаменовала конец аристократических, стилизованных постановок [Posner 1947: 22–23]. Ранее как в западноевропейском, так и в русском балете преобладали формальные, строгие спектакли [Posner 1947: 22–23; André 1998: 14–19]. Хореографы романтических балетов убрали эти строгие танцы, заменив их более экспрессивными, которые исполнители танцевали sur les pointes («на кончиках пальцев»), и женские роли в балете стали более объемными. До того времени ключевую роль в балете играли мужчины, которые считались более приспособленными для исполнения этих жестких движений. С появлением романтических балетов балерины стали исполнять гораздо более сложные танцы, что позволило им танцевать ведущие партии [Posner 1947: 22–23]. Кроме того, костюмы, которые использовались в «Сильфиде», нарушали сложившиеся устои. В отличие от популярных тогда костюмов, которые подчеркивали фигуру исполнителя, в «Сильфиде» костюмы на танцовщиках скрывали ее. В частности, в костюмах упрощенного покроя отсутствовали украшения, они состояли из облегающего стан лифа, юбки в форме колокола, чулок и туфель без каблуков [Beaumont 1969: 16].

Вдохновленный интересом романтической эпохи ко всему фантастическому и сверхъестественному, лидер французского литературного романтического движения Готье начал проявлять интерес к немецким сказкам про дев-виллис. Прочитав книгу немецкого поэта Генриха Гейне «О Германии» («De l'Allemagne»), Готье решил, что история о виллисах — отличный материал для нового балета [Posner 1947: 27–29]. Согласно Гейне, легенда о виллисах имеет славянское происхождение и возникла в горах Гарц [Posner 1947: 27]. Виллисы — это духи девушек, которые были

Сильфиды. Джеймс, поддавшийся очарованию Сильфиды, оставляет свою возлюбленную Эффи. Обезумевшая от горя Эффи находит утешение у бывшего близкого друга Джеймса по имени Гюрн. Тем временем Джеймс, обманутый злой волшебницей, нечаянно убивает Сильфиду. Джеймс, в ужасе от своего поступка, впадает в отчаяние. На фоне горестных мук Джеймса публика лицезрит, как свадебный кортеж Эффи и Гюрна прибывает в церковь.

помолвлены и ушли в мир иной, не дожив до дня своей свадьбы. При жизни эти юные девы были одержимы танцами, после смерти по этой же причине они встают из могил и пляшут, пока не появится первый луч солнца. Пока они танцуют, то ищут юношу, заблудившегося в лесу. Виллисы заставляют потерявшихся путников плясать, пока те не падут замертво от изнеможения [Posner 1947: 27–28]. Согласно другим источникам, виллисы — вампироподобные духи юных дев, умерших оттого, что не смогли пережить измену своих женихов. Это дополнительное объяснение позволяет понять, почему виллисы всеми силами ищут путника, заманивая его в смертельную ловушку [Beaumont 1969: 19].

Взяв за основу легенду Гейне, Готье в соавторстве с Ж.-А. Вернуа де Сен-Жоржем, известным оперным либреттистом, пишет либретто «Жизели» [Posner 1947: 29–30]. В балете рассказывается история молоденькой крестьянки по имени Жизель, которая влюбляется в графа Альберта. Хотя он знатного происхождения, Альберт наряжается крестьянином[4]. В первом акте Жизель и Альберт демонстрируют свою любовь через серию кокетливых танцев и жестов. Их счастье прерывается, когда в деревушку прибывают охотники, которых сопровождает Батильда — настоящая невеста Альберта. Хотя Альберт пытается остаться неузнанным, лесничий Ганс раскрывает, кто такой Альберт на самом деле, показав всем собравшимся его шпагу. Пораженная обманом Альберта, Жизель сходит с ума и умирает[5].

Второй акт начинается с того, что призраки-виллисы встают из своих лесных могил. По приглашению своей повелительницы, Мирты, виллисы исполняют серию танцев. Затем Мирта вызы-

---

[4] The Bolshoi Ballet. P. 54–55. Несмотря на то что эта сокращенная версия «Жизели» не включает в себя значительную часть сложных танцевальных сцен, основной сюжет не претерпел изменений со времени создания балета. Танцевальные сцены были исключены по той причине, что они напрямую не были связаны с сюжетом и часто включались для того, чтобы та или иная балерина могла продемонстрировать свой талант. Удаление этих сцен не повлияло на сюжет в целом. Подробную информацию о сценах, изъятых из балета, см. в [Beaumont 1969].

[5] The Bolshoi Ballet. P. 54–55; [Posner 1947: 57–76].

вает из могилы Жизель, чтобы та присоединилась к другим виллисам. Альберт, пришедший на ее могилу, видит Жизель и бежит за ней в чащу леса. Как только пара удаляется, к могиле Жизели приходит лесничий Ганс, пораженный ее смертью, но виллисы окружают его и заставляют танцевать, чем доводят его до смерти. Жизель и Альберт направляются к Мирте, умоляя пощадить его, но Мирта им отказывает. Виллисы пускаются в пляс вместе с Альбертом, и только усилия Жизели спасают его от гибели. С первыми лучами солнца Жизель и другие виллисы возвращаются в свои могилы[6].

Сразу после одобрения либретто директором Парижской оперы Готье направился к одному из ведущих французских композиторов, Адольфу-Шарлю Адану, и заручился его согласием написать музыку балета [Posner 1947: 29–30]. Танцы для балета сочинили известный хореограф Жан Коралли и артист балета Жюль Перро [Posner 1947: 34–35]. Уже на премьере, состоявшейся в 1841 году, «Жизель» имела грандиозный успех. Она станет единственным балетом, который на протяжении последующих столетий будет идти на сцене без существенных изменений [Beaumont 1969: 9]. Первая исполнительница роли Жизели, Карлотта Гризи, получила восторженные отзывы о своем выступлении [Lifar 1954: 92–93, 97]. «Жизель» закрепилась во французском репертуаре вплоть до 1849 года [Ashton 1985: 42]. Причина ее последующего изъятия из репертуара до сих пор не вполне ясна [Posner 1947: 43–44]. Невзирая на то что популярность этого балета среди французской публики к концу 1840-х годов пошла на спад, балет продолжал жить на русской сцене, что спасло его от забвения [Ashton 1985: 42]. В 1848 году Перро прибыл в Санкт-Петербург и приступил к работе над расширением некоторых частей балета. Со слов историка балета Джефри Эштона, русские историки утверждали, что по прибытии в Санкт-

---

6 The Bolshoi Ballet. P. 55; The Best of the Bolshoi. Part 2. Giselle: Act II. Presented by Eastern Airlines in association with S. Hurok, directed by Ch. S. Dubin, produced by T. Mills. Video recording, 1959. Хранится в Нью-Йоркской публичной библиотеке в секции исполнительских видов искусства (Нью-Йорк).

Петербург Перро доработал балет, а оригинальная парижская версия, таким образом, была неполной [Ashton 1985: 43–44]. Эти русские историки ставят в заслугу Перро то, что он сделал второстепенных персонажей более реалистичными [Ashton 1985: 43–44][7], а сцену сумасшествия Жизели — гораздо пронзительней [Ashton 1985: 44]. Позднее, во второй половине XIX века, прославленный хореограф Петипа (известный изменением балета «Лебединое озеро») поменял и хореографию «Жизели». Его редакции, такие как увеличение длительности танца виллис во втором акте, сохранятся и в позднейших постановках [Ashton 1985: 44; Homans 2010: 175; Слонимский 1969: 108][8]. Слонимский был уверен в том, что Петипа спас балет, так как не позволил ему исчезнуть со сцены [Слонимский 1969: 110]. Перро одобрил эти изменения и продолжал заниматься переработкой фрагментов «Жизели», пока оставался балетмейстером Императорского балета [Beaumont 1969: 130][9]. Любовь к «Жизели» русской аристократии привела к тому, что этот балет сохранился в репертуаре театров [Posner 1947: 44]. Русская публика продолжала восхищаться «Жизелью» и в начале XX века. В 1903 году критики по достоинству оценили выступление Анны Павловой в партии Жизели. За свое выдающееся исполнение она была названа величайшей русской балериной и награждена титулом примы-балерины ассолюты. Кроме того, когда в 1910 году знаменитый балетный антрепренер Сергей Дягилев решил показать балет из России за границей, в репертуар его «Русских сезонов» входила и «Жизель» [Posner 1947: 49].

Как и в случае с «Лебединым озером» Чайковского, в СССР некоторые фрагменты «Жизели» были подвергнуты пересмотру в соответствии с коммунистическими принципами. Целью этих усилий было дать логическое объяснение включению этой дореволюционной классики в советский репертуар. В отличие от

---

[7] По мнению Бомона, все персонажи балета, за исключением Жизели, являются второстепенными; см. [Beaumont 1969].

[8] Подробнее о внесенных Петипа в балет изменениях см. в [Слонимский 1969].

[9] К сожалению, Бомон не объясняет, в чем заключались изменения Перро.

«Лебединого озера», здесь советские театральные деятели не стали менять либретто, вместо этого посредством интерпретации и жестов они сделали персонажей более реалистичными и сложными личностями. Стимулом к этому преобразованию послужил акцент, который делался в СССР на соцреализме, в особенности на потребности в реалистичных персонажах.

Хотя на словах Советы относились к царской эпохе с пренебрежением, дореволюционное искусство по-прежнему играло в Советском Союзе ключевую роль. Ранее уже отмечалось, что нехватка заметных советских произведений привела к включению в репертуар балетов царской эпохи [Schwarz 1972: 29]. Еще одной причиной их включения стало то, что некоторые советские чиновники, как и большинство граждан, открыто предпочитали классику авангардным постановкам 1920-х годов[10]. Третье объяснение причин включения в репертуар классики, такой как «Жизель», приводит в своем недавнем исследовании послевоенной советской культуры Кристин Рот-Эй. Она отмечает, что решение лидеров СССР сохранить дореволюционное искусство проистекало из их веры в то, что искусство способно превратить массы в истинных ценителей прекрасного. Советские лидеры, в частности Хрущёв, превозносили советскую систему за то, что она повысила их культурный уровень и воспитала в них способность ценить изящные искусства [Roth-Ey 2011: 4, 21]. Целью советской культуры было мотивировать советских граждан на совершение великих подвигов. Как отмечает Рот-Эй, советская культура была одновременно «ориентирована на будущее и ностальгировала о прошлом», при этом до- и послереволюционные шедевры служили для нее источниками вдохновения [Roth-Ey 2011: 4]. Только особый акцент советской системы на простом человеке может поспособствовать тому, что люди получат возможность познакомиться с изящным искусством и в результате повысить свой культурный уровень. Хрущёв по собственному опыту полагал, что для исторического развития коммунизма жизненно необходимо общество, тонко

---

[10] Подробный разбор этих двух обоснований, а также источники и примечания см. в гл. 2–4.

понимающее культуру [Roth-Ey 2011: 4, 21]. Дореволюционные балеты, в том числе «Жизель», нужно было привести в соответствие с новыми идеалами советского балета. Отныне артисты должны были сосредоточиться на выражении возвышенных человеческих эмоций, а не рассматривать выступление на сцене всего лишь как возможность показать свое мастерство.

После революции и признания дореволюционных балетов соответствующими марксистской мысли советские балетные труппы часто исполняли на сцене «Жизель», которая заняла центральное место в советском балетном репертуаре [Slonimsky Y. 1947: 6]. Слонимский говорил, что для создания «Жизели» советские хореографы в основном полагались на оригинальные хореографические версии и внесли лишь небольшие изменения в сценографию [Slonimsky Y. 1947: 6][11]. Позднее в другой работе Слонимский утверждал, что танец передает сюжет, а хореография формирует историю [Slonimsky Y. 1960: 62]. Советские авторы объясняли, что ведущие балерины страстно желали выступать в партии Жизели, а все танцовщики мечтали о партии Альберта[12].

Обращаясь к образу Жизели, Львов-Анохин говорил, что традиция делать Жизель более человечной берет начало с момента первых исполнений балета русскими танцовщицами. Хотя Львов-Анохин с похвалой отзывался о выступлениях дореволюционных балерин, он отмечал, что знаменитая Уланова исполняла роль в более глубокой и эмоциональной манере [Львов-Анохин 1984: 58–62]. Схожим образом перед началом американского турне Большого театра балетмейстер Лавровский говорил о том, что включение «Жизели» имело целью показать, что советская интерпретация этого балета существенно отличается от западных постановок, и утверждал, что «Жизель» «обрела на русской сцене свою вторую родину»[13].

---

[11] Слонимский не приводит подробных сведений об изменениях сценических элементов или сценографии. Основная цель этих исправлений — стремление Советов сделать персонажей более реалистичными, наделив их человеческими эмоциями.

[12] The Bolshoi Ballet. P. 53. Автор цитаты не указан.

[13] Лавровский Л. На гастроли в США и Канаду // Труд. 1959. 1 апреля.

Русский балетный мир принял «Жизель», и она надежно закрепилась в балетном репертуаре. Поскольку Перро, по утверждению русских историков, фактически закончил «Жизель» уже по приезде в Санкт-Петербург, многие в России полагали, что этот балет отчасти имеет русские корни. В советскую эпоху «Жизель» продолжала пользоваться уважением. Одобрение этого балета советской властью свидетельствовало о наличии некоего напряжения между публичным отречением от царской эпохи и одновременным использованием ее достижений в качестве плацдарма для новых побед в искусстве. Хотя и признавая достижения исполнителей царской эпохи применительно к «Жизели», советские лидеры преподносили этот балет как пример способности коммунистической системы возвысить и усовершенствовать классику.

Искупительная любовь, на которую делали упор в СССР, оставалась центральной темой балета. В своем исследовании этого балета Слонимский описывает французскую «Жизель» как «сентиментальную мелодраму» с нереалистичными образами крестьян [Слонимский 1969: 127]. Напротив, русская «Жизель» является «возвышенной драмой сердца» [Слонимский 1969: 127], в которой подчеркивается способность любви торжествовать над смертью, преодолевая эгоистические чувства [Слонимский 1969: 127]. Западные критики подтверждали, что в СССР центральной темой балета считали искупительную любовь. Видный критик XX века Клив Барнс отмечал, что русская литература, в особенности сочинения А. С. Пушкина, фокусируется на способности человека возродиться через любовь[14]. Возвращаясь к «Жизели», в СССР, по словам Барнса, акцентировался тот факт, что любовь Жизели, преодолевая смерть, в конечном итоге спасает жизнь Альберта. Барнс подразумевал, что такая интерпретация «Жизели» выступает продолжением темы искупительной любви в русском искусстве и русской литературе. Советские критики, по всей вероятности, были согласны с оценкой Барнса, поскольку его разбор был опубликован ими в театральном буклете, по-

---

14 The Bolshoi Ballet. P. 54.

священном американскому турне. В этом англоязычном буклете советские авторы изложили свою интерпретацию «Жизели», за которой следовали комментарии Барнса[15].

Полные решимости прямым текстом рассказать о преимуществах своей версии, Советы изложили свои задачи в печатном виде. Как ясно из буклета к американскому турне ГАБТа, западные исполнители использовали балет для того, чтобы показать свои таланты. В противовес этому советские артисты предпочитали использовать свое мастерство с целью представить персонажей реальными людьми. К примеру, в буклете сказано, что в первом акте Жизель предстает не неуравновешенным хрупким созданием, а разумной молоденькой крестьянкой[16]. Альберт, который на первых порах имел в отношении Жизели дурные намерения, осознает, что по-настоящему любит ее, уже после ее смерти. Другие персонажи реалистично воспринимают смерть Жизели и являются неотъемлемой частью балета. Авторы буклета объясняют, что в СССР создали более реалистичное произведение, отличающееся от западных постановок[17]. С учетом того что «Жизель» считалась частью русского, а затем и советского наследия, советские хореографы, историки балета и исполнители имели личную заинтересованность в создании такой «Жизели», которая отражала бы принципы новой страны. Благодаря исправлениям, внесенным в западный балет, успешная советская версия «Жизели» подтверждала обещание революции, что коммунизм возвысит советское общество и советский народ.

Объяснив официально и публично, насколько велика разница между советской и западной версиями балета, Советы бросили Западу вызов в рамках культурной дипломатии. Советы публично провозгласили превосходство своей версии, таким образом намекая на то, что Запад попросту пользовался этим великим произведением искусства в личных целях. Если танцовщики на Западе использовали это произведение лишь для того, чтобы

---

[15] Ibid.
[16] Ibid. P. 53–54.
[17] Ibid. P. 54.

продемонстрировать свои таланты, советские исполнители сообща создали прекраснейшее произведение искусства, развитию сюжета которого способствовали все персонажи. Если американцы провозгласят советскую адаптацию выдающейся и признают, что эта версия затмевает западные постановки, это их признание подкрепит убеждение советских людей в том, что их система (хотя бы в художественной сфере) находится на гораздо более высоком уровне, чем искусство в капиталистических странах Запада. Если в отзывах критиков будет отмечено превосходство советской версии «Жизели», это будет означать, что даже американские капиталисты признавали превосходство коммунизма.

В версии, представленной в США[18], «Жизель» начиналась с того, что юная девушка идет прогуляться; она очарована природой и любуется красивыми пейзажами. Жизель в трактовке Улановой впервые появляется на сцене как обыкновенная сельская девушка. Поначалу Жизель не знает о существовании Альберта, но, увидев его в первый раз, она тут же прерывает свой танец и смущенно удаляется [Львов-Анохин 1984: 66]. Испуганная Жизель намеревается вернуться домой. На первых порах она весьма решительна, ее движения передают искреннее желание убежать от Альберта. Однако тот настигает ее, не позволяя войти внутрь дома. Жизель вновь пытается убежать, но эта вторая попытка гораздо слабее. Наконец, третья попытка Жизели вырваться выглядит как чистое кокетство [Львов-Анохин 1984: 66] (см. рис. 5.1).

---

[18] Во время турне по США в партии Жизели выступали Уланова и Стручкова, в то время как партию Альберта часто исполнял Фадеечев. Хотя эти партии исполняли и другие солисты, наш анализ (в силу нехватки как письменных, так и видеоматериалов по другим танцовщикам) ограничится данными о трех исполнителях. Кроме того, похоже, что полная запись «Жизели» 1959 года отсутствует; однако существует экземпляр записи второго акта из выступления 1959 года в Лос-Анджелесе, где главные партии исполняют Стручкова и Фадеечев. Таким образом, разбор первого акта будет основываться на письменных комментариях ведущих советских историков, которые анализируют исполнение этих партий Улановой и Фадеечевым. Те же письменные источники будут использоваться и для второго акта, но с добавлением видеофрагмента 1959 года.

Рис. 5.1. В партии Жизели.
Сувенирный буклет гастролей
Большого театра
в Метрополитен-опере,
1959 год. Публикуется
с разрешения Нессы Хайамс
Пикер и семьи С. Юрока

Итак, во вступительном эпизоде первого акта зритель четко понимает, что Жизель — простая влюбленная крестьянка, чье самое большое коварство заключается всего-навсего во флирте. В советской версии Жизель — добрая и наивная кокетливая девушка, которая наслаждается жизнью, находя удовольствие в танцах. В частности, балерины, в том числе Уланова, воспринимали Жизель как девушку добродушного простого характера, отождествляя себя с ней [Bogdanov-Berezovsky 1952: 59–62; Богданов-Березовский 1961: 49–51]. В отличие от советских представлений об образе Жизели, западный балетный критик Бомон описывал Жизель как «странное, похожее на эльфа существо», одержимое танцами [Beaumont 1969: 79–80]. Как и в случае с предыдущими балетами, «Ромео и Джульетта» и «Лебединое озеро», советские критики особо подчеркивали чистую наивную натуру этой героини. Отмечая, что балетные, а вслед за ними и исторические герои являются хорошими людьми, Советы намеревались на уровне подсознания навязать американцам советскую версию истории. Ожидаемое принятие американцами этой трактовки истории должно было способствовать тому, чтобы перекроить их в новых советских людей.

В противовес простому характеру Жизели Фадеечев решил изобразить Альберта более сложной личностью. Как объясняет советский критик Елена Гришина, Фадеечев представил Альберта по-настоящему влюбленным в Жизель [Гришина 1990: 37]. На первый взгляд может показаться, что эта интерпретация в некоторой степени отличается от официального либретто, пересказанного в буклете. В нем говорится, что Альберт осознает свою любовь к Жизели только после ее смерти, а ранее имел в ее отношении дурные намерения[19]. Самое логичное объяснение, почему Советы разрешили Фадеечеву изобразить Альберта таким образом, состоит в том, что он чрезвычайно успешно выступил в этой партии в 1956 году во время гастролей ГАБТа в Лондоне. Альберт Фадеечева заставил зал по окончании первого акта какое-то время сидеть молча, затаив дыхание. Лишь через несколько минут эту тишину нарушили громовые аплодисменты. Благодаря этому блестящему исполнению Фадеечева стали считать образцовым Альбертом [Гришина 1990: 26]. Исполнение Фадеечева покорило английскую публику, и, вне всякого сомнения, советские чиновники воспринимали это как победу их искусства. Советские лидеры могли надеяться на то, что в конечном итоге это торжество искусства перерастет в одобрение советской системы, сумевшей воспитать такой невероятный талант. Скорее всего, чрезвычайно успешное выступление Фадеечева в Лондоне и повлекло за собой решение советских чиновников утвердить его на роль Альберта для выступления в Соединенных Штатах Америки. Они надеялись, что американские зрители, как и ранее английские, будут очарованы выступлением Фадеечева.

Однако расчет на эту тактику не означал, что Советы полностью отказались от своих попыток заставить искусство соответствовать марксистским идеям. Фадеечев признавал, что, хотя

---

[19] The Bolshoi Ballet. P. 54.

Альберт был влюблен в Жизель, он не был абсолютно порядочным человеком [Гришина 1990: 39–40]. Эта непорядочность выводит на передний план очевидные классовые различия в балете. Благородное происхождение Альберта не позволяет ему жениться на Жизели. Переодевшись в крестьянина, Альберт, каковы бы ни были его истинные чувства к Жизели, обманывает ее. Каким бы благородным ни изображался Альберт, это не может полностью затмить его себялюбивую и лживую натуру. Альберт поступает эгоистично, не вполне отдавая себе отчет относительно последствий своих поступков.

В этом контексте сюжет балета можно понимать как соответствующий марксистской теории. По Марксу, история должна пройти через шесть этапов, включая феодальный и буржуазный периоды, и закончиться коммунизмом. В балете развитие образа Альберта можно понимать как отражение общественного прогресса — от алчной эпохи феодализма до будущей коммунистической эры. Хотя Маркс видел спасителей общества прежде всего в рабочих, крестьянка Жизель выступает представителем простого народа, принимая на себя функцию спасительницы Альберта, следовательно — общества в целом. Как только Альберт осознает свою любовь к Жизели, он превращается из эгоистичного человека в искреннего юношу. В заключительной сцене второго акта любовь Жизели — настоящая, честная любовь простого человека — спасает Альберта от смерти. В итоге в СССР могли осознавать, что созданный Фадеечевым образ будет способствовать успеху балета, что станет еще одной победой культурной дипломатии. К тому же его исполнение партии и интерпретацию образа героя можно будет трактовать как соответствующие партийной идеологии.

Изображая и далее свою Жизель доброй и наивной девушкой, Уланова показывает неискушенную любовь героини. Искренняя любовь Жизели к Альберту крепнет. Она срывает несколько ромашек и начинает отрывать их лепестки, словно приговаривая: «Любит, не любит…» Опечаленная, что лепестки последнего цветка заканчиваются на словах «не любит», Жизель бросает его на землю. Альберт всеми силами утешает ее, и двое танцуют радостный танец — отражение их любви [Львов-Анохин 1984: 66; Гришина 1990: 37–38]. Пока пара танцует, появляется лесничий Ганс и обвиняет Альберта в том, что тот на самом деле никакой не крестьянин. Радость на лице Жизели сменяется полной растерянностью и недоумением. Она отказывается слушать Ганса, и тот уходит удрученный [Bogdanov-Berezovsky 1952: 64–65; Богданов-Березовский 1961: 52]. Для Жизели Альберт — вся ее жизнь [Гришина 1990: 38]. Отказ Жизели поверить Гансу выводит на передний план понимание Улановой этого персонажа как верной крестьянки, что в очередной раз подкрепляет идею о противопоставлении хороших людей из народа их вероломным повелителям.

Жизель Улановой наивно радуется своей любви, в то время как Альберт в исполнении Фадеечева борется со своими истинными чувствами. Хотя Альберт Фадеечева отчасти и влюблен в Жизель, он также старается донести идею о том, что это всего лишь забава человека знатного происхождения. Это напряжение между искренней любовью и простым желанием развлечься делает Альберта Фадеечева реалистичным персонажем. Когда Альберт танцует с Жизелью, он, кажется, испытывает искреннюю радость. Полностью отдавшись танцу, Фадеечев словно указывает на то, что его герой влюблен по-настоящему. Однако в других эпизодах Альберт выглядит как соблазнитель-аристократ (например, тогда, когда он без стеснения просит поцелуй). Как отмечал Слонимский, опора Фадеечева, в отличие от других советских артистов балета, на классический танец дала ему возможность создать противоречивый образ Альберта, а Гришина утверждает, что исполнение Фадеечева во многом соответствовало изначальному замыслу создателей балета [Гришина 1990: 39–41]. Таким образом, помимо того, что Альберт Фадеечева отвечал соцреалистической догме о правдоподобных персонажах, приверженность Фадеечева оригинальной концепции балета также предоставляла Советам подтверждение того, что их версия «Жизели» существенно превосходит западные постановки. Только советская система в процессе своего развития порождала артистов, которые могли восстановить оригинальный характер Альберта. С советской точки зрения исполнение Фадеечева демонстрировало способность советской системы производить выдающихся танцовщиков. Его интерпретация изначально заложенного авторами характера Альберта могла пониматься как отражение марксистского учения. В СССР надеялись, что американские критики наряду с американским зрителем положительно отреагируют на интерпретацию Фадеечева и отметят, что, в отличие от западных исполнителей, он уловил заложенный авторами характер Альберта.

Если Альберт боролся со своими противоречивыми желаниями, Жизель неизменно выражала через танец свое счастье. По мере того как пара продолжала танцевать, Уланова демонстрировала ранимую натуру девушки. Посреди танца Жизель, утомленная нахлынувшими эмоциями, на мгновение останавливается. Как объясняет Львов-Анохин, это необходимо для того, чтобы передать хрупкость и слабость юной девушки. Благодаря тому, что Уланова делала деликатную натуру своей героини очевидной, сцена сумасшествия в конце первого акта должна была выглядеть более логичной и реалистичной реакцией со стороны юной девушки [Bogdanov-Berezovsky 1952: 65; Богданов-Березовский 1961: 52]. В отличие от той характеристики, которую дает Жизели Бомон, называющий ее странным существом, похожим на эльфа [Beaumont 1969: 79–80], Уланова создает образ юной девушки, переполненной счастьем. Это секундное колебание показывает, что Жизель быстро устает от эмоционального возбуждения, однако не предполагает, что она обладает некими сверхъестественными качествами.

Далее по сюжету на сцене появляются герцог Курляндский, его дочь Батильда и их свита. Жизель, пораженная роскошным нарядом Батильды, все же спокойно приближается к ней. Знатная дама, улыбаясь Жизели, передает ей в дар ожерелье. Взволнованная Жизель бежит к своим подружкам, чтобы показать им подарок. Этим действием Уланова подчеркивает жизнерадостный характер Жизели, что составит резкий контраст с ее скорой смертью [Bogdanov-Berezovsky 1952: 67; Богданов-Березовский 1961: 51]. Вскоре герцог и Батильда, желая отдохнуть, входят в дом Жизели. Однако на сцену влетает Ганс, который созывает герцо-

га, Батильду, других участников охоты, Жизель с ее подругами
и Альберта. Ганс показывает всем шпагу Альберта. Облаченный
в крестьянскую одежду, Альберт стоит с опущенными глазами.
Хотя он не торопился сказать Жизели правду, становится понят-
но, что он полюбил ее по-настоящему [Гришина 1990: 41].

В глазах Жизели читаются ужас и потрясение; она понимает,
что ее мир разрушен. Жизель, не в состоянии поверить в то, что
Альберт обманул ее, в замедленном темпе воспроизводит веселый
танец, который они с Альбертом танцевали ранее. Этот мелан-
холичный танец длится до того момента, когда Жизель внезапно
обнаруживает шпагу Альберта. Взяв в руки шпагу, она очерчи-
вает ею около себя круг. Ее танец становится все более беспокой-
ным, и в конце концов она закалывается шпагой. Смертельно
раненная Жизель, шатаясь, подходит к Альберту, протягивает
к нему руки и падает замертво [Львов-Анохин 1984: 70]. Пораженная предательством Альберта, героиня, с ее простой и чистой
натурой, не смогла вынести его лжи. Но даже прощаясь с жизнью,
Жизель протягивает к нему руки, словно показывая, что, хотя он
и обманул ее, она продолжает испытывать к нему любовь.

В сцене сумасшествия доминирует Жизель Улановой, хотя
и Альберт Фадеечева также играет важную роль. В отличие от
других исполнителей партии Альберта, Фадеечев участвует в сцене сумасшествия более активно. Когда Жизель впадает в безумие,
Альберт реагирует на ее действия [Гришина 1990: 41]. В начале
смущение Альберта не позволяет ему прямо смотреть Жизели
в глаза. Однако, когда ее состояние ухудшается, во взгляде Альберта читается боль. Когда она умирает, он смотрит на нее полными мольбы глазами. Фадеечев демонстрирует глубокую озабоченность происходящим, которая свидетельствует о том, что
Альберт и в самом деле питал к Жизели искренние чувства. Его
маскарад и любовь к Жизели стали для него подлинной реально-
стью [Гришина 1990: 41–42]. Баюкая в своих объятиях бездыхан-
ную Жизель, Альберт выражал полную безнадежность, «все его
существо сотрясал взрыв отчаяния» [Гришина 1990: 42]. Описывая
таким образом Альберта, Гришина стремилась доказать, что
партии Альберта и Жизели имеют в спектакле равный вес [Гри-

шина 1990: 42]. Более того, как отмечали советские авторы, смерть Жизели заставила Альберта осознать свою истинную любовь к юной девушке[20]. То, как Фадеечев выражает эмоции и реагирует на безумие и гибель Жизели, указывает, что Альберт с психологической точки зрения представляет собой сложную личность [Гришина 1990: 42]. Осознав, что он по-настоящему влюблен в Жизель, Альберт достигает кульминации своего развития. Искренняя любовь Альберта к Жизели и тот ужас, который охватил его с ее смертью, говорили о том, что Альберт не является абсолютно эгоистичной личностью, а его любовь к Жизели, которая уже привела к его взрослению, сможет в конце концов его спасти.

Мысль о том, что Альберт способен измениться, отражала советскую идеологию. В советской «Жизели» присутствовала в измененном виде традиционная тема русской литературы — возрождения человека через любовь. Если прежде она могла привести к спасению отдельного человека, теперь уже целое общество могло измениться благодаря любви или иным внешним стимулам. В СССР полагали, что внешние воздействия, такие как новые идеи, способны изменить личность человека [Figes 1996: 733, 736–737]. Благодаря великой силе любви Жизели эгоизм Альберта мог быть уничтожен. Одновременно с этим в СССР могли рассматривать Альберта как представителя буржуазного общества, которое можно было переделать посредством контакта с коммунистическим миром, такого как меры культурной дипломатии. Путем подобного рода контакта американцы начнут признавать преимущества советской системы. Советские граждане, ассоциируемые с Жизелью, должны были спасти американцев, ассоциируемых с Альбертом, от их эгоистичных побуждений, помогая им не погрязнуть в порочных желаниях, а вырасти в граждан, которые трудятся на благо коллектива; в итоге американцы станут новыми советскими людьми.

В отличие от СССР, где подчеркивалась значимость Альберта, западные исполнители не придавали этой роли политического смысла и продолжали рассматривать Альберта как персонажа

---

[20] The Bolshoi Ballet. P. 54.

второго плана. По словам Бомона, только Жизель занимает в балете центральное место, тогда как все остальные персонажи не столь значимы [Beaumont 1969: 78, 81]. Исполнение Альберта должно было просто доставлять «удовольствие» зрителям [Beaumont 1969: 81]. Такое легкомысленное понимание его роли соответствовало западному представлению об этом балете как средстве, позволяющем танцовщикам просто продемонстрировать свои таланты. Однако для советских граждан «Жизель» стала серьезным балетом. В конце первого акта зритель становится свидетелем того, как юная девушка сходит с ума и расстается с жизнью, в то время как Альберт из не вполне искреннего дворянина превращается в убитого горем и полного раскаяния влюбленного. Зрители, ставшие свидетелями этой трагедии, могут задаться вопросом о дальнейшей судьбе Жизели и Альберта.

Второй акт начинается с того, что сразу после поднятия занавеса из своих могил встают призраки-виллисы. Посреди залитого лунным светом леса, рядом с руинами готической церкви, виллисы, явившись на зов своей повелительницы Мирты, танцуют свои еженочные вальсы. От вальса этих духов, облаченных в белые наряды, с крохотными крылышками на спинах, создается такое впечатление, будто они парят в воздухе[21]. По окончании вальса Мирта неспешно призывает из могилы Жизель. Та, как это изображает Раиса Стручкова, покорно следует указаниям Мирты и начинает свой танец. Танец Жизели напоминает вальс, который исполняли другие виллисы[22]. Это сходство указывает на то, что она находится под чарами повелительницы. Жесткая манера исполнения Стручковой показывает, что ее Жизель участвует в танцах виллис неохотно. Своим исполнением Стручкова четко отделяет Жизель от других виллис, давая зрителям понять, что не стала холодной виллисой, намеревающейся отомстить за свою преждевременную смерть.

Уланова, как и Стручкова, изображала Жизель виллисой против своей воли. Под командованием Мирты героиня Улановой испол-

---

[21] The Best of the Bolshoi. Part 2. Giselle: Act II.
[22] Ibid.

няет серию быстрых танцев. Танец в исполнении Улановой наполнен энергией, но ее лицо остается мрачным, лишенным видимых эмоций. По словам Львова-Анохина, Мирта вызывает в Жизели внешнюю, словно «механическую» жизнь, но под этим призрачным существованием она скрывает «живую человеческую любовь» [Гришина 1984: 70]. Хотя наружно Жизель предстает холодной виллисой, ее любовь преодолела смерть. Истинная любовь к Альберту останется могучей силой, управляющей ее действиями.

Трактовки образа Жизели Стручковой и Улановой объединяют Жизель первого акта с той, что появляется во втором. Поскольку героиня всего лишь покорно выполняла требования Мирты, обе балерины изображали Жизель по-прежнему сохраняющей свой добродушный и простой нрав. Жизель не была бесчувственным духом, чья цель заключается в возмездии за свою смерть, но у нее не было выбора. Единственное, что ей оставалось, — подчиниться воле Мирты. Лишенный эмоций танец Жизели передавал то, как неохотно она участвует в действиях виллис. Это ее нежелание исходило из все еще живого чувства любви. Как это было и в первом акте, любовь по-прежнему будет мотивировать Жизель и вдохновлять ее поступки в противостоянии другим виллисам. Вследствие этого Жизель Стручковой и Улановой не выглядит кем-то абсолютно иным по сравнению с крестьянской девушкой в первом акте. Хотя Жизель из второго акта и стала виллисой, она продолжает выражать человеческую эмоцию — любовь. Этот акцент на любви, который внешне передается через ее безразличный танец, является характеристикой, связывающей Жизель из первого акта с Жизелью из второго.

Для Советов эта идея любви продолжала служить двум целям. Во-первых, американские критики, как ожидалось, поймут, что советские балерины блестяще соединили образ Жизели из первого акта с ее образом во втором. Западные и советские критики сходились во мнении, что для того, чтобы балерину воспринимали как настоящего профессионала, она должна уметь убедительно исполнять партию Жизели [Ashton 1985: 46]. Если американские критики и зрители будут аплодировать советской Жизели, это станет знаком, что балет помог победе на поприще культурной дипломатии. Во-вторых, идея любви помогала акцентировать советскую идеологию. Постоянное подчеркивание темы любви служило подкреплением советской идеи о том, что внешние факторы способны изменить человека. Сохраняющаяся любовь Жизели к Альберту означала, что остается надежда на его превращение в нового, свободного от эгоизма человека. Анализируя, следует сказать, что в СССР, по-видимому, продолжали верить в то, что благодаря внешним факторам, таким как культурная дипломатия, капиталистический мир сможет отречься от корыстных желаний, став частью коммунистического общества.

По ходу балета, как только Жизель завершает танцевать свой вальс, Мирта обнаруживает, что в лес кто-то зашел, поэтому виллисы быстро разбегаются. Полный скорби в душе, медленными шагами выходит на сцену Альберт и подходит к могиле Жизели. Будто подчеркивая его муки совести, в музыке возникает более мрачная мелодия[23]. Альберт Фадеечева не выражает своих страданий открыто, а вместо этого дает понять о своих горьких чувствах через действия. Приближаясь к могиле своей возлюбленной, Альберт с каждым шагом все яснее показывает, какое тяжелое бремя он несет. Эта всесокрушающая вина заставляет Альберта двигаться с заметными усилиями, взвешивая каждый шаг[24]. Альберт возлагает принесенный им букет цветов на могилу Жизели, снимает шляпу и стоит, тихо глядя на ее могилу[25]. Эти сдержанные жесты блестяще передают зрителю печаль Альберта, а его действия сообщают о его желании просить прощения и быть прощенным. Когда Альберт видит перед собой ее могильный камень, у него словно вырывается рыдание [Гришина 1990: 42]. Благодаря жестам Фадеечева зритель становится свидетелем его превращения из беззаботного дворянина в раскаивающегося влюбленного. Сдержанная манера Альберта, переполненного чувством вины из-за кончины Жизели, подчеркивает его горе, демонстрируя, что он не притворяется, будто любит

---

23 The Best of the Bolshoi. Part 2. Giselle: Act II.

24 Ibid.; [Гришина 1990: 42].

25 The Best of the Bolshoi. Part 2. Giselle: Act II.

Жизель, а осознает свою искреннюю любовь к ней и терзается угрызениями совести. Любовь Жизели уже сделала Альберта более сострадательным и неравнодушным человеком.

Неожиданно Альберт поднимает взгляд, замечает Жизель и бежит за ней в надежде получить ее прощение [Гришина 1990: 42]. Когда Альберт и Жизель скрываются в лесу, на сцене появляется Ганс. Чувство вины за смерть Жизели приводит на ее могилу и его. Виллисы немедленно окружают Ганса и под руководством Мирты заставляют его плясать[26]. Ганс отчасти в ответе за смерть Жизели, так как именно он созвал жителей деревни и участников охоты, чтобы показать всем шпагу Альберта. Виллисы, зная, какую роль сыграл в смерти Жизели Ганс, немедленно выносят ему приговор[27]. Лесничий неоднократно спотыкается и умоляет Мирту о пощаде, но она не внемлет его просьбам. Виллисы — непреклонные судьи, которые осуществляют наказание[28]. Они сурово, хоть и без ненависти, продолжают свой танец. Когда Ганс падает на землю, а виллисы заставляют его плясать все быстрее, музыка отражает их быстрые движения. Обессилевший Ганс падает замертво[29].

Когда Жизель и Альберт возвращаются на сцену, Альберт падает на колени перед Миртой, но она остается непреклонной перед его жестами, полными раскаяния. Когда Мирта отказывает проявить милосердие по отношению к Альберту, Жизель Стручковой ведет себя вызывающе и в попытке спасти Альберта встает между ними. Разгневанная непокорностью Жизели, Мир-

---

[26] Ibid.

[27] Хотя в театральной программе ГАБТа упоминание об этом отсутствует, по традиции Гансу приписывается часть вины за смерть Жизели. Это объяснение логично, поскольку виллисы ищут справедливости в отношении тех, по чьей вине они преждевременно ушли в мир иной. В более поздних постановках «Жизели» эта связь намного более очевидна. См. второй акт «Жизели» с участием Натальи Бессмертновой и Михаила Лавровского, дирижер — Владимир Граве. West Long Beach: NJ: Kultur, released 1991. См. также [Posner 1947; Beaumont 1969].

[28] The Best of the Bolshoi. Part 2. Giselle: Act II.

[29] Ibid.

та отворачивается от Жизели и Альберта[30]. Созданный Стручковой образ со всей точностью передает любовь Жизели к Альберту. Чтобы спасти своего возлюбленного, Жизель сознательно бросает вызов своей новой госпоже. Искренняя и чистая любовь Жизели из первого акта превратилась теперь в могущественную силу, позволяющую ей защитить Альберта. Кроме того, Жизель выросла в волевую девушку, которая подвергает себя опасности, чтобы защитить своего возлюбленного. Она не позволила смерти разрушить ее истинные чувства. Напротив, в кульминационный момент горячая любовь вдохновляет ее на свершение героического поступка. Через эти ее действия советские деятели искусства в полной мере утверждают важную идею балета об искупительной силе любви.

Мирта выплескивает свою ярость, заставляя Жизель плясать. Будучи не в состоянии сопротивляться приказу повелительницы Мирты, Жизель Стручковой танцует под аккомпанемент меланхоличной музыки, и на всем протяжении танца она смотрит на Альберта. Понимая ее бедственное положение, Альберт умоляет повелительницу остановиться. Мирта отвергает его просьбу и заставляет его присоединиться к Жизели в танце[31]. В течение па-де-де Жизели и Альберта их любовь крепнет, а танец становится второй любовной сценой, напоминающей их нежные чувства из первого акта [Гришина 1984: 43]. Однако имеются и некоторые отличия. Несмотря на то что Альберт выражает свою любовь к Жизели, в его танце отсутствуют такие мощные прыжки, как в первом акте. Напротив, это па-де-де Альберта и Жизели более сдержанное, что говорит о понимании Альбертом невозможности снова воссоединиться с Жизелью. Хотя Альберт осознает, что им с Жизелью никогда не быть вместе, он ведет себя смело и стремится оставаться с ней как можно дольше [Гришина 1984: 45–47]. Когда виллисы оттаскивают Альберта от Жизели, формируя вокруг него полукруг, он пытается вновь примкнуть к Жизели, а она старается прервать танец виллис. Альберт мно-

---

[30] Ibid.

[31] Ibid.

Рис. 5.2. Второй акт. Сцена виллис. Сувенирный буклет гастролей Большого театра в Метрополитен-опере, 1959 год. Публикуется с разрешения Нессы Хайамс Пикер и семьи С. Юрока

гократно пытается вырваться от них, и его жесты свидетельствуют о нарастающей усталости и очевидной неспособности преодолеть свой рок. Жизели удается помешать виллисам заставить Альберта танцевать до смерти от изнеможения. Однако Альберт, полностью обессилевший от этих испытаний, лишается чувств[32].

Как и Стручкова, Уланова при исполнении партии Жизели также фокусируется на ее попытках сохранить жизнь Альберту. Необходимость защитить Альберта превращает Жизель в сильную девушку. Лицо Жизели, умоляющей Мирту пощадить Альберта, теряет свое скорбно-безучастное выражение. В отличие от ее жестов и взгляда в первом акте, выразительные глаза Жизели и ее эмоциональные движения теперь лишены робости и выражают стремление защитить Альберта [Львов-Анохин 1984: 71]. Наблюдая за Улановой-Жизелью, зрители становятся свидетелями преданности этой юной девушки Альберту. Ее любовь превратила ее в личность, способную преодолеть свой застенчивый характер и совершить героический поступок (см. рис. 5.2).

[32] Ibid.

В последней сцене любовь Жизели спасает Альберта от смерти. Едва он падает на землю, бой часов сообщает о том, что близок час рассвета. Жизель-Стручкова прощается с Альбертом навсегда. Когда Жизель направляется к своей могиле, Альберт пытается заставить ее пойти с ним, но, как виллиса, она должна вернуться в могилу. Прежде чем исчезнуть навсегда, она бросает Альберту лилию. Пока медленно закрывается занавес, Альберт стоит в одиночестве, бережно держа в руках цветок и вспоминая о своей любви к Жизели[33]. Когда партию Жизели исполняет Уланова, она передает ту же весть о любви. Как только бой часов возвещает о рассвете, Жизель, стоя на коленях подле Альберта и ласково проводя своей ладонью по его голове, со всей нежностью отпускает своего возлюбленного. Когда Жизель встает, она долго смотрит на Альберта и беззвучно прощается с ним навсегда, прежде чем вернуться в свою могилу [Bogdanov-Berezovsky 1952: 67–68; Богданов-Березовский 1961: 58; Львов-Анохин 1984: 71–72]. То, как изображали свою Жизель Стручкова и Уланова, давало понять, что стойкая любовь юной девушки спасает Альберта. Пусть даже при жизни она была обманута его первоначальной неискренностью, ее чистая любовь побеждает смерть. Бескорыстие Жизели заставляет ее оказать сопротивление виллисам и спасти Альберта.

Хотя основу второго акта составляет героическое поведение Жизели, Альберт в исполнении Фадеечева становится новой личностью. Оставшись на сцене один, он крепко сжимает в руке лилию. Гришина замечает, что в финальной сцене «духовное перерождение героя завершалось» [Гришина 1990: 48]. Чтобы подчеркнуть этот момент, Фадеечев направляет свой взгляд вверх, будто он новый человек, который начинает новую жизнь. Альберт Фадеечева претерпевает духовное перерождение. Если рассматривать развитие этого персонажа на протяжении всего балета, Альберт Фадеечева во втором акте выглядит гораздо более зрелой личностью по сравнению с его Альбертом в первом [Гришина 1990: 48]. Как и в случае с Жизелью, идея любви свя-

---

[33] Ibid.

зывает образ Альберта из первого акта с его образом во втором. Если в первом акте любовь Альберта выглядела несколько поверхностной, то к концу второго эта любовь перерастает в глубокое и искреннее чувство. Жизель демонстрирует свою вечную любовь, и Альберт способен в полной мере оценить эту искреннюю преданность девушки. Устремленный вверх взгляд Альберта показывает, что он поборол свои эгоистичные желания, поэтому советские граждане воспринимали Альберта как настоящего героя этого балета.

Едва опустился занавес после первого представления «Жизели» в США, в СССР стали гадать, оценит ли американская публика эту интерпретацию. Западные балетные критики сходились со своими советскими коллегами во мнении по поводу того, что «Жизель» занимает исключительную позицию в балетном мире. Хореограф Агнес де Милль отмечала, что «Жизель» является старейшим балетом из тех, которые до сих пор исполняются в оригинальном стиле и с оригинальной хореографией[34]. Аналогичным образом советские и западные критики соглашались в том, что все ведущие балерины и танцоры желают исполнить партии Жизели и Альберта[35]; чтобы балерину считали настоящим профессионалом, она должна уметь убедительно станцевать Жизель [Ashton 1985: 46; Posner 1947: 12]. Советские и западные танцовщики соглашались также и в том, насколько трудно создать реалистичный образ Жизели, наивной юной девушки, в первом акте, которая во втором сохраняет свой изначальный характер, приобретая вместе с тем сверхъестественные черты[36]. Итак, западные и советские танцовщики были согласны касательно той ключевой позиции, которую занимает балет «Жизель» в искус-

---

[34] The Best of the Bolshoi. Part 2, Introduction to Giselle. By Agnes de Mille, presented by Eastern Airlines in association with S. Hurok. Directed by Charles S. Dubin. Produced by Ted Mills, video recording, 1959. Хранится в Нью-Йоркской публичной библиотеке в секции исполнительских видов искусства (Нью-Йорк).

[35] The Bolshoi Ballet. P. 53–54.

[36] Ibid.; [Verdy, Sperber 1977: 5–6, 60–61, 76].

стве, а также со сложностями, связанными с его исполнением, и американские обозреватели сосредоточились на критике спектаклей Большого театра.

После премьеры «Жизели» критики восхищались великолепной советской интерпретацией этого балета. Балетный критик газеты «Нью-Йорк таймс» Мартин пишет, что Большой театр представил «Жизель» «с никогда ранее не виданным богатством текстуры, такой полнотой, таким сочетанием чувственности и полной убедительности»[37]. Мартин хвалил Лавровского за его вклад в хореографию, которая «наконец-то по-настоящему вызвала в памяти немецкий романтизм Гейне середины XIX века»[38]. Он заявил, что хореография Лавровского и дирижерская трактовка Файера полностью передавали суть оригинального шедевра Готье и Адана. В частности, анализируя премьерный спектакль «Жизели», Мартин отметил, что Стручкова создала убедительный образ Жизели, чьи индивидуальность и характер сохранялись на протяжении обоих актов. Хотя она и превратилась в виллису, Жизель Стручковой в целом сохранила те черты, которыми она обладала в первом акте[39].

Последующие исполнения «Жизели» привели к новым положительным отзывам Мартина. В частности, им было отмечено великолепное исполнение Улановой, которая с легкостью превратила Жизель из убитой горем юной девы в сверхъестественную виллису. По его наблюдению, Жизель Улановой со своего первого появления предстает на сцене хрупкой девушкой, и эта ее нежная натура предвещает ей трагическую судьбу. Как и в случае со Стручковой, в исполнении Улановой образ Жизели проходит развитие на протяжении как первого, так и второго акта. Говоря об Альберте, Мартин пишет, что Фадеечев реалистично изобразил молодого лживого дворянина[40]. Как и в своих предыдущих

---

[37] Martin J. Ballet Bolshoi Troupe's «Giselle» Bows // The New York Times. 1959. April 29.

[38] Ibid.

[39] Ibid.

[40] Martin J. Ballet: Ulanova's «Giselle» // The New York Times. 1959. May 2.

статьях, критик отметил восторженную реакцию публики и похвалил всю балетную труппу за отличное исполнение[41]. В последней статье, посвященной «Жизели», Мартин вновь рассыпался в похвалах Лавровскому за его способность создать реалистичных персонажей и вдохнуть жизнь в старую классику, которая прежде использовалась балеринами лишь для демонстрации своего мастерства[42]. По словам Мартина, западные версии «Жизели» не выдерживают сравнения с постановкой Большого театра: «Определенно в наших краях никогда не было постановки "Жизели", сопоставимой с этой»[43].

Благодаря высокой оценке Мартином советской версии «Жизели» Советы добились своей самой заметной победы в холодной войне. Хотя она и не представлялась удачей откровенно идеологической, Мартин, хваля спектакль за художественные достоинства, все же признал превосходство советской версии «Жизели». Советы утверждали, что намерены представить более серьезную и лучше исполненную версию «Жизели» по сравнению с западными интерпретациями[44]. По мнению Мартина, Советы вполне достигли этой цели. Он особо отмечал работу советского хореографа Лавровского как ключ к успеху. Поскольку один из ведущих американских балетных критиков признавал превосходство советской версии «Жизели», в СССР могли уверенно утверждать, что их коммунистическая система превзошла усилия Запада и что на тот момент Советы добились ярчайшей победы в холодной войне. Мартин дал достижениям СССР однозначно положительную оценку. С учетом того, что Советы недвусмысленно заявляли о намерении показать явное превосходство их «Жизели» над западными постановками, и открытого признания Мартином исключительных достоинств балета Советы получили надежное

---

[41] Martin J. Ballet Bolshoi Troupe's «Giselle» Bows // The New York Times. 1959. April 29; Martin J. Ballet: Ulanova's «Giselle».

[42] Martin J. Dance Classics: The Bolshoi Ballet Turns Its Attention to the Standard Repertoire // The New York Times. 1959. May 3.

[43] Ibid.

[44] The Bolshoi Ballet. P. 54.

доказательство того, что по крайней мере для одного критика их «Жизель» превзошла Запад.

Другие нью-йоркские критики тоже хвалили Большой театр, хоть и не до такой степени, как Мартин. Например, Терри из «Нью-Йорк геральд трибюн» выражал восхищение в отношении спектакля, а также удостоил похвалы образ Альберта, созданный Фадеечевым, дирижерский талант Файера, слаженность и изысканность исполнения всей балетной труппы[45]. Особенно Терри отмечает Стручкову и ее прекрасное выступление в партии Жизели. Терри писал: «Даже если она своим исполнением не срывает короны с западных балерин, специализирующихся на этой партии, все же это было достойное похвалы исполнение, технически сильное (за исключением небольшой оплошности в первом акте), драматически прочувствованное и с пониманием стиля»[46]. В то же время Терри отмечает, что Стручкова не сумела в полной мере связать образ Жизели в первом акте с образом из второго[47]. Херридж из «Нью-Йорк пост» также выразил свои сомнения касательно выступления Стручковой в партии Жизели. По его словам, хотя в целом спектакль был великолепен, Жизель Стручковой не оправдала ожиданий[48].

В других статьях Терри также хвалил советских исполнителей. В рецензии на выступление Улановой в партии Жизели Терри писал, что ей удалось изобразить вечную любовь Жизели к Альберту, успешно объединив образ Жизели в первом акте с ее образом во втором. По его мнению, в интерпретации образа Жизели Уланова «практически не имеет себе равных»[49]. Критик считает, что ему очень повезло увидеть Уланову на сцене. Хотя

---

[45] Terry W. Dance: Bolshoi Ballet // New York Herald Tribune. 1959. April 29.

[46] Ibid.

[47] Ibid.

[48] Herridge F. The Bolshoi's «Giselle» Makes Its Bow // New York Post. 1959. April 29. Копия обнаружена в: The Bolshoi Ballet Premiere American Tour April 16, 1959 to June 20, 1959. Предоставлено С. Юроком для секции балета в архив Большого театра. Содержится в альбоме «США-1959». Москва, Музей ГАБТа.

[49] Terry W. Dance: Bolshoi Ballet.

в своей статье Терри уделяет основное внимание своему восторгу от толкования Улановой; он также пишет, что использование Фадеечевым жестов великолепно показывает развитие на протяжении балета образа Альберта в сочетании с изменениями его настроения[50]. В более поздней статье Терри также удостаивает похвалы Нину Тимофееву, представшую в роли повелительницы виллис[51].

Более сдержанные похвалы Терри уравновешивали собой восторженные отзывы со стороны Мартина. Тем не менее советское руководство вполне могло считать это поводом для ликования. Учитывая утверждение одного из ведущих американских балетных критиков о том, что советская «Жизель» превзошла Запад, и мнение еще одного американского критика, что исполнение советской балерины практически не имело себе равных, советские лидеры могли сделать вывод, что их культурная атака работает. Искусство, по-видимому, начинало преодолевать ложные политические доктрины, превращая американцев в новых советских людей. Рано или поздно, но все американские критики осознают превосходство советского балета, следовательно — советской системы. Культурная дипломатия предоставляла американцам возможность наблюдать и оценивать достижения Советского Союза.

В то же время в статье Седых в газете «Новое русское слово» отмечалось потрясающее выступление Стручковой. По словам Седых, она блестяще уловила эмоциональный переход Жизели в первом акте от состояния полного счастья к внезапному и жестокому потрясению[52]. Стручкова не только ухватила эмоции Жизели, но и показала, насколько она с технической точки зрения великолепная балерина. Ее партнер — Юрий Жданов в образе Альберта — был легок, силен и грациозен. Седых отметил, что

---

[50] Ibid.

[51] Terry W. Nina Timofeyeva Stars in Bolshoi's «Giselle» // New York Herald Tribune. 1959. April 30.

[52] Седых А. Балет Большого театра приступил к репетициям // Новое русское слово. 1959. 30 апреля.

даже мелкие ошибки, допущенные другими участниками балетной труппы, не умалили его восторга от этой постановки[53].

Некоторые отзывы на Западном побережье США вторили репортажам, ранее вышедшим в свет в Нью-Йорке. К примеру, Голдберг свою статью в основном посвятил выступлению Улановой, заметив, что она показала свое лучшее исполнение партии Жизели на тот момент[54]. Уланова создала не имеющий себе равных образ сперва юной крестьянки, а затем виллисы. Голдберг описал всю постановку «Жизели» вплоть до мельчайших деталей как великолепную[55]. Второе исполнение «Жизели» также побудило его к написанию эмоциональной рецензии. В этом спектакле в партии Жизели выступала Стручкова. Арлен из газеты «Лос-Анджелес таймс» писал, что Стручкова заслуживает не меньших похвал, чем ранее Уланова. По мнению Арлена, Стручкова мастерски показала развитие характера Жизели в первом акте, а во втором была поразительной виллисой[56]. Арлен удостоил похвалы и Жданова, выступавшего в партии Альберта, за его великолепные дивертисменты во втором акте, Александра Лапаури — как очень человечного лесничего, Тимофееву — как утонченную повелительницу виллис[57].

С. Десик из газеты «Лос-Анджелес икзэминер» замечает, что Уланова в партии Жизели создала своим исполнением образ бестелесного существа[58]. Говоря о других исполнителях, критик утверждает, что Фадеечев в партии Альберта вдохнул в своего персонажа «чувственность и страсть», а Майю Самохвалову он называет самой потрясающей повелительницей виллис из всех,

[53] Там же.

[54] Goldberg A. Ulanova Reveals Art in «Giselle» // Los Angeles Times. 1959. May 27.

[55] Ibid.

[56] Arlen W. «Giselle» Presented 2nd Time // Los Angeles Times. 1959. May 28.

[57] Ibid.

[58] Desick S. A. «Giselle» Highlight at Ballet // Los Angeles Examiner. 1959. May 26. Копия обнаружена в: The Bolshoi Ballet Premiere American Tour April 16, 1959 to June 20, 1959. Предоставлено С. Юроком для секции балета в архив Большого театра. Содержится в альбоме «США-1959». Москва, Музей ГАБТа.

которых он когда-либо видел на сцене[59]. Схожая статья появилась позднее в газете «Сан-Франциско ньюс». Джек Лофнер писал, что Уланова и Самохвалова гармонично дополняют друг друга, представ в образах Жизели, которая, даже став виллисой, сохраняет свои земные черты, и Мирты, повелительницы виллис, воплощающей эфемерное, соответственно[60].

Хотя большинство критиков хвалили советскую версию «Жизели», некоторые остались от балета не в восторге, поставив под вопрос мотивацию Советов относительно этого выбора для премьеры в Сан-Франциско. В частности, Франкенштейн из газеты «Сан-Франциско кроникл» размышлял над причиной, по которой выбор советских чиновников для премьерного спектакля пал на «Жизель»[61]. Рассматривая советские гастрольные спектакли в других городах, Франкенштейн отмечает, что в СССР создаются оригинальные балеты, такие как «Ромео и Джульетта», представленный в Лос-Анджелесе. По его мнению, последний гораздо лучше продемонстрировал бы советские достижения в области культуры. Очевидно, публика в Сан-Франциско не получила возможности ознакомиться с «Ромео и Джульеттой». Пытаясь понять причину действий Советов, Франкенштейн пришел к выводу, что в СССР жесткий контроль над политикой и культурой подавлял творчество, таким образом, единственным выходом для истинных художников было посвятить себя интерпретации классики. Но даже если он ставил под вопрос логику Советов, Франкенштейн назвал исключительным выступление кордебалета Большого театра во втором акте и похвалил выступления Улановой и Фадеечева в первом. Однако в целом «Жизель» не произвела на критика сильного впечатления[62].

[59] Ibid.
[60] Loughner J. Opera House Crowd Cheers Bolshoi Ballet // San Francisco News. 1959. June 6]. Копия обнаружена в: The Bolshoi Ballet Premiere American Tour April 16, 1959 to June 20, 1959. Предоставлено С. Юроком для секции балета в архив Большого театра. Содержится в альбоме «США-1959». Москва, Музей ГАБТа.
[61] Frankenstein A. S. F. Acclaims Opening of Bolshoi Ballet // San Francisco Chronicle: The Voice of the West. 1959. June 6.
[62] Ibid.

Пусть Франкенштейн и был озадачен выбором «Жизели», публика принимала исполнителей восторженно, многократно вызывая артистов на поклон бесконечными овациями. Франкенштейн отметил, что американцы продолжали превозносить Уланову на роскошном приеме в тот же вечер[63]. Кроме того, в заметке, напечатанной в «Нью-Йорк таймс», также говорилось, что Жизель Улановой была встречена «шумными аплодисментами и многочисленными вызовами на поклон»[64]. Там, кроме того, сообщалось, что все билеты на премьерный спектакль Большого театра были проданы. Поскольку оставались только стоячие места, еще 300 человек охотно выбрали эту опцию[65]. Как и в случае с другими спектаклями в иных городах, зрители не теряли интереса к Большому театру. Исходя из этого, в СССР могли прийти к выводу, что, если некоторые критики не всегда оказывались довольны, публика продолжала восхищаться советскими спектаклями.

Эти негативные отзывы резко контрастировали с восторженными статьями, автором которых был Мартин. Что касается репортажа Франкенштейна, его, вероятно, больше всего задело то, что публике в Сан-Франциско не представилась возможность посетить балеты советской эпохи. Ему казалось, что Советы отнеслись к Сан-Франциско пренебрежительно по сравнению с другими городами, входившими в маршрут турне. И все же он признавал таланты исполнителей. В обоих случаях на характер статей журналистов влияли как вышеизложенные обстоятельства, так и их личные предпочтения. Рецензии Мартина выходили в свет с самого начала турне Большого театра, и публика в Нью-Йорке имела возможность оценить всю гастрольную программу. Напротив, в Сан-Франциско ГАБТ представил на сцене только определенные балеты, следовательно, зрители там почувствовали себя ущемленными.

---

[63] Ibid.

[64] Bolshoi Ballet Bows on Coast. Special to The New York Times // The New York Times. 1959. June 6.

[65] Ibid.

В СССР представления о том, насколько успешно проходило турне, в значительной мере основывались на американских репортажах. Как писала Плисецкая, артисты балета, выступавшие на Западе, имели в советском обществе привилегированное положение. Чиновники в Москве не считали балерин или танцовщиков, не получивших признания своего мастерства на Западе, настоящими серьезными артистами [Homans 2010: 384]. Американские критики писали о гастролях Большого театра весьма разнообразные отзывы, и на характер их статей влияли различные факторы, включая личные предпочтения. В СССР не могли проконтролировать, кому из критиков писать какие статьи и что именно в них говорить. Поскольку советские руководители не имели власти над этими факторами, они, судя по всему, решили полагаться на те репортажи или аспекты репортажей, где исполнителей и балеты хвалили. Напротив, любую жесткую критику и даже видимость неодобрения в СССР часто игнорировали. Если большинство американских репортажей будет представлять Большой театр в положительном ключе, в Советском Союзе можно будет сделать вывод о том, что в целом турне проходит без помех. Следуя этой тактике, Советы могли и дальше признавать, что турне способствует созданию у американцев более благоприятного мнения о советской политике, фокусироваться на высокой оценке Западом Большого театра и рассматривать турне как победу в холодной войне.

Хотя отзывы о «Жизели», которые можно было прочесть в репортажах американской прессы, были неоднородны, советские обозреватели интерпретировали прием балета как очередную победу в холодной войне. Репортажи, опубликованные Телеграфным агентством Советского Союза (ТАСС), подробно описывали успех этого балета. В статье ТАСС, размещенной в газете «Ленинское знамя», говорилось, что публика приняла «Жизель» восторженно. С первой же сцены спектакль проходил в «атмосфере взаимопонимания» между зрителями в зале и исполнителями[66]. Бурные аплодисменты сопровождали выступле-

---

ния Стручковой в партии Жизели и Жданова в партии Альберта. Критики также восхваляли балет, причем Мартин отмечал его художественные достоинства, а Терри восхищался выдающимся исполнением всей труппы[67]. Поскольку балет являлся инструментом в соревновании между СССР и США, это двоякое одобрение означало, что американцы признали превосходство советского искусства. Восторженные репортажи ведущих критиков дополнительно подкрепляли утверждение советских властей о том, что турне балетной труппы успешно демонстрировало достижения Советского Союза.

В советских репортажах после премьеры продолжали отмечать любовь американцев к балету. В «Правде» Б. Стрельников пишет о том, что после спектакля «Жизель» американский критик Терри воскликнул: «С этим ничто не может сравниться!»[68] Специализированные репортажи включали в себя и разбор выступлений артистов. Репортажи ТАСС публиковались в газете «Советская культура». В статье от 12 мая говорится о реакции на «Жизель» зрителей в Нью-Йорке. Выступления Улановой и Фадеечева провозглашаются в этой статье победой советского искусства. В ней подчеркивается, что публика разразилась громкими аплодисментами, которые заставили исполнителей оставаться на сцене на протяжении 40 минут[69]. Эти продолжающиеся репортажи с выражениями восторга подкрепляли убежденность советских граждан в том, что турне проходит успешно и что эта мера культурной дипломатии привела к реальным положительным результатам. Поскольку ведущие балетные критики признавали, что постановка Большого театра превосходит предыдущие версии, а публика награждала спектакль громогласными аплодисментами, Советы были в силах доказать, что они обогнали Запад. Таким образом, ход гастрольного турне ГАБТа соответствовал представлениям о непостоянстве оттепели. Эта потреб-

[67] Там же.

[68] Стрельников Б. «Большой балет» и американцы // Правда. 1959. 21 мая.

[69] ТАСС. Последние выступления в Метрополитен-опере // Советская культура. 1959. 12 мая.

ность поразить и превзойти Запад позволяет наблюдателям сделать вывод о том, что, хотя в ней присутствовали «весенние периоды», проявлявшиеся во взаимных высоких оценках в области искусства, имелись также «периоды морозов», поскольку Советы пытались заявить о своей победе в холодной войне через мирное соревнование. Гастроли Большого театра предоставили Советам возможность превзойти своих западных соперников, попытаться переделать американцев в новых советских людей и достичь громкой победы в культурной сфере.

Хотя турне ГАБТа проходило не вполне гладко, в СССР полагали, что овации зрителей и высокие оценки свидетельствовали об успехе. К тому моменту Советы продемонстрировали широкий спектр жанров. Соцреалистический балет «Ромео и Джульетта», русский шедевр «Лебединое озеро» и французский романтический балет «Жизель» получили обильные похвалы и горячий прием публики. Советские исполнители, представители советской системы, продемонстрировали свою способность овладеть разными жанрами. Коммунизм зарекомендовал себя более благоприятной системой для искусства.

В качестве последнего балета в программе Советы решили показать еще одно соцреалистическое произведение — «Каменный цветок». Это был балет, вошедший в советский репертуар совсем недавно. Помимо того что этот балет будет включать в себя явное соцреалистическое и, следовательно, коммунистическое содержание, он также приведет в восторг и потрясет американскую публику и критиков, продемонстрировав выдающееся и неуклонное развитие современного советского балета.

Глава 6
Инновации с одобрения государства

Балет «Каменный цветок»

Учитывая восторженный прием, оказанный Большому театру во время его гастрольного турне, власти СССР пришли к выводу, что весьма разнообразный репертуар балетной труппы вызвал восхищение американцев, а аплодисменты зрительного зала и хвалебные отзывы американских критиков вели к победе в холодной войне. Советы не рассматривали аплодисменты как простой показатель того, что американцам понравились спектакли; напротив, как утверждал директор Большого театра Георгий Орвид, он видел это турне как огромный успех в художественной и политической сфере[1]. Роль этой поездки как оружия в холодной войне и те усилия, которые прилагал СССР в попытке переделать американцев в новых советских людей, служили подтверждением того, что культурный обмен в форме американского турне Большого театра отнюдь не сигнализировал о стремлении достичь оттепели в политических отношениях между двумя сверхдержавами. Этот успех был достигнут благодаря великолепным выступлениям ведущих советских артистов балета, которые блестяще выступили в соцреалистическом балете «Ромео и Джульетта», а также в классическом жанре, то есть в «Лебедином озере» и «Жизели».

В качестве последнего балета театральным руководством и государственными чиновниками был выбран балет Прокофь-

---

[1] РГАЛИ. Ф. 2329. Оп. 8. Д. 1234. Л. 57–59. Письмо от Г. Орвида к Н. А. Михайлову. Нью-Йорк, 6 мая 1959 года.

ева «Каменный цветок». Последняя работа Прокофьева, незадолго до турне пополнившая репертуар ГАБТа, должна была не только показать Западу, что советский балет продолжает стремительно развиваться, но и сообщить о том, что ключевые постулаты марксизма остаются важным источником вдохновения для советских композиторов и артистов балета.

Для СССР успешная премьера в США означала бы то, что публика высоко оценила новейшую постановку ГАБТа, признала последние достижения советских хореографов и исполнителей. В отличие от предыдущих соцреалистических балетов, таких как «Ромео и Джульетта», «Каменный цветок» полагался в создании образов на музыку и танец, а не на пантомиму. В то же время «Каменный цветок», как и в случае с другими соцреалистическими балетами, содержал марксистские идеи и соответствовал официальным художественным принципам. Его успех должен был также продемонстрировать неизменную актуальность и неуклонное развитие советского балета, подавая американцам сигнал о том, что их главный соперник по-прежнему силен и способен изобретать новые методы снижения антикоммунистических настроений, чтобы в конечном счете выиграть холодную войну.

Балет «Каменный цветок» занимал в советском балетном репертуаре центральное место и был отобран в качестве одного из четырех балетов для американского турне, однако он был официально одобрен властями лишь в хрущёвскую эпоху. После секретной речи Хрущёва в 1956 году художники принялись экспериментировать с новыми формами. Эта оттепель в художественной сфере оставалась неполной, поскольку исходный сталинский акцент на соцреализме означал, что деятели искусства и впредь были обязаны создавать приемлемые для властей произведения, прославлявшие советские идеалы. Однако некоторые официальные ограничения были ослаблены, и в этой атмосфере чиновники стали одобрять прежде запрещавшиеся работы, в числе которых оказался «Каменный цветок» Прокофьева [Seroff 1968: 279].

Ранее, в феврале 1948 года, Сталин и член Центрального комитета А. А. Жданов заявили о своем неодобрении работ некоторых советских композиторов [Seroff 1968: 279]. Жданов выдвинул обвинения в формализме[2] против ведущих советских композиторов, в том числе Прокофьева [Seroff 1968: 280–281]. В частности, Прокофьев столкнулся с обвинениями в том, что он имел буржуазные наклонности и демонстрировал их, подтверждением чего для советских чиновников служил тот факт, что в детстве он воспитывался гувернанткой, а также его нынешняя манера являться к завтраку свежевыбритым [Seroff 1968: 283]. Десятого февраля 1948 года Центральный комитет обвинил отдельных композиторов, включая Прокофьева, в том, что они сочиняли формалистическую музыку, то есть ту, которая не отражает советских целей и не подчиняется соцреалистическим принципам, и в том, что они встали на «ложный путь» [Seroff 1968: 280]. Прокофьев, болевший и бывший не в состоянии приехать в Москву, написал в Центральный комитет письмо, в котором признавал свои прошлые проступки, подтверждая, что он был испорчен Западом [Seroff 1968: 289–290].

Оказавшись в опале, Прокофьев в конце 1940-х и начале 1950-х годов пытался восстановить свою репутацию в глазах советской власти. Как отмечает Харлоу Робинсон, он принялся сочинять новое произведение, которое должно было восстановить его официальную репутацию [Robinson 2002: 483]. В конце 1940-х годов балетмейстер Большого театра Лавровский встретился с Прокофьевым, чтобы обсудить свои соображения касательно нового балета. В частности, в разговоре речь зашла о сборнике уральских сказов Павла Бажова «Малахитовая шкатулка» [Савкина 1982: 133][3]. Прокофьев радостно объявил о том, что недавно получил эту самую книгу от своей подруги, Миры Мендельсон, и рассматривал эти сказы как возможную тему для нового балета [Савкина 1982: 133; Seroff 1968: 304; Robinson 2002: 482][4]. Сверхъестественное завора-

---

[2] Формализм можно понимать как любое творчество, которое не вполне соответствует реализму, то есть идее о точном изображении построения народом коммунизма, следовательно, как отступление от советской идеологии (см. гл. 2). См. также: РГАНИ. Ф. 5. Оп. 36. Д. 67. Л. 96. Д. Поликарпов, завотделом культуры ЦК КПСС, Б. Ярустовский, завсектором отдела. 5 сентября 1958 года.

[3] Бажов П. П. (1879–1950) — известный советский писатель. Малахит представляет собой полудрагоценный камень зеленого цвета.

[4] Подробную информацию на тему взаимоотношений Прокофьева и Мендельсон см. в [Seroff 1968].

живало Прокофьева с самого детства, а его интерес к Уралу привел к тому, что он всей душой увлекся сказами Бажова. Этот интерес к сверхъестественному поддерживался его педагогом — Н. А. Римским-Корсаковым, одним из крупнейших русских композиторов конца XIX века, участником Могучей кучки и автором опер с мистическими элементами [Савкина 1982: 133; Robinson 2002: 49, 482].

Прокофьев с энтузиазмом принялся за работу над партитурой балета. Не прошло и нескольких дней, как из-под его пера вышла увертюра. Одновременно Мирой Мендельсон в соавторстве с Лавровским было написано либретто [Seroff 1968: 304–305]. Менее чем за год, между 18 сентября 1948 года и 24 марта 1949 года, Прокофьев завершил клавир «Каменного цветка» [Seroff 1968: 305; Нестьев 1973: 560]. Желание неизменно лояльного композитора восстановить благосклонное к себе отношение, без всякого сомнения, способствовало скорейшему завершению балета.

В произведении Прокофьева, вдохновленном сказами Бажова из «Малахитовой шкатулки», рассказывается о жизни горнозаводских рабочих в Уральских горах, в частности — о молодом мастере-камнерезе Даниле, мечтающем создать вазу, прекрасную, как настоящий цветок. Вырезав замечательную вазу, Данила все равно не доволен своей работой. Когда появляется его невеста, Катерина, Данила разрывается между своим чувством к ней и стремлением вернуться к созданию идеальной вазы[5]. Данила с Катериной и их друзьями празднуют помолвку[6].

---

[5] The Bolshoi Ballet: Souvenir Booklet. Metropolitan Opera House, 1959. P. 24; Sergei Prokofiev. The Stone Flower. DVD / directed by Valery Gorbatsevich, choreographed by Yuri Grigorovich. Pleasantville, NY: Video Artist International, 2007. Act 1, Scene 1. Судя по всему, полного видео исполнения 1959 года в Лос-Анджелесе не существует, доступны только два фрагмента: сцена на ярмарке и дуэт Данилы и Хозяйки Медной горы. В настоящем исследовании используются отрывки из постановки 1979 года, где главные партии исполняют Васильев и Максимова, выступавшие и в спектаклях 1959 года. В 1979 году эти артисты дали свое согласие выступить на гала-концерте. Постановка 1979 года также следует хореографии Григоровича. Таким образом, наряду с текстуальным анализом, который проводили советские и американские историки танца, балетные критики и биографы, в качестве дополнительного источника будет использоваться версия 1979 года.

[6] The Bolshoi Ballet... P. 24–25.

В разгар веселья появляется злодей Северьян, барский приказчик, и просит Данилу продать ему вазу. Данила ему отказывает, и драка между ним и Северьяном кажется неотвратимой. Катерина встает между ними, и Северьян, пораженный ее красотой, пытается ее обнять. Данила защищает Катерину, и недовольный Северьян удаляется[7]. После ухода Северьяна Данила с Катериной обнимаются, но Данила по-прежнему поглощен мыслями о работе[8].

После того как Катерина уходит, является Хозяйка Медной горы. Хозяйка, наполовину волшебница и наполовину ящерица, заманивает Данилу в свое подземное царство и показывает ему богатейшие россыпи драгоценных камней[9]. Тем временем в деревне Катерина не находит себе места, недоумевая, куда подевался Данила. Пока она в одиночестве дожидается Данилы, к ней в дом врывается пьяный Северьян и пытается совершить над ней насилие. Катерина отважно защищается серпом, вынуждая его уйти[10]. Катерина решает разыскать Данилу и приходит на ярмарку. Пока она гуляет по ярмарке, Северьян снова пытается настичь ее, но народ заступается за Катерину. Неожиданно появляется Хозяйка Медной горы. Произнеся над Северьяном заклинание, она приковывает его к земле. Северьян застывает как каменный, а Хозяйка Медной горы повелевает земле расступиться. Северьян медленно проваливается под землю. Тем временем в чертогах Хозяйки Медной горы Данила усердно трудится над тем, чтобы воплотить свою мечту — вырезать каменный цветок[11].

Катерина не сдается и продолжает искать Данилу. Когда она присаживается у огня, возникает Огневушка-поскакушка и ведет ее в царство Хозяйки Медной горы. В этом царстве Данила создал каменный цветок. В то время как Хозяйка Медной горы пытается

Ibid.

Sergei Prokofiev. The Stone Flower. Act 1, Scene 2.

The Bolshoi Ballet... P. 25; The Stone Flower. Act 1, Scene 3.

[10] The Bolshoi Ballet... P. 26.

[11] The Bolshoi Ballet... P. 25.

соблазнить Данилу, он понимает, что осуществил свою мечту в искусстве, и теперь намерен покинуть гору. Разгневанная его отказом, волшебница превращает Данилу в статую. Прибыв в ее владения, Катерина объявляет о своей любви к Даниле. Их любовь заставляет Хозяйку Медной горы освободить Данилу-мастера, и юная пара возвращается в свою деревню на празднование[12].

Полный решимости восстановить свою репутацию, Прокофьев представил свою работу руководству Большого театра. В июне 1949 года оно ознакомилось с балетом, но попытка Прокофьева не увенчалась успехом. По воспоминаниям Лавровского, критики и театральное руководство осудили балет за то, что его либретто отклонялось от сюжета сказа Бажова, а музыку они сочли слишком «тяжеловесной» для балета [Seroff 1968: 484]. Как заключил биограф Прокофьева Виктор Серов, балет «Каменный цветок» был представлен руководству театра всего через год и четыре месяца после резолюции Центрального комитета, вышедшей в феврале 1948 года. Со времени ее выхода прошло слишком мало времени, чтобы от чиновников можно было ожидать положительных отзывов о произведении Прокофьева, поэтому они и не дали разрешения на постановку балета [Seroff 1968: 306]. Прокофьев, совершенно опустошенный, продолжил перерабатывать партитуру балета. Отдельные музыкальные фрагменты получили одобрение и были исполнены на публике[13].

Вероятное объяснение этому дает понимание парадокса Лефора. Подробное описание этого парадокса приводилось в одной из предыдущих глав, поэтому здесь он будет рассмотрен только вкратце. Во времена Сталина появилось движение, направленное на изучение объективных научных законов, что привело к упадку идеи об унифицированной внешней системе верований, то

---

12 The Bolshoi Ballet... P. 25–26.

13 Отсутствуют какие-либо четкие доказательства причины, по которой чиновники допустили к исполнению на сцене отдельные музыкальные фрагменты, однако не одобрили балета целиком. Вероятно, сама по себе музыка представлялась им подходящей и неформалистической, однако она не годилась для того, чтобы стать балетом. Этот случай хорошо иллюстрирует часто противоречивый характер принятия решений в СССР.

есть о господствующей фигуре (master) [Юрчак 2014: 48–52, 105]. Поскольку эти законы не были известны заранее, не контролировались специальными лицами и не создавали единой внешней системы верований, идея о господствующей фигуре (master) померкла. Идея о внешней точке отсчета была еще более дискредитирована позднее, когда Хрущёв обличил Сталина. В итоге стало, по сути, невозможно определить, верна ли та или иная конкретная точка зрения или формулировка [Юрчак 2014: 52, 108]. Вследствие этого музыка, которую считали отклоняющейся от линии партии, в отдельных случаях могла считаться допустимой в ином контексте.

Репетиции балета все же начались в последних числах февраля 1953 года. Лавровский и другие лица из руководства попросили Прокофьева смягчить оркестровку [Robinson 2002: 488, 492]. Прокофьев продолжал вносить исправления в некоторые части балета, и 5 марта 1953 года, всего за несколько часов до своей кончины, он переписал фрагменты сцены из второго акта, так что теперь Катерина верила в то, что Данила к ней вернется [Robinson 2002: 493][14].

В сталинскую эпоху попытки Прокофьева вернуть себе благосклонность властей не увенчались успехом. Хотя его предыдущие работы, такие как «Ромео и Джульетта», получили высокую оценку, другие балеты, в том числе «Каменный цветок», неустанно подвергались критике. Несмотря на то что при жизни автора премьера «Каменного цветка» так и не состоялась, позднее этот балет Прокофьева занял значимое место в репертуаре Большого театра.

Со смертью Сталина и последующим разоблачением Хрущёвым его культа личности прежде критикуемые музыканты, среди которых находился и Прокофьев, были реабилитированы новой властью [Slonimsky N. 2000: 570–571]. В 1958 году советское

---

[14] Прокофьев умер в один день со Сталиным. Кончина диктатора оставила незамеченной смерть великого композитора. Серов пишет, что из-за похорон Сталина не осталось цветов, так что друзья возложили на могилу Прокофьева простую еловую ветку.

правительство выпустило новую резолюцию взамен прежней, осуждающей, резолюции 1948 года, заявив, что в прошлом гонимые властью композиторы, включая Прокофьева, теперь составляют часть официального музыкального наследия [Bartlett 2001: 933; Slonimsky N. 2000: 569–570]. Еще до того, как репутация Прокофьева была восстановлена официально, хореографы приступили к пересмотру его творчества. В частности, балетмейстеру Григоровичу принадлежит заслуга первой успешной постановки «Каменного цветка». Его работа положила конец доминированию драмбалетов. Вместо того чтобы ставить во главу угла сюжет, Григорович горел желанием через танец передать эмоции, поступки и мысли персонажей [André 1998: 143, 146; Reynolds, McCormick 2003: 260]. Музыка и танец, прежде считавшиеся вторичными по сравнению с сюжетом, теперь стали играть ведущую роль [André 1998: 143, 146].

В отличие от первоначальной хореографии Лавровского, которая стремилась точнейшим образом передать реалистичную историю, однако не вполне раскрывала основную идею балета, Григорович использовал танец, чтобы оживить присутствующие в балете темы творчества и природы. Успех этой попытки и положил конец доминированию драмбалета [André 1998: 127]. Григорович черпал вдохновение из хореографии Лопухова, чье творчество 1920-х годов опиралось на танец как средство передать сюжет. В частности, Григорович стремился возродить изначальный акцент Лопухова на танце. Подобно Лопухову, Григорович скрупулезно изучал содержание «Каменного цветка» и стремился посредством танца и музыки подчеркнуть его [André 1998: 85, 104, 112, 143, 148]. В работах Григоровича герои (нередко — в одиночку) преодолевают различные трудности, в то же время оставаясь сконцентрированными на достижении своих идеалов. Часто ради достижения своих целей эти персонажи совершали смелые поступки и шли на добровольные жертвы. Сквозная тема балета «Каменный цветок» — преданность людей искусства своей родине и народу [Demidov 1977: 42]. Хотя Григорович и искал вдохновение в хореографии 1920-х годов, его творчество затрагивало и современные тенденции. По мнению некоторых историков балета, в творчестве Григоровича нашли отражение как западная опора на классический танец, так и западные танцевальные техники [André 1998: 146, 148][15]. В совокупности с этими моделями работа Григоровича в Кировском театре[16] в Ленинграде давала хореографу бо́льшую свободу для эксперимента с танцем. В отличие от Большого театра, где ключевую роль играл сюжет, артисты Кировского театра уделяли больше внимания собственно танцу. В постановке «Каменного цветка» 1957 года, в отличие от драмбалетов, танец использовался для развития сюжета и создания образов персонажей [Reynolds, McCormick 2003: 260, 262].

Хотя этот балет и подавался как произведение, соответствующее соцреалистическим канонам, некоторые его аспекты, такие как решение Григоровича использовать не только классический танец, бросали вызов представлениям о драмбалете, следовательно — мнениям ведущих театральных чиновников [Ezrahi 2012: 118–130]. Выразительные средства балета, включающие в себя новую, более инновационную хореографию, такую как чарующий танец Хозяйки Медной горы, которая извивается всем своим телом вокруг Данилы, заметно контрастируют с движениями исполнителей в драмбалетах. И все же, даже если в хореографии, возможно, произошли изменения, идея соцреализма как ведущей доктрины не претерпела и малейших изменений [Ezrahi 2012: 119, 136][17]. В СССР «Каменный цветок» рассматривали как образец этой официальной художественной политики. Как передает Израиль Нестьев, официальный советский биограф Прокофьева, с 1948 по 1953 год композитор считал своим долгом «быть гражданином в своем искусстве, воспевать человеческую жизнь и вести человека к светлому будущему». В произведениях Про-

---

[15] Андре не приводит конкретных примеров и не дает подробных разъяснений.

[16] Полное название театра на тот период — Ленинградский государственный академический театр оперы и балета имени С. М. Кирова. Такое название театр носил с 1935 по 1999 год. — *Примеч. пер.*

[17] The Best of the Bolshoi. Part 2, 1959, video recording. The Stone Flower: Pas de Deux. Presented by Eastern Airlines in association with S. Hurok, directed by Ch. S. Dubin, produced by T. Mills. Хранится в Нью-Йоркской публичной библиотеке в секции исполнительских видов искусства (Нью-Йорк).

кофьева сохранялся его неповторимый стиль, даже если они
стали более простыми и понятными для зрителя [Нестьев 1973:
545–546]. Нестьев, в частности, подчеркивал, что Прокофьев достиг нового уровня реалистического выражения своим воспева-
нием труда, красоты природы, изображением реалистичных
персонажей и сочинением музыки в русском народном стиле.
Этим балетом Прокофьев добился своей цели — обновления великого русского национального стиля [Нестьев 1973: 496, 546, 559].

Вторя мыслям Нестьева, Юрий Слонимский говорил о «Каменном цветке» как «хореографической поэме» и утверждал, что
классические танцы выражают самые возвышенные моральные
качества души [Slonimsky Y. 1960: 87]. В отношении партитуры
Прокофьева Слонимский придерживался мнения, что эта музыка имеет глубокое психологическое содержание и передает идею
чистоты [Slonimsky Y. 1960: 87]. Кроме того, Елена Грошева пишет
о том, что произведения, недавно пополнившие советский репертуар, вроде «Каменного цветка», а также танцовщицы принесли
на сцену «современное ощущение образов русской народной
поэзии» [Грошева 1962: 88].

С точки зрения советских властей, произведение Прокофьева
воплощало ключевые постулаты соцреализма, отражая взгляды
на искусство Хрущёва. Поскольку «Каменный цветок» соответствовал этим принципам, он отображал государственную идеологию и политику. В итоге этот балет стал воплощением хрущёвской политики касательно новаторства, санкционированного
государством. Хотя могли возникнуть вопросы о том, олицетворяет ли то или иное исполнение «Каменного цветка» заложенные
в его основе принципы соцреализма, постановка этого балета
должна была уменьшить беспокойство по поводу того, что советские мастера искусств до сих пор не создали современного балета, который иллюстрировал бы марксистские идеи[18]. В СССР

---

[18] РГАНИ. Ф. 5. Оп. 36. Д. 99. Л. 33–35. ЦК КПСС. Д. Поликарпов, завотделом
культуры ЦК КПСС, Б. Ярустовский, завсектором отдела. 17 марта 1959 года. См. гл. 2. См. также: РГАЛИ. Ф. 2329. Оп. 3. Д. 412. Л. 22–25. Сокращенная
стенограмма заседания коллегии министерства культуры СССР. 5 июля
1957 года.

удалось создать современный балет, который оставался отражением советского учения, и «Каменный цветок» демонстрировал неизменную актуальность советского балета. Поскольку считалось, что искусство отражает торжество коммунизма, способность современного балета эффективно передавать советские идеи свидетельствовала о том, что коммунистическая идеология действенна и что коммунизм исторически продолжит свое триумфальное шествие.

Хотя советские биографы и балетные критики аплодировали балету «Каменный цветок», не все члены советского правительства одобряли новые постановки. В меморандуме к Центральному комитету депутаты отдела культуры Центрального комитета Д. Поликарпов и Б. Ярустовский привели примеры формализма из последних на тот момент постановок[19]. В меморандуме от 17 марта 1959 года, адресованном Центральному комитету, авторы отметили, что в новейших постановках принижалась роль классового конфликта в труде. В частности, злодей Северьян изображался всего лишь стороной любовного треугольника, который составляли сам Северьян, Данила и Катерина, и не выступал в качестве врага рабочего народа. Более того, Хозяйка Медной горы не воплощала сил природы. Вместо этого ее танцы явно отражали западные тенденции. Вдобавок к сказанному, костюмы и танцы не являлись отображением ни русских, ни советских традиций, а имитировали французские спектакли и костюмы трупп, незадолго до того побывавших на гастролях в Советском Союзе[20]. Поликарпов и Ярустовский отметили также в своем критическом разборе, что в этих последних постановках был фактически сведен на нет социальный аспект, а также ключевая тема — творческая деятельность простых людей, постигающих тайны природы[21].

В порыве гнева Поликарпов и Ярустовский цитировали отрывки из репортажей американской прессы, порочившие советский

---

[19] РГАНИ. Ф. 5. Оп. 36. Д. 99. Л. 33–35. ЦК КПСС. Д. Поликарпов, завотделом культуры ЦК КПСС, Б. Ярустовский, завсектором отдела. 17 марта 1959 года.

[20] Там же. Л. 33–34.

[21] Там же. Л. 33–35.

балет и подвергавшие сомнению творческий потенциал советских деятелей искусства. Американские репортеры отмечали, что премьера «Каменного цветка» в СССР ознаменовала собой уход от русской балетной традиции. На смену балетным пачкам пришли трико, имитировавшие обнаженное тело, которые прежде были на русской сцене под запретом. Американские репортеры винили в этих радикальных изменениях недавние визиты в СССР западных танцевальных коллективов и зарубежные гастрольные турне советских артистов[22].

Как и в сталинскую эпоху, при хрущёвском режиме чиновники продолжали возмущаться по поводу разрушительной силы западного и буржуазного искусства. Всего за месяц до американского турне ГАБТа чиновники из отдела культуры всерьез задались вопросом об идеологической корректности недавней постановки «Каменного цветка». Как бы то ни было, Центральный комитет согласился утвердить «Каменный цветок» в качестве одного из балетов, входящих в программу выступлений в Соединенных Штатах Америки[23]. Поскольку Поликарпов и Ярустовский не высказывали никаких возражений против включения балета в программу турне, озабоченность, очевидно, вызвали недавно прошедшие в СССР гастроли западных компаний, а не содержание балета. Подход Поликарпова и Ярустовского отражал представление о том, что буржуазные тенденции негативно влияют на советское искусство и советский народ. Ранее это аргумент лег в основу передовицы «За подъем идеологической работы», напечатанной в журнале «Партийная жизнь». Автор высказывал мнение, что, хотя мирное сосуществование может быть полезно, советскому народу не следовало бы пренебрегать своей идеологической работой, дабы не стать жертвой буржуазных ценно-

---

[22] Там же. Л. 34.

[23] См. гл. 2. См. также: РГАНИ. Ф. 5. Оп. 36. Д. 99. Л. 13–15. ЦК КПСС, секретно, Н. Михайлов, министр культуры. 14 февраля 1959 года; РГАНИ. Ф. 5. Оп. 36. Д. 99. Л. 17–18. ЦК КПСС. Д. Поликарпов, завотделом культуры ЦК КПСС, Б. Ярустовский, завсектором отдела. 27 февраля 1959 года; Там же. Л. 19. ЦК КПСС. Д. Поликарпов, завотделом культуры ЦК КПСС, Б. Ярустовский, завсектором отдела. 5 марта 1959 года.

стей[24]. К тому же автор заявлял, что некоторым членам партии недоставало истинной преданности советской идеологии; подтверждения этого пренебрежительного отношения присутствовали в театральном мире. Автор цитировал недавнюю критику московских театров министром культуры Михайловым за неспособность создать постановки, отражающие правильную советскую идеологию[25]. Более того, страх заразиться Западом, вероятно, являлся одним из доводов против программ культурного обмена[26]. Следовательно, негативные аспекты культурного обмена, а также необходимость сберечь советское искусство и поднять его уровень по-прежнему имели для правительственных чиновников огромное значение.

Хотя некоторые чиновники выражали опасения касательно культурного обмена, руководство ГАБТа открыто признавало, что «Каменный цветок» является идеологически правильным балетом, подходящим для зарубежных турне. В статье, напечатанной в газете «Труд», Лавровский говорит о том, что «Каменный цветок» войдет в гастрольную программу Большого театра, поскольку это произведение Прокофьева воплощает социалистические идеи. Лавровский особо хвалил Прокофьева за то, что он сумел создать реалистичных персонажей и выдающуюся партитуру, в значительной степени основанную на русских песнях и танцах[27]. Для Советов последняя работа Прокофьева оставалась доказательством творческого гения советских мастеров искусства, а значит, советской системы. Включив в программу «Каменный цветок», Советы рассчитывали поразить американцев произведением одного из своих лучших композиторов, продемонстрировав новейшие достижения советского балета.

[24] Walmsley W. N., Jr. Chargé de Affaires a. i., to The Department of State, Washington, D. C., 1955, November 17. Declassified; 561.00/6–2335; Central Decimal File, 1955–1958; General Records of the Department of State, Record Group 59; National Archives at College Park, College Park, MD.

[25] Ibid.

[26] Подробный разбор см. в гл. 1–2. См.: Walmsley W. N., Jr. Chargé de Affaires... См. также [Rosenberg 2005: 171].

[27] Лавровский Л. На гастроли в США и Канаду // Труд. 1959. 1 апреля.

Американская публика в Метрополитен-опере с нетерпением ожидала начала балета. Уже увертюра создавала ощущение чего-то грандиозного и величественного[28]. На протяжении балета эта тема будет ассоциироваться с Хозяйкой Медной горы, и Нестьев называл эту музыку «величавой» [Нестьев 1973: 553]. Критики на Западе, такие как Бакст, отмечали доминирующий характер этой музыки и не считали ее резкой или устрашающей. Мощная тема Хозяйки Медной горы с появлением Данилы разрешается в легкую, радостную мелодию [Bakst 1977: 299–300][29].

Данила, в партии которого выступал Владимир Васильев, желал во что бы то ни стало создать идеальную вазу — каменный цветок[30]. Как отмечает Бакст, Прокофьев, как и в балете «Ромео и Джульетта», нарисовал музыкальные портреты всех персонажей. Мелодия Данилы отражает его чистые, возвышенные идеалы [Bakst 1977: 353–354]. В то время как Данила трудится над сотворением идеальной вазы, в музыке слышится его недовольство результатом. Пока Данила погружен в свою работу, тихо входит Катерина, роль которой исполняет Максимова. Как и музыкальная тема Данилы, лейтмотив Катерины вызывает мысль о нравственной чистоте[31]. Кроме того, ее мелодия напоминает традиционную русскую музыку и отражает ее мягкую натуру [Bakst 1977: 353–354]. Савкина, биограф Прокофьева, замечает, что Данила и Катерина предстают перед зрителем героями, словно вышедшими из народной толпы [Савкина 1982: 133–134]. Музыка Прокофьева, сопровождающая танец юной пары, служит отображением их любви как высшего идеала. Однако даже во время этого танца Данила, полный сомнений, размышляет о том, что у него никак не выходит идеальная ваза. В одно мгновение эта озабоченность прерывает их дуэт[32] (см. рис. 6.1).

---

[28] Sergei Prokofiev. The Stone Flower. Prologue.

[29] См. также: Ibid. Prologue, Act I, Scene 1.

[30] Ibid.

[31] Ibid. Act I, Scene 1.

[32] Ibid. Prologue, Act I, Scene 1.

Рис. 6.1. Екатерина Максимова и Владимир Васильев. Сувенирный буклет гастролей Большого театра в Метрополитен-опере, 1959 год. Публикуется с разрешения Нессы Хайамс Пикер и семьи С. Юрока

С первых сцен перед публикой предстает Данила-камнерез, который готов пойти на большие жертвы во имя достижения своей цели. Одержимость его созданием идеальной вазы, каменного цветка, препятствует любви, преграждая путь к личному счастью. Незамысловатые мелодии в традиционном русском стиле, сочиненные Прокофьевым, показывают Данилу с Катериной не алчными людьми, а простыми крестьянами, то есть силами добра, с которыми может отождествлять себя зритель. Музыка Прокофьева передает обе стороны характера Данилы: как камнереза, занятого своим делом, и как влюбленного жениха. Музыка Катерины говорит о ее преданности и тревогах по поводу навязчивой идеи Данилы. Поскольку через музыку и танец в балете представлены сложные и весьма реалистичные персонажи, музыка Прокофьева и хореография Григоровича соответствуют соцреалистическим принципам, несмотря на то что в этом произведении характеры персонажей переданы через танец, а не через пантомиму, как это свойственно драмбалетам.

В первой сцене американской публике были представлены главные герои балета, люди из народа, а также идея личной жертвы ради общего блага, что отражало советские исторические представления. То же самое послание о простом народе или юном поколении как героях и героинях присутствовало и в предыдущих постановках («Ромео и Джульетта», «Лебединое озеро», «Жизель»), а идея самопожертвования была наиболее ярко выражена в балете «Ромео и Джульетта». Составив программу таким образом, чтобы подчеркнуть эти два послания, советская власть могла использовать различные балеты с целью внушить эти идеи американцам, постепенно переделав их в новых советских людей. Американцы должны были подсознательно начать отождествлять себя с угнетенными, ведущими борьбу против несправедливых социальных норм. Эта самоидентификация перейдет в действие, поскольку американцы начнут жертвовать личным счастьем во имя общего блага, постепенно перенимая советские идеи. Таким образом, «Каменный цветок» был подтверждением того, что турне Большого театра не являлось свидетельством налаживания отношений между двумя странами, а указывало на стремление СССР распространять коммунистические идеи.

По окончании дуэта Данилы и Катерины незамужние девушки и неженатые юноши приходят отпраздновать их помолвку. Они одеты в пестрые русские народные костюмы: на юношах — рубахи свободного покроя и брюки, заправленные в сапоги, на девушках — сарафаны. В танце они машут платками, а их головы украшены кокошниками[33]. Савкина отмечает, что девушки исполняют грациозные нежные танцы [Савкина 1982: 134]. В основу танца холостых юношей Прокофьев положил один из уральских народных танцев. Включение массовых сцен служило в советском искусстве идеологическим целям. По мнению Сло-

[33] Ibid. Act I, Scene 2.

нимского, массовые сцены в балете «Ромео и Джульетта» предоставили возможность ввести в спектакль простой народ и показать, что общество выступает в качестве источника прогресса [Slonimsky Y. 1960: 87][34]. К тому же в «Лебедином озере» и «Жизели» кордебалет был жизненно важен как средство выражения состояния персонажей и их эмоций [Slonimsky Y. 1960: 121][35]. Таким образом, подобно массовым сценам в «Ромео и Джульетте» и кордебалету в «Лебедином озере», сельские танцы передают настроения Катерины и Данилы. Веселые пляски и радостная атмосфера подчеркивают добродушный и простой характер людей из народа. Костюмы и танцы содействовали усилиям Прокофьева по созданию балета с реалистичными русскими героями.

В разгар этих гуляний появляется злодей Северьян. В глазах членов отдела культуры Центрального комитета этот персонаж «беспощадно эксплуатирует крепостной труд», простые крестьяне кланяются ему. Музыка Прокофьева переходит от легких, воздушных мелодий к диссонансным гармониям[36]. Северьян выражает желание купить у Данилы вазу, но Данила не соглашается, отвечая, что работа еще не завершена. Катерина, понимая неминуемость стычки между Данилой и Северьяном, встает между ними. Увлеченный красотой Катерины, Северьян тащит ее к себе, но ей на помощь приходит Данила и спасает ее. Северьяну не удается настичь девушку, и он удаляется под аккомпанемент устрашающих аккордов[37].

В этой сцене Прокофьев и Григорович представили идею классовой борьбы, причем как для советского, так и для американского зрителя. Поскольку этой теме уделялось достаточно внимания, «Каменный цветок» соответствовал соцреалистиче-

---

[34] Обсуждение и анализ этого см. в гл. 3.

[35] Обсуждение и анализ этого см. в гл. 4.

[36] РГАНИ. Ф. 5. Оп. 36. Д. 99. Л. 33. ЦК КПСС. Д. Поликарпов, завотделом культуры ЦК КПСС, Б. Ярустовский, завсектором отдела. 17 марта 1959 года; [Савкина 1982: 134].

[37] Sergei Prokofiev. The Stone Flower. Act I, Scene 2.

ским и марксистским принципам. К примеру, Бакст отмечает, что Прокофьев разделил персонажей на две группы: в одну входили суровые надсмотрщики, препятствовавшие людям в реализации их творческих замыслов, другая состояла из рабочих, чей труд приносил пользу окружающим [Bakst 1977: 353]. Пугающая тема Северьяна отличает его от Катерины и Данилы — сил прогресса. Чтобы подчеркнуть идею феодальной аристократии и ее приспешников как эксплуататоров трудящихся, Северьян в изображении Прокофьева ухмыляется Катерине и стремится завладеть ею. Это распутное поведение подчеркивает различие между намерениями Северьяна и возвышенным чувством любви, которое разделяют Данила и Катерина. Фокус балета на проблемах простого народа соответствует одному из главных принципов соцреалистического искусства. Более того, присутствие в балете классовой борьбы иллюстрировало марксистское понимание истории с четким разделением на резко отличающиеся друг от друга этапы, внутри каждого из которых общество делится на два противоборствующих класса. Учитывая акцент Прокофьева на марксистском учении и соцреалистических принципах, советские чиновники видели в «Каменном цветке» отражение партийных доктрин и по этой причине считали его подходящим как для советской сцены, так и для зарубежных гастролей.

Как и герои балетов «Ромео и Джульетта» и «Лебединое озеро», Катерина и Данила вынуждены сражаться против несправедливых общественных норм и ограничений ради достижения истинного счастья. Решение советского театрального руководства и правительства подчеркнуть тему классовой борьбы иллюстрировало истинную цель турне Большого театра. Его программа не составлялась как простой жест доброй воли, а имела целью регулярно подвергать американцев воздействию советских идей. Ожидалось, что это повторяющееся воздействие ознакомит американцев с идеями Маркса и заставит их подвергнуть пересмотру собственные убеждения. В отличие от кричащих советских пропагандистских плакатов, речей и других публикаций, искусство предоставляло Советам возможность навязывать эти идеи в завуалированном виде. Поскольку в СССР верили, что искус-

ство способно преодолевать ложные доктрины, власть, без сомнения, была убеждена в конечном успехе своей стратегии. Как
могли предполагать советские лидеры, американцы придут
к пониманию того, что мир наполнен классовой борьбой, и захо-
тят создать свободное от раздоров идеальное общество — коммунистическое.

Когда Северьян уходит, идея классовой борьбы на время отхо-
дит на задний план. Вскоре и остальные жители деревни также
удаляются. Оставшись одни, Катерина и Данила снова обнимаются и через танец выражают свою любовь. Их движения схожи
с движениями из первого дуэта и сопровождаются темой любви.
Однако посреди танца Данила вновь оставляет Катерину, погру-
зившись мыслями в свою работу. Опечаленная Катерина удаляется[38]. После ее ухода Данила вновь выражает свои противоречивые устремления. Благодаря танцу публика понимает, что он
разрывается между желаниями создать идеальную вазу и посвятить себя Катерине. Данила передает свои противоречивые
эмоции, танцуя под вариации на тему любви[39]. Он приходит
в замешательство, и тогда из тени возникает Хозяйка Медной
горы. Облаченная в плотно облегающий костюм зеленоватого
оттенка, наполовину ящерица, наполовину волшебница, она
танцует под свою музыкальную тему, передающую ее властность.
Хозяйка Медной горы — неоднозначный персонаж[40]. Как отмечает Бакст, она символизирует силы природы. Иногда Хозяйка
Медной горы помогает рабочим тем, что вершит суд над алчными людьми, в других случаях она демонстрирует свою соблазни-
тельность и эгоистичный нрав. В целом, как заключает Бакст,
основное назначение Хозяйки Медной горы — вдохновлять
людей на созидательный труд и творчество [Bakst 1977: 353].
Советские авторы, такие как Нестьев, сходились во мнении, что
Прокофьев своей музыкой наделил образ Хозяйки Медной горы
«высокой человечностью» и «соблазнами женственности» [Не-

---

[38] Ibid. Act I, Scene 2.

[39] Ibid.

[40] Ibid. Act I, Scene 3.

стьев 1973: 561]. Пользуясь своими женскими чарами, Хозяйка Медной горы заманивает Данилу в подземное царство[41].

С первого появления на сцене Хозяйка Медной горы выглядит загадочно. Властная фигура, способная повелевать могучими силами, она заставляет людей выполнять ее приказы. Однако она не выступает жестким эксплуататором, таким как Северьян, поэтому ее музыкальный портрет лишен устрашающих диссонансных красок, как в его случае. Благодаря музыке Прокофьева публика понимает, что мелодическая тема Хозяйки Медной горы сближает ее с рабочими. Прокофьев представляет Хозяйку Медной горы сложной фигурой, но при этом связанной с рабочим классом. Ассоциируя Хозяйку Медной горы с горнозаводскими рабочими, Прокофьев все же сохранял между своими персонажами четкое разделение, таким образом подкрепляя через музыку идею о двух различных и противостоящих друг другу классах.

Спустившись в царство Хозяйки Медной горы, Данила видит ее несметные богатства. Алмазы и другие драгоценные камни танцуют, и их движения напоминают классический балет[42]. По Робинсону, когда Прокофьев писал вальс алмазов и танец русских самоцветов, в качестве источника вдохновения он опирался на произведения Чайковского [Robinson 2002: 484]. Эти вальсы напоминают танцы и мелодии балетов XIX века. Чайковский сочинял вальсы на всем протяжении своего творчества. Даже названия танцев Прокофьева напоминают зрителям о вальсе цветов и танце феи Драже Чайковского. Учитывая преобладавшее убеждение, что советским композиторам следует полагаться на творчество Чайковского как идеальный образец [Slonimsky Y. 1960: 63], а также стремление Прокофьева сочинить подходящий балет, который получит поддержку сталинских чиновников, подражание его великому композитору вполне логично.

Многим советским критикам представлялось очевидным, что в своих произведениях Прокофьев опирается на творчество Чайковского. Слонимский замечает схожесть балетов «Лебединое

---

[41] Ibid.

[42] Ibid. Act I, Scene 4.

озеро» и «Каменный цветок». С его точки зрения, оба являются «хореографическими поэмами», которые воспевают «высокие моральные качества человеческой души» [Slonimsky Y. 1960: 87]. Стараясь связать свое творчество с творчеством Чайковского, Прокофьев надеялся заручиться одобрением властей. Это восхищение Чайковским также свидетельствовало о существовавшем напряжении между публичным отречением от царского режима и сохраняющейся опорой на его художественные формы и композиторов как идеальные модели для советских музыкантов. Решение Прокофьева использовать в своем творчестве в качестве образца самые знаменитые сочинения Чайковского показывало, что театральное руководство и государственная власть продолжали почитать произведения композиторов царской эпохи; это было весьма похоже на попытку напомнить о Чайковском и заручиться тем самым крайне необходимой поддержкой властей.

Увидев драгоценные камни, Данила в своем «монологе» выражает горячее желание вырезать идеальную вазу. Его мощные прыжки и взволнованные движения сообщают о стремлении воплотить мечту в искусстве[43]. В ответ Хозяйка Медной горы исполняет яркое соло, которое передает ее властность и готовность позволить Даниле воплотить его мечту. В момент кульминации танца, когда тема Хозяйки Медной горы достигает апогея, она показывает Даниле каменный цветок[44].

Однако с открытием занавеса во втором акте публика видит перед собой Катерину, что напоминает ей о других обязательствах Данилы. Танец Катерины передает ее смущение, поскольку Данилы нет рядом с ней[45]. Нестьев сравнивал звучащую в этот момент музыку с русским народным плачем, что подчеркивает характеристику Катерины как настоящей русской девушки [Нестьев 1973: 562]. Ее задумчивость прерывает Северьян. Мгновенно музыка сменяется резкой вариацией любовной темы. Северьян захватывает Катерину и поднимает ее в воздух, но она высво-

---

43 Ibid.
44 Ibid.
45 Ibid. Act II, Scene 1.

бождается из его объятий. Северьян пытается соблазнить Катерину, но она хватается за серп с намерением защитить себя. Катерина угрожает Северьяну серпом, а он отступает и удаляется прочь. Встревоженная этой стычкой, Катерина набрасывает на голову шаль и отправляется искать Данилу[46]. Столкновение между Катериной и Северьяном указывает на неравноправие в отношениях между феодальными господами и крестьянами. Чистые помыслы Катерины прерываются распутными действиями Северьяна, который думает лишь о том, как ее обольстить. Эта сцена не только показывает страдания крестьян в буквальном смысле, но и служит метафорическим напоминанием о недавнем эксплуататорском прошлом Советского Союза. Готовность Катерины сопротивляться и угрожать Северьяну символизировала способность народа противостоять его суровым господам. Благодаря этим успешным попыткам Катерина становится примером борьбы русского народа против жестоких правителей, чтобы затем свободно добиваться осуществления благородных желаний.

Эта тонко завуалированная политическая идея заключала в себе официальные советские представления об истории и в очередной раз подчеркивала значимость Октябрьской революции 1917 года. Кроме того, эта сцена усиливала ключевую тему балета — готовность на жертвы и верность отечеству, то есть Советскому Союзу. Тема должна была найти отклик у зрителей, отчетливо помнивших ужасы Великой Отечественной войны. Ожидалось, что и американская публика лучше поймет чудовищные страдания советского народа и его эксплуатацию при царском режиме, поэтому еще выше оценит жертвенность, а также триумф в революции 1917 года и Великой Отечественной войне.

Катерина отправляется на поиски Данилы, и действие переносится на ярмарку. Северьян и его приспешники, явно хмельные, ковыляя, выходят на сцену и исполняют серию танцев, схожих с русскими народными[47]. Вскоре на сцене появляются другие сельские жители, которые отплясывают народные танцы. В раз-

---

[46] Ibid.

[47] Ibid. Act II, Scene 2.

гар этого празднования прибывает цыганский табор[48]. Лавровский отмечает, что Прокофьев стремился создать реалистичную цыганскую музыку. Его усердие увенчалось успехом, и Лавровский хвалил работу Прокофьева за то, что он показал жизнь цыган [Lavrovsky n. d.: 278–279]. Они танцуют под печальную мелодию, а Северьян вынуждает одну из девушек плясать соло. Подавленная, она начинает свой грустный танец; ее взгляд постоянно направлен вниз, а плечи опущены[49]. Во время танца Северьян старается соблазнить ее, но к ней присоединяется цыган из табора, что заставляет Северьяна уйти[50].

Включая в свое произведение сцену ярмарки, Прокофьев подчеркивает важнейшие советские принципы. В первую очередь, как объясняет Нестьев, при написании этой сцены композитор черпал вдохновение в повседневной жизни. Эта опора на быт помогла Прокофьеву придать своему балету бесспорный русский характер [Нестьев 1960: 253]. Явные ассоциации музыки Прокофьева с повседневной жизнью привели к тому, что массы с легкостью понимали сюжет и идею балета, что было одной из главных целей соцреалистических художников. Помимо потребности в понятных любому зрителю сценах, такое поведение Северьяна дополнительно подчеркивает его подлый нрав. Пьяный Северьян, получивший отпор со стороны Катерины, принимается преследовать другую с виду беззащитную и беспомощную девушку. Путем многократного представления Северьяна эксплуататором народа в своем произведении Прокофьев подчеркивал партийные представления о русской истории. Что же касается американских зрителей, они в очередной раз сталкивались с идеей классовой борьбы и, предположительно, должны были испытывать сочувствие к бедственному положению Катерины. Это сострадание могло перейти в уважение и восхищение советским народом, который продолжал трудиться над созданием общества, абсолютно свободного от

---

[48] Ibid.

[49] The Best of the Bolshoi. Part 2, 1959, video recording. The Stone Flower, Gypsy Dance.

[50] Ibid.

своего репрессивного прошлого. Советское руководство очень рассчитывало, что «Каменный цветок» поможет внедрить в сознание американского народа идею классовой борьбы.

Неожиданно на ярмарке появляется Катерина, и Северьян снова пытается увести ее с собой. Внезапно возникает Хозяйка Медной горы, разгневанная поведением Северьяна[51]. Серией быстрых движений она приковывает Северьяна к земле. В то время как он тщетно пытается освободиться от ее колдовских чар, Хозяйка Медной горы приближается к нему, чтобы продемонстрировать свою власть. Наблюдая за тем, как Северьян многократно пытается вырваться на свободу, Хозяйка Медной горы повелевает земле поглотить его. Отчаянно пытаясь вернуть опору под ногами, он тем не менее медленно погружается под землю[52] (см. рис. 6.2).

Решение Хозяйки Медной горы наказать этого алчного и безнравственного человека явно приравнивает ее к силам добра. Со смертью Северьяна Катерина и Данила будут свободны от его постоянных нападок и угроз.

Третий акт начинается с того, что Катерина, спасшаяся от Северьяна, сидит в одиночестве у огонька. Неожиданно для нее показывается Огневушка-поскакушка. Этот дух исполняет игривый шуточный танец, увлекая Катерину за собой. Огневушка ведет ее во владения Хозяйки Медной горы и помогает ей проникнуть в фантастическое царство[53]. Тем временем в своих владениях Хозяйка Медной горы соблазняет Данилу. В дуэте она вьется вокруг него всем телом[54]. Обольстительно извиваясь вокруг Данилы, она демонстрирует свою природу, пытаясь заманить его в ловушку. Но Данила старается не обращать на нее внимания, направляя свой взгляд в пустоту. Неутомимая Хозяйка Медной горы продолжает обольщать Данилу. Наконец, ее усилия терпят крах, поскольку он выскальзывает из ее объятий в намерении

---

[51] Sergei Prokofiev. The Stone Flower. Act II, Scene 2.
[52] Ibid.
[53] Ibid. Act III, Scene 1; [Нестьев 1973: 559, 561].
[54] The Best of the Bolshoi. The Stone Flower, Pas de Deux.

Рис. 6.2. Нина Тимофеева и Владимир Левашёв. Второй акт. Сувенирный буклет гастролей Большого театра в Метрополитен-опере, 1959 год. Публикуется с разрешения Нессы Хайамс Пикер и семьи С. Юрока

покинуть ее царство[55]. Придя в ярость оттого, что Данила ее отверг, Хозяйка Медной горы превращает его в статую[56].

Как объясняет Бакст, Прокофьев рассчитывал, что этот дуэт поможет подчеркнуть различия в характерах его героев. В случае с Хозяйкой Медной горы музыка отражает ее желания, а обольстительный танец отчетливо передает намерения. В отличие от этой сцены, нежные объятия Данилы и Катерины, характерные для их дуэтов, выражают их благородную любовь [Bakst 1977: 343]. Через музыку и танец Прокофьев и Григорович показывают внутренние эмоции персонажей. Этот расчет на танец резко

---

[55] Ibid.

[56] Sergei Prokofiev. The Stone Flower. Act III, Scene 2.

контрастирует с сильным акцентом на пантомиме, присутствовавшим в более ранних соцреалистических балетах, таких как «Ромео и Джульетта». Хотя техника в этих двух случаях различалась, мастера искусств стремились исполнить свой долг по созданию произведений, которые легко воспринимались бы публикой и пришлись бы по вкусу любому члену советского общества.

Попав в заколдованное царство, Катерина встречается с Хозяйкой Медной горы. Нежные мелодии Катерины становятся мужественными и настойчивыми, что передает ее стремление освободить Данилу. В то же время властные, решительные темы Хозяйки Медной горы свидетельствуют о ее намерении не уступать требованиям Катерины [Савкина 1982: 134]. Катерина умоляет Хозяйку Медной горы освободить Данилу. Потрясенная их искренней любовью, та соглашается снять свое заклятье и дарит жениху и невесте драгоценные камни[57].

Данила и Катерина вновь в кругу своих друзей. Познав тайну каменного цветка, они смотрят в будущее с готовностью совершать великие подвиги[58].

Финальный триумф показывал советской и американской публике, что самоотверженность Данилы позволяет ему воплотить свой художественный замысел, испытав секрет сотворения идеального произведения искусства — каменного цветка. Послание о стремлении художника к идеалу и его способности достичь его, если он не дрогнет, отражало мечты о создании коммунистического общества. Если принимать во внимание, что искусство олицетворяло советские идеи, это послание заключалось в том, что, если все граждане объединятся в неустанном труде и общем устремлении к построению коммунистического общества, они, как и Данила, добьются победы. Их торжество станет триумфом СССР, чье коммунистическое общество будет вдохновлять все остальные народы.

Американская премьера балета «Каменный цветок» не только показала, что советский балет продолжает развиваться, но и да-

---

57 Ibid. Act III, Scene 2.
58 Ibid. Act III, Scene 2; The Bolshoi Ballet... P. 26.

ла возможность проявить себя талантливым танцовщикам нового поколения. В партиях Данилы и Катерины выступили недавние выпускники балетной школы, Владимир Васильев и Екатерина Максимова[59].

Васильев поступил на работу в Большой театр в сезоне 1958/59 года. Его дебютом стала главная партия Данилы, что было высокой честью для нового молодого артиста труппы [Demidov 1977: 203][60].

Максимова, как и Васильев, поступила на работу в театр совсем недавно, и ее дебют состоялся всего лишь за несколько недель до начала турне по Соединенным Штатам Америки: 10 марта 1959 года Максимова танцевала партию Катерины. Ее ярчайший талант заставил руководство театра предложить ей участвовать в турне с этой главной ролью[61]. Слонимский особо отмечал способность Максимовой передавать через танец человеческую красоту, чувства и надежду, что являлось важнейшим требованием ко всем советским артистам [Slonimsky Y. 1960: 56]. Как и в отношении ожидаемого успеха нового балета, если американские критики вместе со зрителями стали бы аплодировать выступлению Васильева и Максимовой, советские чиновники получили бы подтверждение того, что балет останется сильным идеологическим инструментом и в последующие десятилетия. Благодаря этому новому поколению выдающихся артистов балета советские чиновники должны были понимать, что новое поколение исполнителей и новые балеты и в дальнейшем будут олицетворять советскую систему, подтверждая триумфальное движение истории по направлению к коммунизму.

После американской премьеры балета «Каменный цветок» критики опубликовали целый ряд статей. Нью-йоркские критики, в том числе Мартин, рассыпались в похвалах в адрес Большого театра. Он, в частности, отметил, что, как и в случае с другими постановками, своим «Каменным цветком» Большой театр не

---

[59] The Bolshoi Ballet... P. 35, 47.

[60] См. также: The Bolshoi Ballet... P. 47.

[61] Ibid. P. 35.

разочаровал зрителя. Виртуозность Плисецкой в партии Хозяйки Медной горы, акробатические трюки Васильева в роли юного Данилы, нежность, с которой Марина Кондратьева исполнила партию Катерины, и вероломство Левашёва-Северьяна обеспечили блестящее исполнение[62].

Выступление, которое состоялось следующим вечером, удостоилось новых похвал. В частности, Мартин хвалил плавный танцевальный стиль Максимовой, который позволял ей выполнять самые разнообразные движения и танцы, тогда как танцы, исполненные Владимиром Васильевым на необычайно высокой скорости, несомненно, раскрывали героический характер его персонажа[63]. Помимо похвал в адрес Максимовой и Васильева, Мартин положительно отзывается и о работе Тимофеевой в партии Хозяйки Медной горы. Мартин восхищался способностью Тимофеевой создать образ реального человека, указывая, что для передачи характера этой мистической фигуры как реальной женщины требовались огромнейшее мастерство и энтузиазм. Он хвалит Левашёва за исполнение знаковой роли злодея Северьяна. Наконец, Мартин превозносит выступление кордебалета, отмечая, что артисты «привели в действие новое физическое измерение»[64].

У. Терри из «Нью-Йорк геральд трибюн» говорил о том, что балет был неудачен с точки зрения хореографии, но выдающиеся артисты оказались способны на более чем достойном уровне компенсировать этот изъян. К тому же Терри указал, что, по его наблюдению, спектакль произвел сильное впечатление на публику[65]. Харрисон, музыкальный редактор газеты «Нью-Йорк геральд трибюн», замечал, что деспотичный характер советской власти подавлял творческие способности Прокофьева и что из-за этого

---

[62] Martin J. Ballet: «Stone Flower» // The New York Times. 1959. May 5. Копия обнаружена в: The Bolshoi Ballet Premiere American Tour April 16, 1959 to June 20, 1959. Предоставлено С. Юроком для секции балета в архив Большого театра. Содержится в альбоме «США-1959». Москва, Музей ГАБТа.

[63] Martin J. Ballet: Change of Cast // The New York Times. 1959. May 6.

[64] Ibid.

[65] Terry W. Dance: Bolshoi Ballet // New York Herald Tribune. 1959. May 5.

страдали его произведения[66]. Харрисон писал, что музыкальная партитура «Каменного цветка» весьма предсказуема и что в ней не особо много примеров музыкального новаторства. Вместо этого Прокофьев брал отрывки из своих наиболее удачных прежних сочинений и приспосабливал их для партитуры балета[67]. Однако в следующей статье Терри пишет, что Максимова блестяще исполнила партию Катерины, а Васильев был «обворожительным» Данилой[68]. Критик отмечает и первоклассное выступление Левашёва в партии Северьяна. Терри пишет: «Что за великолепное сценическое представление чистого злодейства!»[69] Он похвалил и всю балетную труппу за ее выдающееся выступление[70].

Андрей Седых из русско-американской газеты «Новое русское слово» написал весьма благосклонную рецензию. Как и Мартин в своей статье, Седых утверждает, что Плисецкая — это не только прекрасная балерина, но и к тому же весьма экспрессивная артистка, а Катерина в исполнении Кондратьевой очаровательна[71]. Левашёв ярко выступил в партии Северьяна, а Васильев в роли Данилы создал превосходный образ молодого камнереза. Свою статью Седых завершил тем, что балет «Каменный цветок» был создан лицами, не имевшими контакта с Западом, и что в результате этого постановка показала: «Русский балет остается лучшим в мире — это наше общее достояние и наша общая гордость»[72].

В газетных статьях Западного побережья также встречались разнообразные мнения. Американская актриса Илка Чейз назва-

---

[66] Harrison J. S. The Music // New York Herald Tribune. 1959. May 5; Terry W. Dance: Bolshoi Ballet // New York Herald Tribune. 1959. May 5.

[67] Ibid.

[68] Terry W. Dance: The Ballet // New York Herald Tribune. 1959. May 6.

[69] Ibid.

[70] Ibid.

[71] Седых А. Каменный цветок в музыке // Новое русское слово. 1959. 10 мая. Копия обнаружена в: The Bolshoi Ballet Premiere American Tour April 16, 1959 to June 20, 1959. Предоставлено С. Юроком для секции балета в архив Большого театра. Содержится в альбоме «США-1959». Москва, Музей ГАБТа.

[72] Там же.

ла постановку «Каменного цветка» «старомодной»[73]. По словам Чейз, костюмы и сценография были невыразительными, а смерть Северьяна представляла собой клише. Хотя смерть Северьяна не тронула Чейз, в целом публика аплодировала выступлению Левашёва в партии этого злодея. Рассматривая выступление труппы, Чейз отмечала, что Васильев и Левашёв выступили в высшей степени хорошо, а Плисецкая в партии Хозяйки Медной горы и юная Кондратьева в роли Катерины достойны всяческих похвал[74]. Голдберг из «Лос-Анджелес таймс» начал свою статью с того, что единственными реально современными атрибутами балета «Каменный цветок» были костюмы и декорации на заднем плане[75]. Что же касается хореографии, Голдберг высказывал наблюдение, что балет включает в себя разнообразие форм, в том числе народный танец, классический балет и акробатику. Акробатические трюки в исполнении Васильева сравнимы с трюками Нижинского, и Голдберг отмечает незаурядные выступления Плисецкой в партии Хозяйки Медной горы, Кондратьевой — в роли Катерины, Левашёва — в партии Северьяна. Как бы то ни было, Голдберг говорит о прелюдии Прокофьева как заслуживающей внимания, однако по ходу балета музыка опускается на «рутинный уровень»[76]. Свишер, расходясь во мнении с Чейз и Голдбергом, горячо восхищается «Каменным цветком». Она пишет о том, что главные исполнители танцевали «изысканно», а их танцы были наполнены эмоциями и мощью[77]. Но не только артисты балета были, по мнению Свишер, превосходны — она отдает должное и выдающемуся таланту Григоровича как хорео-

---

[73] Chase I. Mixed Reaction to Bolshoi Ballet // Los Angeles Times. 1959. May 31.

[74] Ibid.

[75] Goldberg A. «Stone Flower» Done by Bolshoi Ballet // Los Angeles Times. 1959. May 30.

[76] Ibid.

[77] Swisher V. H. Stone Flower' Spectacular Sensation // Mirror News. 1959. May 29. Копия обнаружена в: The Bolshoi Ballet Premiere American Tour April 16, 1959 to June 20, 1959. Предоставлено С. Юроком для секции балета в архив Большого театра. Содержится в альбоме «США-1959». Москва, Музей ГАБТа.

графа, замечательной партитуре Прокофьева и работе дирижера Файера[78].

Как и в случае с остальными балетами, американские критики остались под сильным впечатлением от индивидуальных талантов исполнителей, но проигнорировали идеологическое послание балета и не проявили интереса к его марксистскому содержанию. Американцы, в отличие от их советских коллег, не воспринимали балет как дидактическое средство. С точки зрения американской публики и критиков, ГАБТ продемонстрировал весьма высокие достижения в области балета, и они считали большой привилегией иметь возможность увидеть выступления его артистов. Именно художественная эстетика балета, а не советская система неизменно изумляла американских критиков и присутствовавших в зале. Таким образом, эти художественные достижения предоставляли средство для того, чтобы достичь «весеннего периода» в оттепели и объединить разделенные между собой Восток и Запад.

Для советских чиновников те же самые репортажи свидетельствовали об успехе Большого театра. Хвалебные слова Мартина в отношении экспрессивного исполнения артистами хореографии указывали на признание ведущими американскими балетными критиками мастерства нового поколения танцовщиков. Хотя не во всех репортажах звучали безоговорочно положительные отзывы о Большом театре, даже Чейз аплодировала мастерству советских исполнителей. Общее согласие касательно таланта новых исполнителей упрочило веру советских чиновников в то, что это турне оправдывало их ожидания. Что еще важнее, в отношении планов на будущее (при наличии нового поколения артистов, уже способных вызвать восторг американских критиков и публики) в СССР были уверены, что новые гастрольные турне ГАБТа продолжат восхищать американцев, еще более ослабляя их сопротивление советским идеям и возвещая победу мирового коммунизма.

Хотя американские критики отзывались о Большом театре неоднозначно, советская пресса объявила об их положительной реакции. По заявлению советского корреспондента Карева, в ре-

---

[78] Ibid.

цензии в газете «Дейли миррор» было отмечено, что «Каменный цветок» не был похож на современный абстрактный американский балет. Казалось, что «это ожившие на сцене странички великолепной сказочной книги»[79]. Терри говорил о «Каменном цветке» как о «новом сюрпризе из ювелирной шкатулки»[80]. Другие репортеры фокусировались на похвалах, которых удостаивали ведущих исполнителей. К примеру, в одной статье в газете «Правда» Д. Сергеева отмечает всеобщий восторг американской публики в ответ на выступления Максимовой и Васильева[81]. В «Московской правде» говорится о выдающихся исполнениях Васильева и Плисецкой. В статье отмечается, как изящно и темпераментно выступили Васильев и Плисецкая. Одобрение этими критиками советского характера балета «Каменный цветок», кажется, успокаивало страхи Поликарпова и Ярустовского касательно того, что западные тенденции плохо влияют на советские балетные постановки. Напротив, в СССР поставили истинный новый шедевр, который поразил американцев.

Не только ведущие русскоязычные газеты публиковали репортажи — в процессе приготовления турне ГАБТа в газете Moscow News, выходившей на английском языке, была напечатана полноразмерная статья. Советский театральный критик Михаил Долгополов написал объемную статью о «Каменном цветке», в которой он особенно хвалил произведение Прокофьева за то, что оно передает русский национальный характер[82]. Что касается последних постановок, Долгополов отмечал способность Васильева, Максимовой и Кондратьевой выражать эмоции своих персонажей через танец. Согласно его видению, Васильев превосходнейшим образом передает преданность Данилы своему делу и любовь к Катерине, а Максимова и Кондратьева блестяще воплощают мягкую природу Катерины и ее глубокую любовь

---

[79] Карев Н. Советское искусство и американцы // Известия. 1959. 21 мая.

[80] Там же.

[81] Сергеева Д. Им аплодирует Нью-Йорк // Правда. 1959. 7 июня.

[82] Dolgopolov M. Sergei Prokofiev's «Stone Flower» at the Bolshoi // Moscow News. 1959. April 11.

к Даниле. Кроме того, Долгополов отмечал талант Левашёва прочувствовать коварную и вероломную натуру Северьяна и восхищался тем, как Плисецкая воплотила образ Хозяйки Медной горы с ее двойственной природой — наполовину ящерицы, наполовину волшебницы. Долгополов превозносил энтузиазм, с которым труппа работала над спектаклем, считая эту постановку важнейшим этапом развития советского балета[83].

Благодаря тому, что советская пресса сосредоточилась на хвалебных отзывах, которых удостоились ведущие исполнители, в СССР могли вновь заявить о выдающемся успехе этого балета. Кроме того, публикация статьи в советском издании на английском языке подчеркивала стремление СССР особо отметить ценность этого балета. Эта англоязычная статья свидетельствовала о желании советской власти, чтобы новую постановку тепло приняли за границей. Газета Moscow News предназначалась для международной англоязычной аудитории и имела целью заручиться поддержкой для Советского Союза. Эта статья позволяла по меньшей мере некоторым американцам ознакомиться с сюжетом, а также представляла им артистов балета: Васильева и Максимову. Знакомство с сюжетом и ведущими исполнителями должно было помочь американцам лучше понять балет, что привело бы к более теплому приему.

Еще одними свидетельствами того, что Советы придавали огромное значение американской премьере «Каменного цветка», явились отзывы руководства Большого театра и присутствие в зрительном зале правительственных чиновников высшего ранга. Согласно репортажам в газете «Правда», американская премьера балета «Каменный цветок» привлекла внимание советского посла в США М. А. Меньшикова, представителя СССР при ООН А. А. Соболева и заместителя министра культуры Н. Н. Данилова, прибывшего с визитом[84]. Вдобавок к этому, театральные чиновники считали необходимым особо отмечать успех балета. В частности, в письме министру культуры от директора ГАБТа Ор-

---

83 Ibid.

84 ТАСС. Новый успех советского балета // Правда. 1959. 6 мая.

вида от 6 мая отмечалось, что премьера балета «Каменный цветок» 4 мая имела огромный успех и что негативные отклики в прессе не касались исполнителей. Напротив, Орвид утверждал, что недоброжелательные статьи имели целью снижение ажиотажа зрителей и степени их одобрения Большого театра[85].

С учетом того что в техниках советского балета происходил сдвиг с акцента на пантомиму к упору на танец, советские чиновники желали проанализировать, обладает ли этот новый фокус на танце способностью столь же сильно очаровывать и приводить в восторг публику, как и использовавшаяся в драмбалете пантомима. Этот сдвиг в балетном искусстве (и, как следствие, сдвиг в способе, которым Советы пытались пошатнуть взгляды американцев) привел к тому, что чиновники высшего уровня вплотную занялись исследованием этого вопроса. Успех «Каменного цветка», подтвержденный отзывом Орвида и реакцией публики, показал Советам, что эта новая эпоха в балете не привела ни к каким пагубным изменениям в их стратегии распространения коммунизма. Американский зритель принимал новые соцреалистические постановки так же тепло, как и привычные произведения из балетного канона. Следовательно, в СССР могли заключить (применительно к будущим инициативам в области культурной дипломатии), что балет продолжит оставаться мощным оружием холодной войны, созданным с целью превратить американцев в новых советских людей. По всей вероятности, будущие гастрольные турне, как и турне ГАБТа в 1959 году, будут оставаться периодами «морозов» и не станут сигналами о потеплении в отношениях, но будут служить средством дополнительных побед СССР в холодной войне.

После успеха «Каменного цветка» в СССР решили, что балет останется долгосрочной эффективной тактикой в сражениях холодной войны и что в дальнейшем новые произведения будут способствовать поддержке советского балета, советской системы и в конечном счете коммунизма.

---

[85] РГАЛИ. Ф. 2329. Оп. 8. Д. 1234. Л. 57–59. Письмо от Г. Орвида к Н. А. Михайлову. Нью-Йорк, 6 мая 1959 года.

Глава 7
Советские концертные программы
Эклектизм советской сцены

Подобно балетам «Ромео и Джульетта», «Лебединое озеро», «Жизель» и «Каменный цветок», объединяющим художественные элементы до- и послереволюционного периодов, две концертные программы, заключавшие отрывки популярных произведений, отчетливо иллюстрировали то, что советскую культурную идентичность составляют самые разные композиторы, хореографы и их сочинения. Эти программы, показанные в Нью-Йорке, Вашингтоне (округ Колумбия), Лос-Анджелесе и Сан-Франциско с конца апреля по начало июня, были собраны с целью продемонстрировать выдающиеся таланты советских исполнителей. Обе концертные программы состояли из фрагментов дореволюционных балетов и опер, а также отрывков из современных балетов и хореографических сюит[1]. При таком широком спектре балетных номеров советские артисты были способны показать выдающиеся достижения советской хореографии, что ранее указывалось директором ГАБТа Орвидом

---

[1] Programs Listed for Bolshoi Visit // The New York Times. 1959. March 19; Battey J. Vociferous Welcome Is Given Bolshoi Ballet // The Washington Post and Times Herald. 1959. May 15; The Bolshoi Ballet: Souvenir Booklet. Metropolitan Opera House, 1959. P. 33–34, 58–60; Goldberg A. Ulanova Dances as Man Shuffles // Los Angeles Times. 1959. May 25; Frankenstein A. Acrobat Ballet and Grand Style // San Francisco Chronicle. 1959. June 7.

Рис. 7.1. Балетные сцены «Вальпургиева ночь» из оперы «Фауст». Сувенирный буклет гастролей Большого театра в Метрополитен-опере, 1959 год. Публикуется с разрешения Нессы Хайамс Пикер и семьи С. Юрока

в качестве главной цели турне[2]. Теплый прием труппы американской публикой и критиками должен был стать очередным свидетельством успеха СССР в демонстрации достижений и означал бы, что эти концертные выступления стали новой победой в культурной атаке.

О запланированных концертных программах (Highlights Programs) было объявлено Орвидом на пресс-конференции, проходившей 20 марта. Он говорил, что вдобавок к основному репертуару, в который входили четыре балета, в рамках турне будут представлены две большие концертные программы. Концерты должны были включать в себя различные отрывки, в том числе

---

[2] Москва, Музей ГАБТа. США, 1959, 1962, 1966. Л. 1–3. Заявление директора Государственного академического Большого театра Союза ССР Георгия Орвида на пресс-конференции советских и иностранных журналистов 20 марта 1959 года в 16:00 в связи с предстоящими гастролями балетной труппы ГАБТа в США и Канаде.

фрагменты из балетов «Шурале», «Спартак» и «Шопениана» («Сильфида»), а также балетный дивертисмент «Вальпургиева ночь» из оперы «Фауст»[3] (см. рис. 7.1). Организаторы расписали полную концертную программу Большого театра в театральном буклете, который был издан в Нью-Йорке. Согласно списку, приведенному в нем, в программу входили следующие номера[4] (см. табл. 7.1):

Таблица 7.1. Концертные программы

«Шопениана» («Сильфиды»)*	Па-де-де из балета «Спящая красавица»
Музыка: Фредерик Шопен	Музыка: П. И. Чайковский
Хореография: Михаил Фокин	Хореография: Асаф Мессерер
Галина Уланова	Раиса Стручкова
Марина Кондратьева	Борис Хохлов
Нина Тимофеева	
Николай Фадеечев	
Нина Христова	
Нина Фёдорова и артисты кордебалета	
Балетные сцены «Вальпургиева ночь»	**Полонез и краковяк из оперы «Иван Сусанин»**
Музыка: Ш. Гуно	Музыка: М. И. Глинка
Хореография: Леонид Лавровский	Хореография: Ростислав Захаров
Вакханка — Майя Плисецкая	Ядвига Сангович
Вакх — Александр Лапаури	Сусанна Звягина
Пан — Владимир Васильев	Марина Колпакчи
Сатир — Валентин Смирнов	Валентина Петрова
Михаил Борисов	Александр Радунский
Юрий Выренков	Константин Рихтер
Владимир Кошелев	Герман Ситников
	Василий Смольцов

---

3   Там же.
4   The Bolshoi Ballet... P. 33–34, 58–60.

*13 и 16 мая (вечер). Замены в «Шопениане»:
Раиса Стручкова — вместо Галины Улановой,
Майя Самохвалова — вместо Нины Тимофеевой.
Па-де-де из балета «Спящая красавица» заменено па-де-де из
«Щелкунчика» (хореография Василия Вайнонена, музыка П. И. Чайковского). Будет исполнено Мариной Кондратьевой и Владимиром
Васильевым.
В «Вальпургиевой ночи» в партии Пана — Георгий Фарманянц

«Мы — сталинградцы»
Музыка: К. Потапов
Хореография: Владимир Варковицкий
Герман Ситников
Игорь Перегудов
Николай Леонов
Николай Симачёв
Анатолий Симачёв
Анатолий Ожерельев
Замены:
Борис Хохлов — Николая
Фадеечева
Лидия Иванова — Нину Чистову

«Умирающий лебедь»**
Музыка: Камиль Сен-Санс
Хореография: Михаил Фокин
Галина Уланова

** Не исполняется на дневных
концертах 13 и 16 мая

**Па-де-де из балета «Пламя
Парижа»**
Музыка: Б. Асафьев
Хореография: Василий Вайнонен
Екатерина Максимова
Геннадий Ледях

«Весенние воды»
Музыка: С. В. Рахманинов
Хореография: Асаф Мессерер
Людмила Богомолова
Станислав Власов

**«Танец китайских акробатов»
из балета «Красный мак»**
Музыка: Р. Глиэр
Хореография: Леонид Лавровский
Эсфандияр Кашани
Шамиль Ягудин
(13 и 16 мая (день))
(12, 13, 15, 16 мая (вечер))

**Воинственный танец трех
спартаковцев из балета «Спартак»**
Музыка: Арам Хачатурян
Хореография: Игорь Моисеев
Лев Евдокимов
Эсфандияр Кашани
Георгий Фарманянц

Розовое адажио из «Спящей красавицы»
Музыка: П. И. Чайковский
Хореография: Асаф Мессерер
Нина Тимофеева
Владимир Голубин
Юрий Захаров
Виктор Смирнов
Пётр Хомутов либо Николай Фадеечев

«Танец с саблями» из балета «Гаянэ»
Музыка: Арам Хачатурян
Хореография: Н. Анисимова
Сусанна Звягина
Николай Симачёв и артисты кордебалета

«Танцевальная сюита»
Музыка: Д. Д. Шостакович
Хореография: А. Варламов
Людмила Богомолова
Владимир Васильев или Владимир Никонов
Владимир Кошелев
Альберт Трушкин
Николай Черничкин

«Романс»
Музыка: Р. Глиэр
Хореография: Александр Лапаури
Раиса Стручкова
Александр Лапаури

Вариация Остапа из балета «Тарас Бульба»
Музыка: В. П. Соловьёв-Седой
Хореография: Р. Захаров, Георгий Фарманянц
Дирижеры: Юрий Файер, Геннадий Рождественский
Хореограф-постановщик: Леонид Лавровский
Хореограф-репетитор: Тамара Никитина
Режиссеры-постановщики: Федор Блохин, Александр Царман
Художественный руководитель: Пётр Данилов
Режиссер по свету: Ли Уотсон

Классический дуэт
Музыка: Б. Асафьев
Хореография: В. Вайнонен

«Вальс»
Музыка: М. П. Мусоргский
Хореография: Александр Лапаури
Раиса Стручкова
Александр Лапаури

«Шопениана» («Сильфиды»)
Музыка: Фредерик Шопен
Хореография: Михаил Фокин

«Слепая»
Музыка: М. Понс в аранжировке
Я. Хейфеца
Хореография: Леонид Якобсон

«Щелкунчик» (па-де-де)
Музыка: П. И. Чайковский
Хореография: В. Вайнонен

Танцы на русскую тему «Тройка»
Музыка: И. Стравинский
Хореография: Леонид Якобсон

«Царевна-лебедь»
Музыка: П. И. Чайковский
Хореография: Станислав Власов

«Снегурочка»
Музыка: С. С. Прокофьев
Хореография: Леонид Якобсон

«Лебедь»
Музыка: С. С. Прокофьев
Хореография: Татьяна Устинова

«Ночь на Лысой горе»
Хореография: Ростислав Захаров
Музыка: М. П. Мусоргский

«Спящая красавица» (па-де-де)
Музыка: П. И. Чайковский
Хореография: Асаф Мессерер

Татарский танец из балета
«Бахчисарайский фонтан»
Музыка: Б. Асафьев
Хореография: Ростислав Захаров

Танцы на современную тему
«Мы — сталинградцы»
Музыка: К. Потапов
Хореография: Владимир Варковицкий

«Возвращение»
Музыка: В. П. Соловьёв-Седой
Хореография: Алексей Ермолаев

«Незабываемое»
Музыка: В. П. Соловьёв-Седой
Хореография: А. Лапаури

«Летите, голуби»
Музыка: И. Дунаевский
Хореография: Станислав Власов
и Владимир Варковицкий

«Менуэт»
Музыка: Л. Боккерини
Хореография: А. Лапаури

«Вальпургиева ночь» из «Фауста»
Музыка: Ш. Гуно
Хореография: Леонид Лавровский

Полонез и краковяк из «Ивана
Сусанина»
Музыка: М. И. Глинка
Хореография: Ростислав Захаров

Башкирский джигитский танец	Болгарский народный танец
Хореография: Асаф Мессерер	Хореография: Мансур Камалетдинов
«Триптих»	**«Гопак»**
Музыка: К. Дебюсси	Музыка: В. П. Соловьёв-Седой
Хореография: Леонид Якобсон	Хореография: Ростислав Захаров
1. Идол	
2. Вечная весна	
3. Поцелуй	
«Весенние воды»	**«Океан и жемчужины»**
Музыка: С. В. Рахманинов	Музыка: Ц. Пуни
Хореография: Асаф Мессерер	Хореография: Александр Горский
«Лесной дьявол» из балета «Шурале»	**«Вальс»**
Музыка: Фарид Яруллин	Музыка: М. П. Мусоргский
Хореография: Леонид Якобсон**	Хореография: Василий Вайнонен
«Умирающий лебедь»	**«Птица и охотник»**
Музыка: Камиль Сен-Санс	Музыка: Эдвард Григ
Хореография: Фокин	Хореография: Леонид Якобсон

Из этой таблицы ясно, что советские артисты стремились продемонстрировать свое мастерство в произведениях дореволюционных русских и европейских композиторов, а также в работах, созданных современными музыкантами и хореографами.

Желание показать развитие русского и позднее советского искусства привело к объединению дореволюционных работ с современными сочинениями. К примеру, руководство ГАБТа выбрало произведения М. И. Глинки, М. П. Мусоргского, П. И. Чайковского и С. В. Рахманинова, сочинения которых в советской литературе того времени характеризовались как музыка высочайшего качества, отражающая национальные чувства [Келдыш и др. 1959: 55–56, 173–174, 222, 299–300]. Другие композиторы, такие как Игорь Стравинский, обладали в советском обществе несколько спорным статусом. Стравинского хвалили за его балеты, но он подвергался критике за приверженность формализму

[Келдыш и др. 1959: 259]. Тем не менее советское руководство решило включить его в концертный репертуар, рассчитывая на то, что американцы были уже знакомы с произведениями этого композитора.

В большинстве случаев, за исключением работ Фокина, советские хореографы ставили на сцене произведения как дореволюционных русских, так и зарубежных композиторов. Например, в СССР приняли решение включить в программу отрывки из «Щелкунчика» и «Спящей красавицы» Чайковского в хореографии В. Вайнонена и Мессерера. Оба хореографа, Вайнонен и Мессерер, занимали ведущее положение в мире советского балета[5]. Как написано в театральной программе ГАБТа, включение работ в хореографии Вайнонена и Мессерера имело целью познакомить западную публику с основными инновациями советской хореографии. В частности, в кратком описании па-де-де из балета «Спящая красавица» в версии Мессерера отмечается, что, несмотря на широкую известность танца, в этой версии используется хореография, незнакомая западному зрителю[6]. В число других ведущих советских хореографов входили Л. Якобсон, постановщик хореографической миниатюры «Птица и охотник» на музыку норвежского композитора Э. Грига; А. Лапаури, артист балета и хореограф ГАБТа, постановщик «Менуэта» на музыку Л. Боккерини; Лавровский, автор хореографии «Вальпургиевой ночи» из «Фауста» Ш. Гуно[7]. Позволив этим хореографам преобладать в концертных программах, советское руководство намеревалось продемонстрировать великие хореографические достижения своей страны. Использование современных балетмейстеров для постановок дореволюционных произведений, как это было и с «Жизелью», отражало желание советской власти показать, что советская система способна усовершенствовать дореволюционные произведения и в отдельных случаях предста-

---

[5] URL: https://2011.bolshoi.ru/persons/people/1170/ (дата обращения: 21.02.2025); The Bolshoi Ballet 1959... P. 33.

[6] Ibid. P. 32–33, 58.

[7] Ibid. P. 32; [Ulrich, Pisk 1963: 329, 522–523, 541–542].

вить западной публике новые хореографические версии. Если
американцы оценят по заслугам работы советских хореографов,
советская власть добьется своей цели — продемонстрировать
великие достижения хореографического искусства при коммунистическом режиме.

Хотя Советы и стремились показать собственный вклад в хореографию, их опора на дореволюционное искусство в очередной
раз указывала на напряжение, существовавшее внутри советской
культуры. Как видно из концертной программы, советский балет
и советская музыка были многим обязаны произведениям царской эпохи. Советы старались внести свежую струю в эти работы,
созданные до прихода большевиков к власти, путем введения
хореографических инноваций. Ярким примером напряжения
между культурой царской эпохи и советской культурой представляется использование Советами творчества Глинки, считающе-
гося родоначальником русской национальной оперы[8]. Как
и в случае с балетом Чайковского «Лебединое озеро», в СССР
переработали в социалистическом ключе и оперу Глинки «Жизнь
за царя». Написанная в 1840-е годы опера Глинки, действие которой происходит в 1612–1613 годах, рассказывает историю
крестьянина Ивана Сусанина, отдавшего свою жизнь ради защиты нового царя — Михаила Романова. Изначально Глинка дал
опере название «Иван Сусанин», однако, чтобы угодить царю
Николаю I, он поменял его на «Жизнь за царя». В советскую
эпоху использовалось это первоначальное название. Считалось,
что в опере «Иван Сусанин» «получила гениальное выражение
идея народного патриотизма» [Келдыш и др. 1959: 55]. В официальном описании оперы, размещенном в театральной программе
ГАБТа, указано, что будет представлена открывающая танцевальная сюита, группа танцев и что «они моментально создают легкоузнаваемых персонажей»[9]. Фактически именно этими же
словами хвалили Прокофьева за создание «легкоузнаваемых
персонажей» в балете «Ромео и Джульетта» [Львов-Анохин 1984:

---

[8] The Bolshoi Ballet... P. 32; [Ulrich, Pisk 1963: 545].
[9] The Bolshoi Ballet... P. 59.

118][10]. Наличие таких четко выписанных персонажей является отличительным признаком соцреалистических произведений. Приписывание советскими авторами соцреалистических характеристик сочинениям Глинки в очередной раз указывало на то, что огромный пласт советской культуры базировался на достижениях царской эпохи.

Напряжение между имперской и советской культурой проявилось также в решении включить в программу отрывок из балета «Бахчисарайский фонтан». Он основан на одноименной поэме Пушкина. Советское партийное руководство преклонялось перед Пушкиным, поэтому этот балет стал признанной частью советского репертуара. Однако тема поэмы не соответствовала соцреалистическим догмам. Пушкин рассказывает историю Марии, дочери польского шляхтича, захваченной крымским ханом. В 1934 году Радлов, Асафьев и Н. Волков задумали переработать поэму в балет. Для того чтобы это произведение отвечало соцреалистическим нормам, они решили поставить на сцене драмбалет [Homans 2010: 350–351]. Хотя составляющая основу поэмы тема любви, мести и горя отдельного человека не соответствовала соцреалистическим идеям [Homans 2010: 350–351], использование драмбалета помогло этой постановке получить признание. Она стала весьма популярна в Советском Союзе [Homans 2010: 350–351][11]. Успех этого драмбалета, как и всенародное преклонение перед Пушкиным, не только объясняет включение фрагмента этого балета в концертную программу гастролей, но и дает дополнительное подтверждение слияния советских художественных традиций с художественными традициями царской эпохи.

Культура царской эпохи оставалась настолько важной базой советской культуры (а также ее неотъемлемым аспектом), что она повлияла на формирование большей части программы американского турне ГАБТа. Расчет Советов на соцреалистическую

---

[10] См. гл. 3, где подробно говорится о балете С. С. Прокофьева «Ромео и Джульетта».

[11] См. также: The Bolshoi Ballet... P. 58.

интерпретацию оперы Глинки и драмбалет, созданный на основе «Бахчисарайского фонтана» Пушкина, означал, что они могли объявить эти произведения соответствующими официальной художественной политике и с большей легкостью объяснить с идеологической точки зрения включение этих работ в советский репертуар. Введение этих работ в репертуар наряду с признанием культуры царской эпохи как жизненно важной части русского наследия, а также новое толкование дореволюционных сочинений и внесение в них изменений позволили советским чиновникам (в частности, Орвиду) представить турне ГАБТа как демонстрацию талантов и достижений СССР, при этом интерпретировать аплодисменты публики как одобрение советских инноваций.

Хотя огромная доля концертного репертуара ГАБТа состояла из сочинений, созданных до прихода большевиков к власти, другие произведения, отобранные для гастролей, являлись творениями советской эпохи и содержали идеологический подтекст. Как бы то ни было, поскольку были представлены только отрывки из балетов, первостепенной целью было не донести до американской аудитории идеологические послания, а показать советские достижения в области искусства.

Рассмотрим в качестве примера балет Арама Хачатуряна «Гаянэ», в котором воспеваются советские ценности, такие как коллективный труд [Craine, Mackrell 2000b: 200]. Однако танец с саблями из балета «Гаяне» отчасти был включен по неидеологическим причинам. К второй половине 1940-х годов танец с саблями завоевал международную популярность. В частности, в 1948 году он уже занимал первое место в рейтинге самых продаваемых пластинок классических исполнителей (по версии американского журнала «Билборд»)[12]. Многие из пришедших на балет были, без сомнения, знакомы с этим произведением Хачатуряна. В СССР понимали, что американцы будут рады услышать музыкальный фрагмент, с которым они уже были знакомы, в то

---

[12] The Billboard: The World's Foremost Weekly Amusement. 1948. June 26. Vol. 60. № 26. P. 27.

же время акцент на добродетели коллективного труда вызовет отчуждение большей части американской публики. Вместо того чтобы сконцентрироваться на сюжете балетов и их коммунистическом содержании, Советы решили включить уже весьма популярный танец с саблями, который будет принят публикой гораздо радушнее по сравнению с очевидной советской идеологией.

Подобным же образом Советами были отобраны фрагменты еще двух балетов на коммунистические темы, таких как «Красный мак» Рэйнольда Глиэра и «Пламя Парижа» Асафьева. Премьера балета Глиэра «Красный мак» состоялась на советской сцене в июне 1927 года [Грошева 1962: 76]. Действие происходит в гоминьдановском Китае, а сюжет строится вокруг героини, чье самопожертвование возвещает начало свободы китайцев-коммунистов и их советских соратников [Koegler 1982: 342]. «Красный мак» стал первой удачной балетной постановкой на современную тему. Позднее, в 1949 году, Лавровский внес изменения в хореографию балета, переименовав его в «Красный цветок» [Slonimsky Y. 1960: 44, 46]. Действие балета Асафьева «Пламя Парижа», где также делается упор на революционную тему, происходит на третий год Французской революции. Кульминация балета Асафьева — сцена, где революционеры штурмуют дворец Тюильри, убивая всех лояльных монархии. Спектакль заканчивается тем, что революционеры празднуют свою победу. В этом произведении подчеркиваются горячее стремление народа к свободе и его революционный дух, а французские революционеры представлены как герои [Stupnikov 1998: 12; Slonimsky Y. 1960: 46]. Поскольку, согласно марксистско-ленинскому учению, Французская революция — это, по сути, победа буржуазии над феодальными господами, она считалась важнейшим шагом на пути к восстанию пролетариата и триумфальной победе над правящей буржуазией.

Несмотря на то что четыре представленных балета обладали идеологическим содержанием, эти идеи не были выражены в них настолько явно, как это было бы с постановками балетов «Гаянэ» и «Красный мак». Такое открытое заявление о коммунистических ценностях было бы, по всей вероятности, принято в штыки многими американцами и в итоге вылилось бы в холодный прием

Большого театра, поэтому Советы выбирали такие фрагменты произведений, которые позволили бы артистам продемонстрировать свои способности, одновременно представляя на сцене советское творчество. Танец китайских акробатов из балета «Красный мак» предоставил отличную возможность показать ловкость советских исполнителей. Па-де-де из последнего акта балета «Пламя Парижа» обычно представлялось как сцена триумфа [Craine, Mackrell 2000a: 184]. Этот дуэт, напрямую не связанный с основной темой балета, служил для артистов средством демонстрации своих талантов. Таким образом, американской публике намеревались представить советские произведения, свободные от однозначно идеологического содержания. Советские лидеры могли и далее интерпретировать одобрение американским зрителем достижений композиторов и исполнителей из коммунистической страны как признание достижений советского государства.

На радость Советам, американская аудитория реагировала на эти концертные программы с энтузиазмом. Сначала газета «Нью-Йорк таймс» 19 марта выпустила статью, в которой были перечислены даты этих выступлений. Концертная программа № 1 должна была исполняться 23 и 25 апреля, а также 7 и 9 мая. Концертную программу № 2 намеревались представить 30 апреля, а также 1 и 2 мая[13]. Эти выступления, как и балеты, проходили в Метрополитен-опере[14]. Советское руководство тоже решило предложить дополнительные выступления с концертными программами 12, 13, 15 и 16 мая[15]. Американцы с нетерпением ожидали этих выступлений. ТАСС сообщал, что перед первым концертом 100 человек прибыли за несколько часов до начала, чтобы достать хорошие билеты[16].

Намерение руководства ГАБТа показать концертные программы, которые могли понравиться большинству американцев

[13] Programs Listed for Bolshoi Visit...

[14] Dance: Bolshoi Ballet // The New York Times. 1959. March 22.

[15] The Bolshoi Ballet... P. 33.

[16] ТАСС. Советские артисты покорили Нью-Йорк // Ставропольская правда. 1959. 25 апреля.

и одновременно позволяли продемонстрировать таланты хореографов театра, представлялось удачным. Ведущие балетные
критики Нью-Йорка писали очень благосклонные критические
отзывы, а публика приветствовала исполнителей столь же бурными аплодисментами, как и во время балетов.

Рецензируя первую концертную программу, Мартин из «Нью-
Йорк таймс» во вступительном абзаце сообщил, в каком он был
восторге от труппы, отмечая, что выступление Большого театра
не имело себе равных. Он пишет: «Если и существовала когда-
либо труппа столь же или более техничная, сюда она не приезжа-
ла»[17]. По его мнению, каждый солист в отдельности и вся балетная труппа целиком заслуживают того, чтобы обозначить их
выдающиеся способности. В качестве примера он особо отметил
прекраснейшее выступление Улановой в «Шопениане», а также
отличное выступление Плисецкой в «Вальпургиевой ночи»[18].
Кроме того, Мартин оценил грациозность Раисы Стручковой
в па-де-де из «Спящей красавицы», наполненное энергией па-де-де
Екатерины Максимовой и Геннадия Ледяха из «Пламени Парижа»,
а также потрясающее исполнение «Балетной сюиты» Д. Д. Шостаковича Людмилой Богомоловой, Владимиром Васильевым,
Альбертом Трушкиным, Владимиром Кошелевым и Никола-
ем Черничкиным[19].

Как и Мартин в своем разборе, восхищался советскими исполнителями Терри из «Нью-Йорк геральд трибьюн». Он начал свою
рецензию следующими словами: после посещения концерта
Большого театра один американский танцовщик заявлял, что он
«признает себя побежденным»[20]. Далее Терри прокомментировал
увиденное и, подобно Мартину, очень тепло написал об Улановой
в «Шопениане», о Стручковой в «Спящей красавице» и Плисецкой
в «Вальпургиевой ночи». Говоря о Плисецкой, Терри отметил, что
ее выступления были лучшими за этот вечер и что ее быстроту

---

[17] Martin J. The Ballet: Highlights // The New York Times. 1959. April 24.

[18] Ibid.

[19] Ibid.

[20] Terry W. Bolshoi Ballet // New York Herald Tribune. 1959. April 24.

движений и техническое мастерство можно было бы подытожить одним словом «вау!»[21]. Терри также удостоил похвалы выступления Богомоловой, Васильева, Трушкина, Кошелева и Черничкина в «Балетной сюите» Шостаковича, Максимовой и Ледяха — в дуэте из «Пламени Парижа», танцовщиков — во фрагменте балета «Спартак» в постановке Игоря Моисеева[22]. Из всех номеров, подробно описанных в рецензии Терри, только одно произведение удостоилось лишь упоминания вскользь — современные танцы на современную тему «Мы — сталинградцы». Терри не стал особо комментировать способности исполнителей, а сказал лишь о том, что, с его точки зрения, каждый артист труппы внес свой хореографический вклад в создание атмосферы куража во время этой битвы. Терри остался под впечатлением от этих выступлений, заметив, что публика не прекращала восхищаться ими ни на минуту, а овации зрительного зала были столь неистовыми, что за ними последовало исполнение последнего номера — «Вальс» — на бис. Поскольку в театральной программе Метрополитен-оперы присутствуют два фрагмента под названием «Вальс», Терри с большей вероятностью имел в виду тот, где в качестве исполнителей указаны Стручкова и Лапаури[23]. Терри подытожил свою заметку словами, что это вечернее выступление — «ни больше ни меньше своего рода советский балетный хит-парад»[24] (см. рис. 7.2).

Подобные рецензии, наряду с соответствующей реакцией публики, последовали и за второй концертной программой. Мартин восклицал, что, если и было возможно Большому театру превзойти свою первую программу, он это сделал. Большая часть хвалебных слов Мартина досталась Улановой в «Умирающем лебеде», а также Васильеву, Кондрашовой и Левашёву за сцену «Лесной дьявол» из балета «Шурале»[25]. Среди других ярких вы-

---

[21] Ibid.

[22] Ibid.

[23] Ibid.; The Bolshoi Ballet... P. 34.

[24] Terry W. Bolshoi Ballet...

[25] Martin J. Bolshoi Dancers in 2D Highlights // The New York Times. 1959. May 1.

Рис. 7.2. Вальс
Мошковского.
Сувенирный буклет
гастролей
Большого театра
в Метрополитен-опере,
1959 год. Публикуется
с разрешения
Нессы Хайамс Пикер
и семьи С. Юрока

ступлений он отмечал выдающееся па-де-де в исполнении Екатерины Максимовой и Бориса Хохлова из «Щелкунчика», танец Эсфандияра Кашани в танце китайских акробатов из балета «Красный мак», па-де-труа из сцены «Океан и жемчужины», что исполнили Геннадий Ледях, Нина Чистова и Нина Фёдорова, а также танцы из «Весенних вод» в исполнении Людмилы Богомоловой и Станислава Власова[26]. Кроме того, Мартин отмечает танец с саблями Хачатуряна и балетный дивертисмент из оперы Глинки «Иван Сусанин». Хотя Мартину понравилась программа, он подверг мягкой критике хореографическую версию Асафа Мессерера розового адажио из балета «Спящая красавица». Мартин, признавая, что предпочитает оригинальную хореографию Петипа, отметил, что, несмотря на менее удачную хореографию Мессерера, Нина Тимофеева выступила отменно. Мартин заключил, что, несомненно, многие из присутствующих в зале,

---

[26] Ibid.

кто на протяжении последних лет видел советские фильмы-балеты, были знакомы с номерами из этого концерта, однако фильмы нельзя сравнивать с живыми выступлениями[27].

Терри, как и его коллега Мартин, написал о второй концертной программе весьма доброжелательный отзыв. Он удостоил наивысшей похвалы Уланову в «Умирающем лебеде». Соглашаясь со сказанным в театральном буклете, где Уланову называли «чудом света», он отметил, что она «и в самом деле была чудом танца»[28]. Остальная часть рецензии Терри в значительной степени совпадала с анализом Мартина. Терри не скупился на похвалу в отношении танцовщиков в «Лесном дьяволе», «Весенних водах» и фрагментах из «Щелкунчика» и «Спящей красавицы». В основе единственного серьезного расхождения между отзывами критиков лежали их личные предпочтения. Если Мартин восхищался па-де-труа из сцены «Океан и жемчужины», то Терри заявил, что ему это произведение показалось попыткой поднять на несколько более высокий уровень водевиль и что этот концертный номер был «совершенно ужасен»[29]. В более поздней статье Терри, кажется, постарался развеять страхи относительно того, что советские танцовщики с их потрясающими техническими и акробатическими трюками обошли своих американских коллег. Он писал, что американские артисты способны исполнять такие же акробатические трюки; причина, по которой они отсутствовали на американской балетной сцене, заключалась в том, что к этому моменту американцы не использовали этих техник в своих постановках[30]. В оставшейся части статьи автор хвалит те или иные выступления артистов в рамках концертной программы[31].

В третьем отзыве, напечатанном в газете «Нью-Йорк геральд трибюн», Дж. Крист подчеркивала, какую радость доставили

[27] Ibid.

[28] Terry W. Bolshoi Ballet // New York Herald Tribune. 1959. May 1.

[29] Ibid.

[30] Terry W. Bolshoi Exciting in Variety Show // New York Herald Tribune. 1959. May 13.

[31] Ibid.

публике эти выступления. Концерты, проходившие в Медисон-сквер-гардене, привлекли огромные толпы зрителей. По утверждению Крист, на концерте 12 мая побывало целых 13 000 человек. Этим невероятным числом зрителей были побиты все предыдущие рекорды посещения американцами классического балета[32]. В частности, Крист отметила, что самые громкие овации достались Стручковой и Васильеву[33]. Другие участники балетной труппы, удостоившиеся особой похвалы, — это Уланова в «Умирающем лебеде» и «Шопениане», Стручкова в па-де-де из «Спящей красавицы», Максимова в па-де-де из «Пламени Парижа», а также Стручкова и Лапаури в «Вальсе» благодаря их быстрым движениям и акробатике. Конкретно этот номер заставил публику безмолвствовать, прежде чем она разразилась криками «бис!»[34].

Учитывая в основном положительные отзывы ведущих балетных критиков и бурные аплодисменты публики, советская власть могла расценить эти концертные программы как большой успех. Отзывы Мартина, Терри и Крист, а также восторженные овации зрителей давали понять, что Советы снова достигли своей цели продемонстрировать хореографические таланты страны. Более того, пусть и не каждый номер получил от Мартина и Терри положительный отзыв, оба критика в целом отмечали уникальный характер советской балетной труппы. Критики вместе со зрителями в зале аплодировали советским исполнителям, и создавалось впечатление, как и в случае с балетами, что советское искусство оценили. В своих рецензиях Мартин, Терри и Крист отмечали великолепное мастерство исполнителей, воздавали должное работам советских композиторов и хореографов, но не приписывали этих достижений коммунизму. Однако в СССР могли указать на похвалы критиков в адрес советской хореографии и исполнителей, прийти к выводу, что турне прошло успешно. В отличие от Советов, которые воспринимали рукоплескания

---

[32] Crist J. A Record 13,000 See Bolshoi at Garden // New York Herald Tribune. 1959. May 13.

[33] Ibid.

[34] Ibid.

Большому театру как аплодисменты советскому государству и его признание, американские критики вместе с публикой искренне наслаждались художественными достоинствами выступлений, отделяя их от политических мотивов.

Как и в случае с американской публикой и критиками, советские репортеры также писали о выдающихся выступлениях артистов, в особенности отмечая бешеные овации, которых они были удостоены. В репортаже ТАСС, где рассматривалась первая концертная программа, говорилось о том, что концерт прошел с большим успехом. В частности, в нем подчеркивалось, что Уланова в «Шопениане» и Плисецкая в «Вальпургиевой ночи», а также Стручкова, Тимофеева и Лапаури были встречены «бурными аплодисментами»[35]. С. Н. Звягина в статье, опубликованной в газете «Советский артист», подробно останавливается на том, насколько удачной оказалась первая концертная программа. Она пишет, что «Танцевальная сюита» Шостаковича, па-де-де из «Пламени Парижа», а также «Слепая» и «Ночь на Лысой горе» были встречены очень теплым приемом[36]. Интересно, что Звягина особо подчеркивает, как понравился публике номер «Мы — сталинградцы». Позже в своем письме Орвид также особо заостряет внимание на успехе этого номера[37]. Звягина и Орвид, вероятнее всего, добавили это наблюдение по той причине, что до начала американского турне ГАБТа Госдепартамент США выразил неодобрение касательно включения этого произведения в программу турне. Американские власти беспокоились, что в зале могут возникнуть эксцессы, а это повлечет за собой негативные отзывы в прессе, в итоге турне Большого театра будет прервано[38]. Принимая во внимание то, как бурно отреагировала американская публика на концертную программу, советские репортеры охарактеризовали

---

[35] ТАСС. Советские артисты покорили Нью-Йорк // Ставропольская правда. 1959. 25 апреля.

[36] Звягина С. Большой — Большому! // Советский артист. 1959. 1 мая.

[37] Там же.

[38] РГАЛИ. Ф. 2329. Оп. 8. Д. 1234. Л. 57–59. Письмо от Г. Орвида к Н. А. Михайлову. Нью-Йорк, 6 мая 1959 года.

это выступление как успешное[39]. Более того, одобрение публикой произведения «Мы — сталинградцы» сигнализировало о крупной победе, поскольку реакция зрителей показывала, что американская публика восприимчива к советским исполнителям больше, чем это представлялось властям в Вашингтоне.

Как и в обзорах советской прессы, выходивших по следам первой концертной программы, в последующих репортажах также отмечался восторг зрителей и критиков. В статье, напечатанной в «Советской культуре», приводилось множество цитат из рецензий Мартина и Терри, посвященных второй программе[40]. В основе этого репортажа лежали благосклонные отзывы, обнаруженные в статье Мартина от 1 мая «Артисты Большого театра в двух концертных программах» и статье Терри от 1 мая «Большой балет». Любопытно, что в этом обзоре Терри не называет произведение «Океан и жемчужины» неудачным и не сравнивает его с номером из водевиля[41]. Репортаж заканчивался краткой цитатой из критической статьи Чапмана, напечатанной в газете «Дейли ньюс», в которой он хвалил различных балерин и отмечал восторженную реакцию зрителей в адрес Улановой[42].

Еще в одном репортаже отмечалось, что американская пресса была крайне благосклонна к советским артистам. Как пишет газета «Нью-Йорк пост», на спектакль 12 мая пришли 14 000 зрителей. Этот уровень «интереса и уважения к искусству» был неслыханным[43].

Восторг по поводу успеха выступления труппы и большого числа зрителей проявлялся и в других репортажах. В статье ТАСС, озаглавленной «Крупный успех советского балета в США», было отмечено, что выступления труппы продолжали очаровывать публику[44]. Помимо упоминания криков «браво», доносившихся из

---

[39] Звягина С. Большой — Большому!

[40] ТАСС. Ошеломляющее мастерство // Советская культура. 1959. 5 мая.

[41] Там же.

[42] Там же.

[43] ТАСС. В Медисон-сквер-гардене // Ленинское знамя. 1959. 15 мая.

[44] ТАСС. Крупный успех советского балета в США // Правда. 1959. 18 мая.

зрительного зала, и громогласных аплодисментов, в статье говорилось о том, что выступления Большого театра посетило более 200 000 американцев. Однако людей, жаждущих увидеть труппу Большого театра, в действительности было намного больше. Эта потребность привела к тому, что Советы организовали показ документального фильма 1956 года о гастролях в Лондоне и советской киноверсии балета «Ромео и Джульетта»[45]. Как засвидетельствовано в этих репортажах, постоянные хвалебные отзывы публики и критиков наряду с громадным интересом к посещению спектаклей и концертов переросли в грандиозный успех. Мало того что американские критики и зрители воспевали подвиги исполнителей, что и являлось изначальной целью турне, — проявленное зрителями желание увидеть какую-нибудь постановку заставило Советы принять дополнительные меры, чтобы посмотреть балет удалось большему числу людей. В СССР считали, что американское турне ГАБТа прошло даже более успешно, чем ожидалось изначально (следовательно, стало большей победой культурной дипломатии).

Это проявление интереса и аплодисменты подтолкнули Орвида и Лавровского к тому, чтобы поделиться своим ви́дением турне. В статье от 1 мая Орвид предоставляет новые свидетельства выдающегося успеха гастролей. Как объяснял Орвид, желание американцев посетить выступление привело к тому, что в период с 12 по 16 мая в Медисон-сквер-гардене прошло шесть концертов[46]. Как и авторы других советских репортажей, Орвид сообщил, что успех ГАБТа называют небывалым в истории Нью-Йорка, а также отметил положительные отзывы американских репортеров. Орвид закончил свои заметки выражением надежды на то, что Большой театр и в дальнейшем будет играть свою роль в культурных обменах, что приведет к росту взаимопонимания между различными народами[47].

Разделяя чувства Орвида, Лавровский предложил обзор хода турне ГАБТа на текущий момент, начав свою статью замечанием

---

[45] Там же.

[46] Орвид Г. Русские покорили Нью-Йорк... // Вечерняя Москва. 1959. 4 мая.

[47] Там же.

о солидарности между советскими деятелями искусства и американскими сотрудниками Метрополитен-оперы[48]. Он сообщил о том, что здесь собрались толпы американцев, чтобы прокричать слова благодарности артистам, когда те входили в театр перед вечерним спектаклем. Более 40 000 зрителей, побывавших на выступлениях в Метрополитен-опере, «создали прочное общественное мнение о неоспоримом превосходстве советской школы хореографии»[49]. Приводя новые свидетельства горячего приема американцами Большого театра, Лавровский процитировал письмо, адресованное балетной труппе американкой Розой Майер, которая писала, что советское исполнение «Лебединого озера» вызвало чувство глубокого умиротворения, поскольку перенесло ее в сказочное царство. Лавровский выражал свой восторг по поводу приема, который устроили американцы, и радовался тому, что турне продолжится, охватив еще большее число зрителей[50].

По завершении выступлений в Нью-Йорке Большой театр дал один концерт на сцене Капитолийского театра в Вашингтоне (округ Колумбия). Это мероприятие проходило 14 мая 1959 года, и его удостоили своего посещения как советские, так и американские политические деятели, включая американских сенаторов и конгрессменов, а также советского посла Меньшикова[51]. На концерте в вашингтонском Капитолийском театре взволнованные американцы заполнили весь зал[52]. Балетный критик из Вашингтона Джин Бетти, подобно своим нью-йоркским коллегам, написала восторженный отзыв. Она особо отмечала изящное исполнение Улановой и Фадеечевым «Шопенианы» и называла Уланову в «Умирающем лебеде» «несравненной»[53]. Далее в своей статье

---

[48] Лавровский Л. Американцы говорят спасибо советскому балету // Труд. 1959. 7 мая.

[49] Там же.

[50] Там же.

[51] Battey J. Vociferous Welcome Is Given Bolshoi Ballet // The Washington Post and Times Herald. 1959. May 15.

[52] Ibid.

[53] Ibid.

Бетти восхищалась Плисецкой в «Вальпургиевой ночи», акробатом из «Красного мака», Максимовой в па-де-де из «Пламени Парижа», Тимофеевой и Ждановым в розовом адажио из «Спящей красавицы», а также Лапаури и Стручковой, исполнившими в необыкновенно быстром темпе и с высокотехничной акробатикой «Вальс» Мошковского. Единственное ее негативное мнение касалось хореографии «Спартака» Игоря Моисеева, два танца из которого Бетти назвала «банальными»[54]. Автор неподписанной статьи, вышедшей 16 мая, соглашался с Бетти в ее положительной оценке труппы. Как говорилось в репортаже, результатом постановок ГАБТа в Вашингтоне и Нью-Йорке стало то, что зрители «стоя рукоплескали русско-американской программе по культурному обмену»[55]. Что касается политических выгод культурного обмена, автор сомневался в том, что эта программа приведет к оттепели в холодной войне; самое большее, на что можно надеяться, — это то, что советское руководство со временем переменит свои взгляды и поведение. Как бы то ни было, автор хвалил культурный обмен как возможность насладиться выдающимися художественными достижениями, преодолевшими национальные границы[56].

Советские репортажи, которые последовали за выступлением в Вашингтоне, в целом мало отличались от статей, посвященных концертным программам в Нью-Йорке. В «Ленинском знамени» была помещена статья, в которой цитировались рецензии различных критиков. В целом в этой статье говорилось, что критики хвалили труппу, а один из них отметил, что каждый номер был великолепен[57]. В других репортажах говорилось о том, что аплодисменты были такими же, какими публика реагировала на проходившие перед этим выступления ансамбля Моисеева[58].

---

[54] Ibid.

[55] The Bolshoi's Night // The Washington Post and Times Herald. 1959. May 16.

[56] Ibid.

[57] Вашингтон аплодирует… // Ленинское знамя. 1959. 17 мая.

[58] Там же.

Репортеры с Западного побережья также писали о Большом театре хвалебные отзывы. По словам Голдберга из «Лос-Анджелес таймс», концерт 21 мая многократно превосходил предшествующее ему исполнение «Ромео и Джульетты». Голдберг заметил, что концертная программа предоставила возможность показать танцы, являющиеся воплощением классического стиля[59]. В своем весьма подробном репортаже Голдберг подчеркивает, что каждый номер был захватывающим. Он отмечает, что Уланова в «Умирающем лебеде» была выше всяких похвал и что оценить по достоинству ее выступление можно только в том случае, если увидеть его своими глазами[60]. Концертная программа, показанная 24 мая, также удостоилась его похвалы. В частности, Голдберг отметил, что один из работников сцены каким-то образом заблудился и бродил по сцене в тот момент, когда Уланова исполняла прелюдию к «Шопениане»[61]. С этим неудобным моментом Уланова справилась с изяществом, поскольку она с улыбкой на лице продолжала свое исполнение, в то время как мужчина проследовал через сцену и вышел в противоположную кулису. Голдберг похвалил Уланову за то, что ей удалось не позволить этому человеку отвлечь ее от выступления[62]. В Сан-Франциско, судя по всему, никаких явных помех не было, а репортеры были в восторге от Большого театра. Шестого и седьмого июня были представлены две концертные программы[63]. Франкенштейн из газеты «Сан-Франциско кроникл» объявил их превосходными[64]. Особо следует отметить, что Франкенштейн похвалил Максимо-

---

[59] Goldberg A. Bolshoi Presents Highlights Program // Los Angeles Times. 1959. May 23; Goldberg A. Bolshoi Ballet Billed // Los Angeles Times. 1959. May 17.

[60] Goldberg A. Bolshoi Presents Highlights Program.

[61] Goldberg A. Ulanova Dances as Man Shuffles // Los Angeles Times. 1959. May 25; Goldberg A. Bolshoi Ballet Billed.

[62] Goldberg A. Ulanova Dances as Man Shuffles // Los Angeles Times. 1959. May 25; Goldberg A. Bolshoi Ballet Billed.

[63] S. Hurok and ANTA Present the Bolshoi Ballet // San Francisco Chronicle. 1959. May 3.

[64] Frankenstein A. Acrobat Ballet and Grand Style // San Francisco Chronicle. 1959. June 7.

ву в па-де-де из балета «Пламя Парижа» и Чистову в па-де-де из «Щелкунчика», а также в общих чертах отметил «Шопениану» и номер «Мы — сталинградцы».

Подобным же образом отмечали положительные отзывы советские репортеры. К примеру, в одном репортаже говорилось, что выступление Плисецкой в «Вальпургиевой ночи» было наполнено энергией[65]. Американские и советские репортажи о выступлениях в Лос-Анджелесе и Сан-Франциско, как правило, были лишены конкретики (либо авторы заостряли свое внимание на основных балетах). В СССР отмечали общий успех ГАБТа в обоих городах, добавляя к этому, что американское турне в целом оказалось необычайно успешным[66].

Аплодисменты американской публики и благосклонные отзывы критиков лишний раз продемонстрировали Советам, что турне прошло с успехом. Но, как и в случае с другими выступлениями, концертные программы свидетельствовали о том, что турне ГАБТа не обернулось настоящей оттепелью в политике. Тот факт, что американские критики и зрители в зале наслаждались выступлениями как выражением художественных достижений, указывал на то, что искусство способно преодолеть политические разногласия, следовательно, оно является признаком «весеннего периода». Однако использование СССР искусства для достижения политической победы в холодной войне было свидетельством продолжающихся «морозов», которые имели место и в хрущёвскую эпоху. Концертные программы включали в себя весьма разнообразный репертуар, а положительная реакция американцев указывала на несколько важных факторов. Во-первых, она показывала, что советские исполнители подтвердили свое мастерство в разнообразных жанрах — от классического танца до современных постановок. Во-вторых, аплодисменты советским современным постановкам дополнительно развеивали всякие опасения, что американцы не оценят этих постановов, особенно

---

[65] ТАСС. От триумфа к триумфу // Правда. 1959. 4 июня.

[66] Там же; ТАСС. Окончание гастролей балета ГАБТа в США // Московская правда. 1959. 10 июня.

номер «Мы — сталинградцы». В-третьих, вся концертная программа ясно показывала, до какой степени советские деятели искусства полагались на наследие царской эпохи. Творения царской эпохи с такой легкостью включались в советский художественный канон, что власти не видели никакого противоречия во включении этих произведений в программу турне, имеющего целью демонстрацию советских достижений. В соответствии с идеей о том, что советский балет обладал способностью усовершенствовать классику, эти творения слились с современной советской хореографией. Этот эклектичный репертуар принес Большому театру множество восторженных отзывов, которые советское руководство восприняло как свидетельство того, что турне достигло своей цели — показать выдающееся развитие хореографического искусства при коммунистическом режиме.

Глава 8
Умеренный успех
Роль балета в холодной войне

Едва закрылся занавес на последнем гастрольном спектакле ГАБТа, как советская власть провозгласила турне грандиозным успехом, а аплодисменты американской публики объявила знаком одобрения Советского Союза. До начала турне ГАБТа яркие репортажи о русском и советском балете появлялись в ведущих балетных и новостных журналах и газетах. Этот ажиотаж в преддверии гастрольного турне вкупе с восторженными аплодисментами публики, а также громкими статьями критиков показал, что американцы оценили выдающиеся таланты артистов Большого театра. Советские чиновники могли увидеть в этом турне значительный шаг на пути перекраивания американцев в новых советских людей. Однако американские критики и американская публика, похоже, либо проявляли интерес к балету из-за его художественных достоинств, либо посещали спектакли и концерты в силу социальных причин. Американские чиновники, кажется, распознали подрывную природу культурного обмена и приняли некоторые меры по борьбе с этой угрозой. Американские и советские лидеры осознавали, что балет представлял собой очередную арену для соревнования в рамках холодной войны. Планы советских лидеров относительно турне и ответ американских властей ГАБТу указывали на то, что обе сверхдержавы видели в культурном обмене и культурной дипломатии проявления холодной войны. Параллельно с тем, как советские власти экспортировали культурную пропаганду и воспевали успехи турне

ГАБТа, американские чиновники и государственные деятели давали отпор как советской культурной атаке, так и традиционной дипломатической угрозе.

Когда Большой театр готовился к своим заключительным выступлениям в Нью-Йорке, театральное руководство в СССР заявило о выдающемся успехе, с которым прошло турне. В письме министру культуры Михайлову от 6 мая директор Большого театра Орвид сообщает, что на всех выступлениях публика рукоплескала с энтузиазмом, а исполнители «добились хорошего контакта со зрителем»[1]. Орвид отметил, что успех турне нарастал от спектакля к спектаклю и что ни на одном выступлении не было ни единого свободного места. Хотя министр уже был в курсе успехов турне, поскольку к тому моменту, несомненно, прочел репортажи, Орвид не преминул подчеркнуть, какие яркие статьи об исполнителях и о Большом театре вышли в американской прессе. По его признанию, «выбор спектаклей, их чередование, построение концертных программ и ввод исполнителей» были направлены на демонстрацию «всестороннего советского хореографического искусства» и обеспечили Большому театру «всенарастающий успех»[2].

Орвид завершил свое письмо словами о том, что планировались трансляции советского балета по американскому телевидению. Благодаря появлению Большого театра на телевизионных экранах балет войдет в дома миллионов американских зрителей, которые были лишены возможности достать билеты. Ко всему прочему, сотни тысяч долларов, которые Советы заработают на этом предприятии, обеспечат страну существенным новым источником столь необходимых доходов[3]. Еще до окончания га-

[1] РГАЛИ. Ф. 2329. Оп. 8. Д. 1234. Л. 57. Письмо от Г. Орвида к Н. А. Михайлову. Нью-Йорк, 6 мая 1959 года.

[2] Там же.

[3] Там же. Л. 58. Договор на проведение телевизионной трансляции сперва был предложен компании «Си-би-эс», но был отклонен. См.: Adamis V. Bolshoi Proposal Rejected by C.B.S. // The New York Times. 1959. May 13. Однако к началу июня соглашение было достигнуто с «Телевижн индастриз инкорпорейшн». Стоимость получения этих прав превосходила 1 млн долларов. Записанные

стролей ГАБТа Орвид пришел к выводу, что турне оказалось успешным[4]. Поскольку каждое выступление вызывало ажиотаж, руководство ГАБТа посчитало турне выдающимся художественным достижением и уже начало наращивать этот успех путем показа по телевидению фрагментов из гастрольных выступлений.

Письмо Орвида не только позволяет составить представление о том, как турне понималось Советами, но и предоставляет свидетельство того, что советская власть стремилась распространить свое влияние и за пределы театра. Усилия Орвида по обеспечению показа выступлений ГАБТа по телевидению указывали на стремление Советов добиться того, чтобы их идеи и пропаганда проникли во все американские дома. Чем больше американцев соприкоснется с советским искусством, тем большее их число начнет отождествлять великое искусство и выдающиеся достижения с советской системой. Кроме того, такого рода тактические действия указывали на то, что в СССР понимали: в силу логистических ограничений, таких как количество доступных мест и билетов, выступления Большого театра проходили перед ограниченной аудиторией. Советы стремились устранить эту проблему путем проведения телевизионных трансляций. Благодаря этим программам еще больше американцев откроет для себя ярчайшие достижения советской системы и постепенно начнет положительно относиться к коммунизму. К тому же эти выступления должны были обеспечить СССР необходимой финансовой прибылью, которая послужит еще большему укреплению коммунистической системы и, возможно, поспособствует последующим культурным обменам.

балетные фрагменты составляют в целом 4 часа выступлений. См.: Bolshoi Will Make 4 Hours of TV Tape // The New York Times. 1959. June 1. См. запись выступлений ГАБТа 1959 года: The Best of the Bolshoi. Parts 1 and 2. Эта видеозапись хранится в Нью-Йоркской публичной библиотеке в секции исполнительских искусств. Предоставлено «Истерн эйрлайнз» совместно с С. Юроком (режиссер — Ч. С. Дубин, продюсер — Т. Милс). Запись использовалась в процессе написания книги. Телевизионный показ записи, сделанной в Лос-Анджелесе в 1959 году, был осуществлен в феврале и марте 1965 года.

[4] РГАЛИ. Ф. 2329. Оп. 8. Д. 1234. Л. 57–59.

В письме Орвида, адресованном Михайлову, было представлено весьма позитивное описание хода турне ГАБТа, выдвигалось предложение о том, как продлить этот успех. Можно допустить, что Орвид написал это письмо отчасти с целью выслужиться перед министром. Путем подчеркивания успеха турне Орвид, вероятно, стремился упрочить свою репутацию в глазах руководства. В то же время он не преувеличивал успехов турне, поскольку у Михайлова была возможность прочесть перепечатанные в советской прессе статьи из американских изданий либо поинтересоваться мнением других людей, побывавших на концертах или спектаклях. Кроме того, не создается впечатление, что Орвид нуждался в укреплении своей позиции внутри руководства ГАБТа. Согласно публикациям в советской прессе, включая официально изданный театральный буклет, посвященный балету Большого театра, правительственные чиновники признавали музыкальные заслуги Орвида; к тому же незадолго до того, в 1954 году, он получил назначение на должность заместителя министра культуры. Похоже, что в 1959 году позиция Орвида в руководстве балета и правительстве была и без того прочной[5]. Вероятно, письмо Орвида в некоторой степени говорит о его желании похвастать успехами, было написано частично с целью угодить Михайлову. Но все-таки это письмо можно рассматривать также в качестве заслуживающей доверия версии, поскольку те же самые мысли изрекались и другими видными чиновниками, поскольку и в американской прессе регулярно писали о положительном приеме американцами ГАБТа. Эти высказывания и отчеты согласуются с признанной партией интерпретацией турне, которая впервые была представлена Орвидом в марте 1959 года на международной пресс-конференции в Москве, посвященной усилиям по обеспечению успешного проведения гастролей на территории США[6].

---

[5] The Bolshoi Ballet: Souvenir Booklet. Metropolitan Opera House, 1959. P. 8.

[6] Москва, Музей ГАБТа. США, 1959, 1962, 1966. Л. 1–3. Заявление директора Государственного академического Большого театра Союза ССР Георгия Орвида на пресс-конференции советских и иностранных журналистов 20 марта 1959 года в 16:00 в связи с предстоящими гастролями балетной труппы ГАБТа в США и Канаде.

Публичные выражения удовлетворения ходом турне, совпадающие с личными чувствами Орвида, печатались в репортажах советской прессы. По возвращении в СССР Орвид признал, что американцы встретили каждое выступление ГАБТа с искренними чувствами, и заметил, что артисты повсюду слышали слово «спасибо»[7]. Орвид завершил тем, что приравнял рукоплескания публики, предназначенные исполнителям, к аплодисментам Советскому Союзу. В частности, Орвид сказал: «Мы понимаем, что эти симпатии относятся не только к оценке мастерства артистов, но и к нашей великой Родине, с которой простые люди Америки и Канады хотят жить в дружбе»[8].

Советские чиновники понимали, что единственный реально эффективный способ заручиться поддержкой для коммунистических идей на территории США заключался в использовании культурного обмена и культурной дипломатии [Magnúsdóttir 2010: 51–52]. На протяжении десятилетий, последовавших за окончанием Второй мировой войны, прямая поддержка советской системы пришла в небывалый упадок. Расцвет американского капитализма и сопутствующих ему политических свобод сделал затруднительным для СССР привлечение сторонников путем открытой пропаганды, в которой восхвалялись бы успехи коммунизма. Вместо этого Советы решили использовать гастрольные турне в рамках культурной дипломатии, чтобы ознакомить американцев с советской идеологией и сделать их более чувствительными к ней [Magnúsdóttir 2010: 51–52].

Таким образом, чиновники, включая Орвида, рассматривали этих исполнителей как культурных представителей, образцы великих достижений советской системы. Эти балерины и танцовщики являлись ключевыми средствами представления американцам коммунистических идей, завоевания сторонников и достижения крупной победы в холодной войне. Благодаря искусству американцы положительно восприняли Советский Союз.

---

[7] Зарапин Д. Встреча на родной земле // Правда. 1959. 23 июня.

[8] Там же. По окончании американского турне Большой театр летом 1959 года направился на несколько недель в Канаду.

Дальнейшие турне в рамках культурного обмена будут строиться на этом незыблемом фундаменте. Внутри страны целями искусства были образование, обучение, мотивация и мобилизация людей. Советские лидеры, такие как Хрущёв, верили, что искусство в этих областях действовало успешно. Успех искусства вплотную связывался с мировой победой коммунизма [Roth-Ey 2011: 4, 11, 20–21]. В СССР полагали, что турне в рамках культурного обмена приведут к тем же самым результатам в глобальных масштабах. Удачные гастрольные турне еще больше укрепят связь между этими выдающимися достижениями и советской системой, и постепенно американцы станут открыто восхищаться советской системой. Спустя некий довольно протяженный период это восхищение Советским Союзом перерастет в признание политического величия СССР, а американцы станут новыми советскими людьми.

Другие значимые члены руководства ГАБТа выражали схожие убеждения. Согласно публикации в «Советской культуре», Лавровский, главный балетмейстер Большого театра, говоря от имени труппы, отмечал, какое счастье все испытали по возвращении на родину. Когда они узнали об успехе гастролей в целом, волнение и радость исполнителей только возросли. Лавровский отмечал, что положительные оценки балета относились не только к артистам — они распространялись на все советское искусство и его реалистичные образы[9]. Как и Орвид, Лавровский воспринимал аплодисменты американцев как признание советского искусства.

Благодаря статьям вроде той, где Мартин восхищался уникальным характером советской «Жизели», Лавровский обладал доказательством того, что Запад в полной мере признал великие достижения советского искусства, в частности — хореографии[10]. Как главный балетмейстер, Лавровский был ответствен за хореографию

[9] Керемецкий Я., Широков О. Они вернулись победителями! // Советская культура. 1959. 23 июня.

[10] Martin J. Ballet Bolshoi Troupe's «Giselle» Bows // The New York Times. 1959. April 29; Martin J. Ballet: Ulanova's «Giselle» // The New York Times. 1959. May 2; Martin J. Dance Classics: The Bolshoi Ballet Turns Its Attention to the Standard Repertoire // The New York Times. 1959. May 3. Подробный обзор см. в гл. 5.

балета «Ромео и Джульетта» и внесение изменений в «Жизель»[11]. Хотя высказывания Лавровского, по всей видимости, отражали его гордость за собственные достижения, турне ГАБТа в целом и отдельные выступления действительно удостоились хвалебных отзывов ведущих критиков и громогласных аплодисментов публики. Турне имело общенациональный успех и, судя по всему, продемонстрировало, что советское искусство (в частности, соцреализм) понравилось американскому народу. Художники, приверженные соцреализму, создавали работы, подходящие для широкой аудитории. Словно предвещая коммунистическую революцию, соцреалистические постановки очаровали американцев и, следовательно, существенно подкрепили убеждение в том, что со временем те не только станут ценить советский художественный стиль, но и примут советскую политику.

Помимо этих репортажей, советская пресса перепечатывала официальные приветственные речи и свидетельства бурной реакции американцев на приезд балета. В одном из репортажей, опубликованных ТАСС, цитируются слова губернатора штата Калифорния Эдмунда Брауна: «Мы любим русский народ»[12]. Орвид отмечал, что каждый раз, когда балетная труппа входила в театр либо выходила из него, толпа с волнением окружала исполнителей. Орвид полагал, что это было дополнительным свидетельством энтузиазма и одобрения в отношении советских исполнителей[13]. В других репортажах отмечался ажиотаж во время турне ГАБТа в целом. «Театральная Москва» сообщала о хвалебных отзывах в адрес ведущих солистов, дирижеров и хореографов ГАБТа, о том, что каждое выступление было «триумфом советского хореографического искусства»[14].

Положительные отзывы об американском турне Большого театра 1959 года не сводились лишь к театральному руководству и руко-

---

[11] The Bolshoi Ballet... P. 19, 53.

[12] ТАСС. Окончание гастролей балета ГАБТа в США // Московская правда. 1959. 10 июня.

[13] Большой побеждает с триумфом // Комсомольская правда. 1959. 14 июня.

[14] Триумф советского искусства // Театральная Москва. 1959. № 20.

водству в культурной сфере. Во время своей поездки в США, проходившей в сентябре 1959 года, Хрущёв выразил свое удовлетворение по поводу турне ГАБТа, прошедшего с отличным результатом чуть ранее в том же году. Советский лидер подробно рассказывал американским репортерам о превосходстве советского балета: «...где балет лучше? У вас? У вас даже постоянного оперного театра нет. У вас театр живет на то, что ему богачи дают. А у нас деньги дает государство. И лучший балет в Советском Союзе. <...> Вы сами видите, где искусство на подъеме, а где идет на спад» [Homans 2010: 373]. Отсюда очевидно, что, с позиции Хрущёва, СССР выигрывал соревнование в художественной сфере. Согласно его подходу к мирному сосуществованию, советская и американская системы должны были соревноваться, а превосходящая система выйдет из этого соревнования победителем[15]. По мнению Хрущёва, его план мирного соревнования успешно осуществлялся в художественной сфере. Хрущёв пришел к выводу, что турне ГАБТа и теплый прием исполнителей со стороны американцев указывали на осознание американцами превосходства советского балета, следовательно — СССР. Советский балет продемонстрировал свое превосходство и тем самым поспособствовал победе Советов в холодной войне.

Как мы видели, артистическое мастерство Большого театра произвело впечатление на американцев и привело в восторг Советы. Хотя это и не подчеркивалось, многие произведения (в частности, четыре балета) содержали идеологические послания, которые могли дойти до американцев (по крайней мере, на подсознательном уровне). Советское руководство не высказывало этой идеи открыто, однако есть свидетельства того, что Советы ставили целью, чтобы эти послания дошли до американцев. В интервью Ричарда Коу для «Вашингтон пост энд таймс геральд» Орвид прокомментировал: «Мы обнаружили, что идентичные эмоциональные моменты вызвали эмоциональный отклик, идентичный тому, что они вызывали у нас дома»[16]. Этими сло-

---

[15] Хрущёв Н. О мирном сосуществовании // Красный октябрь. 1959. 9 сентября.

[16] Coe R. L. Bolshoi Notes U.S. Reaction // The Washington Post and Times Herald. 1959. May 15.

вами Орвид указывал на свою веру в то, что эмоциональные послания балетов, заложенные Советами, хотя бы подсознательно дошли до американцев. Он, вероятно, пришел к выводу, что идеи нашли отклик у американского народа и что американцы, как и их советские коллеги, реагировали на идеологическое содержание балетов.

Если американцы и советские люди реагировали на одинаковые действия в идентичной манере, не исключено, что на подсознательном уровне первые были чувствительны к коммунистическим идеям и постепенно могли быть переделаны в новых советских людей. Публичное замалчивание марксистского содержания балета не навредило идеологической атаке. Американцы, не замечая, судя по всему, открытых коммунистических посланий, оказывались беззащитными и, соответственно, могли с легкостью на подсознательном уровне подпасть под влияние этих посланий. С точки зрения советских лидеров, турне ГАБТа показало, что новая стратегия Советов по достижению победы в холодной войне и мирового триумфа коммунизма работает весьма успешно. Судя по восторженным репортажам и специальным заявлениям, сделанным советским театральным руководством и прессой, театральные и правительственные чиновники воспринимали результаты турне Большого театра как победу Советского Союза. Как и в случае с их предшественниками в 1920-е годы, советские лидеры 1950-х годов использовали искусство для обретения поддержки в умах современных граждан капиталистических стран. Благодаря искусству советские балерины, танцовщики и музыканты получили признание и славу.

Как бы то ни было, различные ожидания Америки и Советов и разное понимание ими роли балета в обществе означали, что связанный с балетом ажиотаж в СССР оказался несколько преждевременным. Американцы горячо аплодировали, да, но из их высказываний следовало, что они рукоплескали искусству, а не коммунистической идеологии. Стратегия и тактика Советов, используемые ими у себя на родине, необязательно должны были оказаться эффективными и на международной арене. В целом (с учетом огромнейшей разницы между американскими и советскими представлениями о балете) можно сделать вывод, что турне ГАБТа имело художественный успех, а в краткосрочной перспективе — и политический, однако не заложило фундамента для долгосрочной идеологической победы.

По завершении турне ГАБТа нашлись американцы, которые отметили политическую важность культурного обмена, призвав чиновников распределить финансовые средства таким образом, чтобы Америка могла соревноваться с Советами на культурном поприще. Ричард Плезант, директор и основатель Американского театра балета, заметил, что с учетом блестящих выступлений и хвалебных отзывов Советы добились неоспоримой победы в сфере пропаганды [Pleasant 1959: 44, 69]. Плезант осознавал ключевую роль балета в советском обществе и призывал членов конгресса поддержать финансирование американского балета. С увеличением финансирования балета американцы получили бы ресурсы для создания выдающихся произведений, которые можно было бы затем показать и в Москве [Там же]. Такие выступления вызвали бы восхищение советских людей; таким образом, посредством культурного обмена американцы продемонстрировали бы и свою способность к соревнованию в изящных искусствах. Плезант утверждал, что такой взлет американского балета произвел бы сильное впечатление на Советы, поскольку балет предоставлял прямой путь к умам советских людей [Там же].

Подобно Плезанту, который рассматривал Большой театр и культурный обмен с политической точки зрения, чиновники в администрации Эйзенхауэра также следили за тем, как Советы готовились к гастролям. С учетом того что большую часть организационной работы для Большого театра выполнял Юрок, Госдепартамент, по всей видимости, играл намного более скромную роль[17]. Из телеграмм, которыми обменивались американский

---

[17] Обзор принятых Юроком мер см. в гл. 1–2. Беседы с архивистами Национального управления архивов (Колледж-Парк, штат Мэриленд) показывают, что многие записи, имеющие отношение к культурному обмену, были уничтожены десятки лет назад. Таким образом, это исследование основано только на сохранившихся записях.

посол в Москве Льюэллин Томпсон и действующий госсекретарь Кристиан Гертер, следует, что Госдепартамент оказывал содействие по технической части. Гертер в телеграмме Томпсону писал, что Юрок представил на рассмотрение визовые заявления для артистов балета Большого театра, а Гертер собирался проверить их статус[18]. В своем ответе Томпсон сообщил, что заявления прошли обработку и ожидают одобрения Госдепартамента[19]. Помимо оформления виз, как уже упоминалось, Госдепартамент предоставил Большому театру разрешение на посещение Сан-Франциско[20]. С учетом этих действий Госдепартамент, вероятно, играл лишь логистическую роль и в целом не курировал турне ГАБТа. Несмотря на то что Госдепартамент не обеспечивал контроля над планированием гастролей, чиновники, по всей видимости, все же провели ревизию предложенного репертуара. В письме от 6 мая к министру Михайлову Орвид заметил, что хореографическая картина «Сталинград», также известная под названием «Мы — сталинградцы», прославлявшая героизм советских граждан во время Сталинградской битвы, была добавлена к одной из концертных программ и что этот шаг вызвал негативный отзыв со стороны Госдепартамента[21]. Официально

[18] Christian Herter, Acting Secretary of State, to American Embassy Moscow, Washington, D. C. March 23, 1959, Declassified; 032 BOA; Central Decimal File 1955–1959; 032 Benoit, Emile, 5–857 thru 032 Boston CollegeGlee Club/9–858; General Records of the Department of State, Record Group 59; National Archives at College Park, College Park, MD.

[19] Ambassador Llewellyn Thompson to Acting Secretary of State Christian Herter, American Embassy Moscow, March 24, 1959, Declassified; 032 BOA; Central Decimal File 1955–1959; 032 Benoit, Emile, 5–857 thru 032 Boston College Glee Club/9–858; General Records of the Department of State, Record Group 59; National Archives at College Park, College Park, MD.

[20] См. гл. 2. Christian Herter, Acting Secretary of State, to American Embassy Moscow, April 10, 1959; Declassified; 032 Bolshoi Ballet; Central Decimal File 1955–1959; General Records of the Department of State, Record Group 59; National Archives at College Park, College Park, MD.

[21] Этот танцевальный номер является прославлением советского героизма, проявленного во время Сталинградской битвы; см.: The Best of the Bolshoi, Part 1, 1959, video recording, We Stalingrad, choreographic work by Varkovitsky,

его представитель заявил, что на выступлении могут возникнуть эксцессы, что повлечет за собой негативные публикации в прессе, которые в итоге сорвут турне[22]. Орвид объяснил, что он решил оставить номер в программе и что хореографическая картина в итоге была хорошо принята публикой[23].

Из этого официального обзора следует, что Госдепартамент проявлял интерес к программе Большого театра. По всей видимости, возражения американских чиновников вызвала только картина «Сталинград», поскольку в отношении главных балетов («Ромео и Джульетта», «Лебединое озеро», «Жизель» и «Каменный цветок») и других номеров из концертных программ претензий не было. В письме к министру Михайлову Орвид не упоминал о том, что американцы выражали опасения по поводу иных аспектов турне[24]. Скорее всего, американские чиновники не рассматривали эти балеты как неуместные или неоднозначные, поэтому разрешили оставить их в программе. Если бы чиновники Госдепартамента имели прочие вопросы к репертуару ГАБТа, они, вероятно, потребовали бы поменять балеты. Молчание Орвида указывает на то, что Госдепартамент, скорее всего, не имел остальных возражений.

Если чиновники Госдепартамента и не выступали против турне ГАБТа, другие члены администрации Эйзенхауэра, несомненно, понимали угрозу советского культурного оружия. В частности, Чарльз Джексон, неофициальный советник Эйзенхауэра, который настаивал на разработке четкой американской программы по психологическому оружию, нередко говорил о необходимости быть бдительными в отношении угроз, исхо-

---

presented by Eastern Airlines in association with S. Hurok. Directed by Charles S. Dubin. Produced by Ted Mills. Held at the New York Public Library for the Performing Arts, New York City. Запись этой хореографической картины хранится в Нью-Йоркской публичной библиотеке в секции исполнительских видов искусства (Нью-Йорк). См. также: РГАЛИ. Ф. 2329. Оп. 8. Д. 1234. Л. 57–58. Письмо от Г. Орвида к Н. А. Михайлову; The Bolshoi Ballet... P. 58.

[22] РГАЛИ. Ф. 2329. Оп. 8. Д. 1234. Л. 57–58.

[23] Там же. Л. 58.

[24] Там же. Л. 57–59.

дивших от Советов [Hixson 1997: 102–103, 134]. Джексон не ограничивался комментариями в частных беседах, а публично настаивал на том, что американцам следует оберегать себя от угрозы со стороны Советов. На посвященном художественному творчеству банкете, проводившемся Университетским клубом 7 января 1959 года, Джексон указывал на мощь культурной атаки СССР. Джексон заметил, что это оружие «черпает свою силу в самых сокровенных ожиданиях» людей по всему миру[25]. Он придерживался мнения, что культура являлась значительным фактором в борьбе между Востоком и Западом. Далее Джексон утверждает, что она оказалась способна изменять мнения и привлекать тех людей, которые пока еще не сделали окончательного выбора в пользу коммунизма или капитализма[26]. Что любопытно, в набросках этой речи Джексон писал о том, что «величайшее соревнование между Востоком и Западом происходит в области культуры»[27]. Причины, по которым важной составляющей в борьбе между Востоком и Западом Джексон решил назвать культурный обмен вместо наиболее актуальной формы соревнований, остаются неясными. Как бы то ни было, этими заявлениями, сделанными как публично, так и в частном порядке, Джексон уловил суть угрозы культурного обмена: Советы не рассматривали свою программу по культурному обмену как жест доброй воли, а, напротив, считали искусство ключевым средством достижения победы в холодной войне.

Если Джексон и выражал озабоченность касательно угрозы советского культурного обмена, не все советники президента пришли к тому же заключению. После Женевской конференции 1955 года специальным помощником президента Нельсоном Рок-

---

[25] Jackson C. D. Speech at the Creative Arts Dinner, held by the University Club, January 7, 1959 // Performing Arts. 1959. March 12; Jackson, C. D. Papers, 1931–1967, Speech Texts, 1959 (9), Box 98, Dwight D. Eisenhower Presidential Library, Abilene, KS.

[26] Ibid.

[27] Jackson C. D. Text of Speech to be Delivered at the Creative Arts Dinner, C. D.: Papers, 1931–1967, Speech Texts, 1959 (9), Box 98, Dwight D. Eisenhower Presidential Library, Abilene, KS.

феллером была создана экспертная комиссия для исследования роли психологического оружия в американской стратегии[28]. Хотя каждый член комиссии высказывал свое личное мнение, не отражая общего, в середине 1950-х годов доктор Филипп Мозли (научный руководитель Совета по международным отношениям) и доктор Стефан Поссони (специалист по воздушной разведке Департамента военно-воздушных сил) пришли к выводу, что в будущем меры по культурному обмену, принимаемые СССР, не приведут к значительным последствиям[29]. В другом документе Мозли и Поссони утверждают, что американским чиновникам в целом следует стараться принижать значение России и коммунизма, чтобы американский народ не держал постоянно в своих мыслях идею о коммунизме. Единственное исключение следовало сделать для сферы военных и внутренних угроз[30].

Сам президент Эйзенхауэр отмечал силу советской пропаганды. В конфиденциальном письме к госсекретарю Даллесу, датированном 26 марта 1958 года, Эйзенхауэр объясняет свою точку зрения по поводу современных угроз[31]. Особо следует отметить, что президент выражал беспокойство касательно огромного

---

[28] Preface, Psychological Aspects of United States Strategy: A Source Book of Individual Papers, Chairman Frederick L. Anderson, Major General, USAF (Ret.), November 1955, Declassified, Jackson, C. D. Papers, 1931–1967, Quantico Meetings (14), Box 88, Dwight D. Eisenhower Presidential Library, Abilene, KS.

[29] Mosely Ph., Possony S. T. Paper № 1 «A-Post Geneva Estimate of Soviet Intentions» // Psychological Aspects of United States Strategy: A Source Book of Individual Papers, Preface, Chairman Frederick L. Anderson, Major General, USAF (Ret.), November 1955, Declassified, Jackson, C. D. Papers, 1931–1967, Quantico Meetings (14), Box 88, Dwight D. Eisenhower Presidential Library, Abilene, KS.

[30] Mosely Ph., Possony S. T. Paper № 5, «General Guideline for an American Long Range Psychological Plan». Chairman Frederick L. Anderson, Major General, USAF (Ret.), November 1955, Declassified, Jackson, C. D. Papers, 1931–1967, Quantico Meetings (10), Box 88, Dwight D. Eisenhower Presidential Library, Abilene, KS.

[31] President Dwight D. Eisenhower to Secretary of State John Foster Dulles, March 26, 1958, Eisenhower Dwight D. Papers as President of the United States, 1953–1961, [Ann Whitman File] DDE Diary Series, DDE Dictation March 1958, Box 31, Dwight D. Eisenhower Presidential Library, Abilene, KS.

объема пропаганды, которую распространял Кремль, и тревожной тенденции, в рамках которой союзники американцев начинали полагаться на советскую версию событий. Кроме того, Эйзенхауэр писал, что было очень важно уберечь американский народ от этой пропаганды и не позволить гражданам стать жертвами советских ухищрений[32].

Признание Эйзенхауэром и Джексоном силы советской культурной и политической пропаганды частично объясняет официальную реакцию США на Большой театр. Американское посольство в Москве провело для труппы ГАБТа официальный прием перед их отбытием в Соединенные Штаты Америки. Советские корреспонденты сообщали, что перед отъездом балетной труппы американский посол в Москве Томпсон провел в американском посольстве прием для высоких гостей, включая министра культуры СССР Михайлова, представителя Министерства иностранных дел А. А. Солдатова и заместителя председателя Государственного комитета по культурным связям с зарубежными странами А. Н. Кузнецова. В числе других приглашенных на приеме присутствовали директор ГАБТа Орвид, дирижер Большого театра Файер и ведущие участники балетной труппы: Уланова, Левашёв и Стручкова[33]. Однако на территории Соединенных Штатов Америки ГАБТ принимали более сдержанно. Все указывает на то, что президент Эйзенхауэр не посетил балета. Ни в американских, ни в советских газетах не говорилось о его присутствии на спектаклях[34]. Несмотря на то что президент не удостоил Большой театр своим визитом, вице-президент Никсон принял приглашение от советского посла Меньшикова на посещение выступления в Вашингтоне. Но, прежде чем принять его,

---

[32] Ibid.

[33] ТАСС. Прием в посольстве США // Известия. 1959. 7 апреля.

[34] В статьях крупнейших газетных изданий того времени («Вашингтон пост», «Таймс геральд», «Нью-Йорк таймс», «Правда») ничего не сказано о посещении президентом какого-либо мероприятия. Мы также не находим подтверждений либо опровержений присутствия президента на выступлениях ни в архивных материалах Президентской библиотеки Эйзенхауэра, ни в Национальном управлении архивов (Колледж-Парк, штат Мэриленд).

вице-президент заручился одобрением чиновников Госдепарта-мента[35].

Довольно сдержанная реакция администрации Эйзенхауэра на выступления ГАБТа позволяет предположить, что для Белого дома турне не имело первостепенного значения. Возможно, президент решил следовать совету Поссони и Мозли — принижать значимость Советского Союза. Большой театр повсеместно считался ведущей культурной организацией СССР, и отсутствие Эйзенхауэра, по-видимому, снижало значимость турне. Впрочем, для того чтобы не совершить грубой ошибки международного уровня, выступление посетил Никсон — всего один концерт, проходивший в Вашингтоне (округ Колумбия), так что это не получило широкого освещения в прессе. В репортажах прессы с этого вечера отмечается, что в зале присутствовали различные правительственные чиновники, включая конгрессменов, сенаторов и дипломатов. В этих же репортажах приводятся цитаты из пылкой речи советского посла Меньшикова о культурном обмене, но слова вице-президента Никсона не цитируются[36]. Отсутствие Эйзенхауэра на выступлениях Большого театра можно было расценивать как серьезное дипломатическое оскорбление. Отсутствие американского президента на выступлениях в рамках первого американского турне знаменитого балета Большого театра указывало Советам на то, что американский лидер не был заинтересован в их мероприятиях по культурному обмену. Советские руководители едва ли могли упустить из виду отсутствие президента, однако они, по-видимому, не посчитали необходимым публично выражать свое неодобрение. Часто советские лидеры и репортеры просто-напросто игнорировали те новости, которые не соответствовали идеям партии. В этом случае они

[35] Dwight J. Porter, Special Assistant to the Deputy Under Secretary, Memorandum for the Record, Invitation from Menshikov to the Vice President for Bolshoi Ballet, 032 Bolshoi Ballet; 032 Benoit, Emile, 5–857 thru 032 Boston College Glee Club/9–858; General Records of the Department of State, Record Group 59; National Archives at College Park, College Park, MD.

[36] Ibid.; Battey J. Vociferous Welcome Is Given Bolshoi Balle // The Washington Post and Times Herald. 1959. May 16.

стремились представить гастрольное турне ГАБТа как жест доброй воли и средство добиться взаимопонимания между народами. Публичное заявление о том, что американский президент не посетил ни одного выступления, могло снизить воодушевление, окружавшее турне, и повредить его репутации как средства сближения американского и советского народов.

Другим объяснением кажущегося принижения значимости турне ГАБТа является то, что администрация не рассматривала гастрольную программу театра как прямую угрозу американским интересам. Только номер «Сталинград» вызвал комментарий Госдепартамента. Остальной репертуар, вероятно, сочли приемлемым для американского зрителя. Чиновники, судя по всему, решили, что балеты не представляли опасности и что турне не требовало срочного внимания со стороны президента, что стало бы достоянием общественности.

Самым острым вопросом, занимавшим президента и его кабинет, были действия Советов в отношении Берлина. По окончании Второй мировой войны союзные державы: США, Великобритания, Франция и СССР — согласились на раздел Германии и Берлина. Все четыре государства верили в то, что это разделение имеет лишь временный характер [Gaddis 1997: 121]. В конце 1940-х годов Сталин пришел в ярость из-за принимаемых Западом мер по объединению оккупационных зон Германии. Осознавая угрозу и опасаясь могущественного антикоммунистического государства, Западной Германии, Сталин заблокировал доступ к Берлину по земле, что привело к Берлинскому кризису 1949 года. Хотя усилия со стороны США заставили Сталина снять блокаду, действия советского вождя подтолкнули западные власти к созданию Федеративной Республики Германия (то есть Западной Германии). В ответ на действия США Советы основали Германскую Демократическую Республику (Восточную Германию). Берлин, находясь на территории Восточной Германии, должен был оставаться разделенным городом, занятым четырьмя бывшими союзными странами [Gaddis 1997: 120–121].

Создание Западной и Восточной Германии не улучшило отношений между США и СССР — напротив, напряжение вокруг разделенного на две части Берлина возросло. Причиной Берлинского кризиса 1958 года явились опасения со стороны Советов касательно сильной Германии. Советские лидеры помнили о том, что Германия на протяжении 30 лет дважды вторгалась в их страну. Поставив себе задачей не позволить сильной Германии вновь объединиться, советские руководители аргументировали это тем, что их контроль над Восточной Германией не позволит этому государству чересчур укрепиться, став угрозой Советскому Союзу [Trachtenberg 1999: 250–252]. Однако Западная Германия могла развиваться как могущественное государство, более не полагаясь на помощь и поддержку со стороны США. Советы выражали свою озабоченность относительно возможного размещения Западом ядерного оружия на территории Западной Германии. По-настоящему независимая Западная Германия, вооруженная ядерным оружием, могла бы не только вмешиваться в дела Восточной Германии, угрожая советскому контролю посредством политических действий, но и угрожать нанесением ядерного удара по Советскому Союзу. Советы желали, чтобы американцы продолжили прямой политический курс по отношению к Западной Германии, поэтому советская власть решила продемонстрировать свою обеспокоенность относительно могущественной независимой ядерной Западной Германии, сделав мишенью наиболее уязвимую позицию Запада — разделенный Берлин [Trachtenberg 1999: 252–253].

Двадцать седьмого ноября 1958 года Хрущёв выставил ультиматум Великобритании, Франции и США. Он заявил, что лидеры этих западных стран имеют выбор: либо к 27 мая 1959 года они предоставят Берлину статус «вольного города», либо, если этого не случится, он передаст контроль над западными путями к Берлину Восточной Германии [Зубок 2011: 206; Grogin 2001: 221]. В случае превращения Берлина в «вольный город» все иностранные войска, то есть принадлежавшие Великобритании, Франции и США, должны были быть выведены [Зубок 2011: 206]. Поскольку эти западные державы не признали Восточной Германии дипломатически, они не заключали никаких договоров о доступе. Если бы теперь эти лидеры согласились провести встречу с властями

Восточной Германии, их действия, по сути, означали бы признание существования двух германских государств [Grogin 2001: 221–222][37].

Выдвигая свой ноябрьский ультиматум, Хрущёв преследовал различные цели. Долговременная цель советского лидера заключалась в том, чтобы победа Советов в берлинском вопросе привела к спаду престижа Запада и заставила народы Азии и Африки восстать против своих западных правителей [Зубок 2011: 207]. Эти революции должны были привести к созданию марксистских правительств, которые установят дружеские отношения с Советским Союзом. Что касается краткосрочных целей, Советы периодически делали заявления о том, что обладающая ядерным оружием Западная Германия будет представлять угрозу для их страны. Заместитель председателя Совета Министров СССР Микоян высказал свои опасения западным лидерам [Trachtenberg 1999: 252–253]. Сам Хрущёв утверждал, что его страна является союзником восточных немцев. По его представлению, твердая позиция по Берлину должна была заставить западных лидеров отказаться от политики сдерживания и вместо этого вступить в переговоры с Советским Союзом [Зубок 2011: 207]. Таким образом, Хрущёв в своих действиях руководствовался стремлением к победе в холодной войне как в кратко-, так и в долгосрочной перспективе.

Пораженный ультиматумом Хрущёва, Эйзенхауэр тут же заявил, что США не могут согласиться с требованиями Советов. Эйзенхауэр, как и его советский коллега, осознавал, что настоящей проблемой был не Берлин, а озабоченность СССР по поводу Западной Германии. Однако Эйзенхауэр, в отличие от Хрущёва, утверждал, что ядерный Советский Союз не должен бояться ядерной Западной Германии. Кроме того, президент считал, что европейцы должны быть более активными и менее полагаться на Соединенные Штаты Америки в вопросах своей защиты. С точки зрения Эйзенхауэра, ядерное оружие было для этой защиты жизненно необходимо [Trachtenberg 1999: 256–257, 261–262]. Эйзенхауэр пришел к выводу, что США нельзя уступать требо-

---

[37] Подробнее о формировании Западной и Восточной Германии см. в [Grogin 2001; Зубок 2011].

ваниям СССР. Такого рода поступок приведет к потере доверия к США («никто в мире не станет больше верить нашим обещаниям») [Таубман 2008: 434]. Хотя он искал совета относительно того, какими военными возможностями следует воспользоваться и какие операции можно провести, все равно придерживался мнения, что, если Запад займет твердую и единодушную позицию, Хрущёв пересмотрит установленные им сроки [Grogin 2001: 223].

Хотя Эйзенхауэр и верил в конечную победу Запада, в январе 1959 года напряженность между США и СССР возросла. Советские войска на несколько часов остановили американский конвой, двигавшийся на Берлин. Эта проблема не переросла в вооруженный конфликт, но военные командиры просили у Эйзенхауэра разрешения развернуть небольшую армию с целью проверки реакции Советов и их намерений. Эйзенхауэр не согласился ни на какие действия, которые усугубили бы кризис [Grogin 2001: 223]. Хотя Эйзенхауэр и Даллес работали над созданием объединенного фронта союзных держав, они в то же время сильно беспокоились касательно того, как бы спор относительно Берлина не привел к войне[38]. Если инспекции американских войск, пытающихся войти в Берлин, потребуют власти Восточной Германии, а не советские чиновники, администрация Эйзенхауэра предложит свой план действия в чрезвычайной ситуации, имеющий целью мобилизацию общественного мнения во всем мире против СССР, а также конкретный план эвакуации американцев из Берлина[39]. Кроме того, Даллес пришел к заключению, что в этом случае США следует приступить к наращиванию своего военного присутствия, а также выдвинуть предложение по организации встречи на высшем уровне с целью заставить Советы отозвать свой ультиматум[40].

---

[38] Dulles J. F. Memoranda of Conclusions of White House Conference Re Berlin, January 29, 1959, Declassified, White House Correspondence-General 1959, Papers of John Foster Dulles, White House Memoranda Series, Box 7, Dwight D. Eisenhower Presidential Library, Abilene, KS.

[39] Ibid.

[40] Ibid.

Если американцы готовили планы действий на случай чрезвычайных ситуаций, другие союзные державы искали способ начать переговоры с Советами. В частности, в феврале 1959 года британский премьер-министр Гарольд Макмиллан приехал в Москву в надежде предложить Хрущёву идею о саммите [Trachtenberg 1999: 263; Зубок 2011: 206]. Однако эти усилия окончились неудачей, поскольку холодный прием Хрущёва пресек попытки Макмиллана [Grogin 2001: 222]. К марту 1959 года Эйзенхауэр объявил, что американцы не намерены разворачивать войска в Европе, следовательно, не собираются проводить наземную войну. Как объясняет специалист по холодной войне Роберт Грогин, это заявление вселяло в американцев уверенность в том, что США не станут воевать, и одновременно указывало Хрущёву, что если война все-таки начнется, то она будет ядерной [Grogin 2001: 223]. Эйзенхауэр полагал, что Хрущёв не развяжет войны из-за Берлина и что этот ультиматум был простым запугиванием. После заявления Эйзенхауэра западные лидеры выпустили совместное заявление, в котором осудили действия СССР, подчеркивая решимость Запада остаться в Берлине [Grogin 2001: 223].

Эти решительные действия увенчались успехом, и в марте 1959 года Хрущёв отозвал свой ультиматум о выводе войск до 27 мая, согласившись позволить западным державам держать воинский контингент на территории Берлина. В итоге в период с мая по август 1959 года министры иностранных дел Франции, Великобритании и СССР, а также американский госсекретарь встречались в Женеве для обсуждения берлинского вопроса. Однако лидеры этих стран так и не пришли к окончательному соглашению [Trachtenberg 1999: 281–282; Зубок 2011: 206]. Во время визита Хрущёва в США в сентябре 1959 года он и американский президент договорились прийти к решению по берлинскому вопросу на будущем саммите 1960 года. Таким образом, берлинская проблема и чрезвычайно животрепещущий вопрос о Западной Германии остались неразрешенными [Зубок 2011: 206; Smith 2012: 748]. Следовательно, с ноября 1958 года до конца весны 1959 года Берлинский кризис оставался для Эйзенхауэра одним из самых насущных вопросов международной безопасности.

Стоя на пороге возможной конфронтации по берлинскому вопросу на протяжении весны 1959 года, американский президент был обеспокоен традиционными дипломатическим и военным кризисами. Кроме того, приоритетными для него оставались такие вопросы, как необходимость сформировать единый фронт и подготовиться к саммиту, который должен был проходить с мая по август 1959 года. Поскольку Запад столкнулся с прямым вызовом Советов, Эйзенхауэр сосредоточился на разрешении Берлинского кризиса, на том, чтобы вынудить Советы отозвать ультиматум и обеспечить Западу крупную дипломатическую победу в холодной войне.

Мало того что Эйзенхауэр был крайне встревожен Берлинским кризисом — ко всему прочему, он и его помощники чрезвычайно опасались глобального распространения коммунизма. Из рассекреченных протоколов Совета национальной безопасности становится ясно, что с января по июнь 1959 года Эйзенхауэр и его советники основное внимание уделяли возникновению коммунистических угроз на Ближнем Востоке, в Латинской Америке и Азии[41]. В частности, 16 апреля 1959 года ГАБТ показывал в Метрополитен-опере премьеру балета «Ромео и Джульетта», а проходившее на следующий день заседание Совета национальной безопасности было посвящено действиям коммунистов в Ираке. Все упоминания Советского Союза касались исключи-

---

[41] Документы хранятся в собрании: Eisenhower Dwight D. Papers as President, 1953–1961 (Ann Whitman File), NSC Series, Dwight D. Eisenhower Presidential Library, Abilene, KS. Отдельные примеры включают: Notes of Discussion at a Special Meeting of the National Security Council in the President's Office immediately following the Regular NSC Meeting on March 5, 1959, Declassified Special Meeting of NSC, March 5, 1959, Eisenhower Dwight D. Papers as President, 1953–1961 (Ann Whitman File), NSC Series, Dwight D. Eisenhower Presidential Library, Abilene, KS and Discussion at the 407th Meeting of the National Security Council, Thursday, May 21, 1959, prepared by S. Everett Gleason, Declassified 407th Meeting of NSC May 21, 1959 Eisenhower Dwight D. Papers as President, 1953–1961 (Ann Whitman File), NSC Series, Dwight D. Eisenhower Presidential Library, Abilene, KS.

тельно попыток СССР спровоцировать политические изменения в развивающихся странах[42]. Протоколы заседания не содержали информации ни о Большом театре, ни о культурном обмене как об угрозе Соединенным Штатам Америки[43]. Эти документы показывают, что, как и в случае с Берлином, наиболее актуальными для Белого дома оставались традиционные политические и военные вопросы. Попытки СССР вовлечь страны в сферу своего влияния, а также распространить коммунистическую идеологию традиционными способами оставались ключевыми проблемами, требующими прямых и неотложных действий.

Еще один вопрос мог занимать мысли Эйзенхауэра — угасавшее здоровье госсекретаря Даллеса. К весне 1959 года смертельно больной раком Даллес порой работал прямо на больничной койке, ведя телефонные переговоры и составляя меморандумы, касающиеся Берлинского кризиса[44]. На протяжении своего президентского срока Эйзенхауэр консультировался с Даллесом по вопросам национальной безопасности и часто следовал его советам [Hixson 1997: 215]. Даллес, со своей стороны, не пытался ставить под сомнение его авторитет и всегда в полной мере осознавал, что окончательное решение будет принимать Эйзенхауэр. Несмотря

---

[42] 402nd Meeting of the National Security Council, April 17, 1959, Declassified Minutes prepared by S. Everett Gleason, 402nd Meeting of the NSC, Eisenhower Dwight D. Papers as President, 1953–1961 (Ann Whitman File), NSC Series, Box 11, Dwight D. Eisenhower Presidential Library, Abilene, KS.

[43] См. сноску 42. Документы хранятся в собрании: Eisenhower Dwight D. Papers as President, 1953–1961 (Ann Whitman File), NSC Series, Dwight D. Eisenhower Presidential Library, Abilene, KS.

[44] Многие телеграммы и ноты по теме Берлина отмечались как исходящие из Военно-медицинского центра имени У. Рида. См. конкретные примеры: Memorandum of Conversation with Participants Prime Minister Harold Macmillan, Foreign Secretary Selwyn Lloyd, President Eisenhower, Secretary Dulles, Declassified Walter Reed Hospital, March 20, 1959, Meetings with the President-1959 (1), Papers of John Foster Dulles, White House Memoranda Series, Box 7, Dwight D. Eisenhower Presidential Library, Abilene, KS and Telephone Call from Mr. Murphy to Secretary Dulles, Declassified, Walter Reed Hospital, April 19, 1959, Memoranda of Telephone Conversations-Gen. January 4, 1959 — May 8, 1959 (1), Papers of John Foster Dulles, Telephone Call Series, Box 9, Dwight D. Eisenhower Presidential Library, Abilene, KS. См. также [Hixson 1997: 215–216].

на то что Эйзенхауэр и Даллес не всегда полностью соглашались в том, какой подход к тому или иному вопросу по международным делам оптимален, у них сформировались тесные отношения, основанные на взаимоуважении и доверии. Они сыграли важную роль в формировании американской внешней политики 1950-х годов. Когда болезнь вынудила Даллеса 15 апреля уйти с поста, Эйзенхауэр, потрясенный этим, официально объявил о его отставке [Immerman 1999: 46, 51–52; Marks 1993: 21–46].

После смерти Даллеса 24 мая 1959 года на Женевской конференции министры иностранных дел Великобритании, Франции и СССР согласились приостановить переговоры, чтобы официальные лица, включая нового госсекретаря Гертера, смогли приехать на его похороны [Hixson 1997: 215][45]. С учетом глобальных угроз, с которыми столкнулись США, и потери близкого друга и советника Эйзенхауэр был в состоянии заниматься лишь ограниченным числом вероятных угроз, так что основное внимание он уделял проблемам, стоявшим перед свободным миром. По сравнению с Берлинским кризисом и смертью Даллеса балет ГАБТа, по всей видимости, не являлся для страны значительной проблемой.

В общем, реакция Эйзенхауэра была продиктована сочетанием этих факторов. Культурный обмен и психологическое оружие оставались реальными угрозами, и Эйзенхауэр осознавал серьезность этих угроз. На фоне возрастающей тревоги и с учетом мер, направленных на разрешение берлинской проблемы, подход Эйзенхауэра позволил ему занять жесткую позицию по отношению к ГАБТу и в то же время сконцентрировать свое внимание на традиционных дипломатических вопросах. Эйзенхауэр осознавал подрывные цели культурного обмена, поэтому, не удостоив своим присутствием шикарные приемы в честь Большого театра и не посетив ни одного спектакля или концерта, он снижал значимость турне и, таким образом, стремился ослабить возможности ГАБТа повлиять на мнение американцев. Кроме того, такая

---

[45] См. также: Doty R. C. West's Ministers to Fly to Funeral // The New York Times. 1959. May 25.

реакция позволяла президенту и его советникам сосредоточиться на противодействии советским культурным и традиционным дипломатическим атакам. Путем принижения значимости ГАБТа президент выиграл ценное время и мог выделить больше ресурсов на приостановку либо по крайней мере сдерживание глобальной угрозы коммунизма, а также особо сконцентрироваться на разворачивавшемся в то же самое время Берлинском кризисе. Если лучшей реакцией на советскую пропаганду было ее игнорирование, усилия Советов по приобретению плацдармов в стратегически важных регионах, таких как Ближний Восток, и вытеснению американцев из Берлина требовали незамедлительной и жесткой реакции. Подход Эйзенхауэра как к советской пропаганде, так и к военным и политическим угрозам со стороны СССР свидетельствовал об умении этого президента подстраиваться под ситуацию при столкновении с советской стратегией.

В то же самое время появились подтверждения того, что другие подразделения правительства и некоторые федеральные агентства взяли на себя более заметную роль в борьбе против возможных угроз со стороны СССР. По сообщению газеты «Гумбольдт стандарт», Комиссия по расследованию антиамериканской деятельности (КРАД) допрашивала «американского приглашенного дирижера» ГАБТа Артура Лифа[46]. В июне 1958 года члены судебной комиссии решили осведомиться у Лифа, сотрудничал ли он с Советами по вопросам, не имеющим отношения к музыке, и не является ли он членом коммунистической партии. Находясь под присягой, Лиф отказался отвечать на эти вопросы, сославшись на Пятую поправку[47]. Как замечает биограф Юрока Робинсон,

---

[46] Lewis F., Jr. Washington Report // Humboldt Standard. 1959. June 1; [Robinson 1994: 365].

[47] Lewis F., Jr. Washington Report; Testimony of Arthur Lief, Accompanied by Counsel, David A. Barnhard, before the House Un-American Activities Committee (HUAC), June 18, 1958, Hearings Before the Committee on Un-American Activities House of Representatives, 85th Congress, 2nd session. June 18 and 19, 1958, May 8, 1958, and April 1, 1957, Communism in the New York Area (Entertainment) (Washington: United States Government Printing Office, 1958), 2537–2542.

Лиф приходился Юроку зятем. КРАД надеялась добыть информацию о связях Юрока с советскими лидерами и деятельности советских исполнителей во время пребывания в Соединенных Штатах Америки [Robinson 1994: 365].

Вызывая на допрос Лифа, в КРАД учитывали вероятность сотрудничества советских агентов с американцами и пытались выяснить, выходило ли это сотрудничество за пределы музыкальной сферы, затрагивая область политического шпионажа и государственной измены. В КРАД полагали, что большие делегации в рамках культурного обмена могли обеспечить необходимое прикрытие для секретных операций, поэтому КРАД старалась раздобыть любые сведения о наличии у американских музыкантов прокоммунистических взглядов, а также передаче секретных данных или оказании содействия Советскому Союзу.

Федеральное бюро расследования (ФБР) также выражало озабоченность по поводу значительного числа агентов Комитета государственной безопасности (КГБ), которые сопровождали ГАБТ. Согласно показаниям, данным под присягой, ни советское правительство, ни Юрок не отрицали, что турне по Соединенным Штатам Америки сопровождали оперативные сотрудники советской разведки[48]. Очевидно, Государственный департамент не проводил тщательной проверки лиц, запрашивавших визу. К примеру, полковник Александр Кудрявцев, который получил визу для сопровождения ГАБТа, являлся известным высокопоставленным членом «советской тайной полиции»[49]. Включение в число участников турне Плисецкой считалось большим риском возможного дезертирства по причине ее политических взглядов, что вынудило Советы подключить для наблюдения за ней агентов [Плисецкая 1997: 245]. Агент британской разведки Э. Ф. Кукридж, в чьи обязанности входило наблюдение за ГАБТом во время гастролей, говорил, что «Большой театр в обязательном порядке сопровождают специальные агенты советской тайной полиции»[50].

---

48 Lewis F., Jr. Washington Report.

49 Ibid.

50 Ibid.

Кроме того, внутренние докладные записки касательно планирования турне ГАБТа указывали на то, что Министерство культуры требовало присутствия по крайней мере четырех агентов КГБ[51].

Хотя многие архивы КГБ остаются недоступны для большинства ученых, существует одно любопытное свидетельство, что страхи американских и британских чиновников по поводу советских шпионов не были беспочвенны. В 1970-х годах В. Н. Митрохин, на тот момент офицер КГБ, испытав разочарование в деспотичной советской системе, примкнул к небольшой группе правозащитников и диссидентов на территории СССР. Митрохин, офицер Первого главного управления (ПГУ), руководивший операциями внешней разведки КГБ, начал делать копии с официальных документов, пряча дубликаты на своей даче. На протяжении десятилетий Митрохин копировал секретные документы и составлял хронику внешних разведывательных операций КГБ. В середине 1990-х годов он вывез свою огромную коллекцию из России, предоставив западным разведывательным агентствам доступ к этим документам. Западные агентства получили от Митрохина документы с именами тысяч, без преувеличения, бывших и действующих советских и российских разведчиков, а также с описанием их деятельности [Andrew, Mitrokhin 1999: 1–10]. Особенно интересно то, что на протяжении 1950-х годов КГБ прилагал значительные усилия для вербовки американцев и внедрения «нелегалов» — советских граждан, которые должны были поселиться на территории США и проживать под видом обычных американских граждан. Эти «нелегалы» должны были стать главным источником разведданных, в случае если холодная война перерастет в вооруженный конфликт [Andrew, Mitrokhin 1999: 163–165].

Как бы то ни было, непривлекательность коммунистической идеологии серьезно препятствовала мерам, принимаемым СССР, и в послевоенную эпоху КГБ не имел особого успеха в вербовке американцев. Коммунистическая партия Соединенных Штатов

---

[51] РГАНИ. Ф. 5. Оп. 36. Д. 99. Л. 19. ЦК КПСС. Д. Поликарпов, завотделом культуры ЦК КПСС, Б. Ярустовский, завсектором отдела. 5 марта 1959 года.

Америки (КП США) также оказалась абсолютно неэффективна. Поимка советских шпионов в 1940-х годах и в первой половине 1950-х годов заставила ФБР принять меры против КП США. В частности, ФБР было в курсе того, что во время Второй мировой войны КП США сыграла важную роль в проникновении Советов в администрацию президента Рузвельта, Манхэттенский проект и некоторые разведывательные агентства [Andrew, Mitrokhin 1999: 164–170]. Предатели из числа американских граждан и другие советские агенты снабжали Сталина секретной информацией об американском ядерном оружии. Даже Гарри Хопкинс, советник Рузвельта, проинформировал Советы о намерении американцев установить прослушивающие устройства в здании советского посольства в Вашингтоне (округ Колумбия) и, вероятно, снабжал Советы информацией касательно бесед Черчилля с Рузвельтом. Судя по всему, Хопкинс не питал симпатий к коммунистической идеологии, а к передаче этих сведений его подтолкнуло восхищение военными успехами СССР. В попытке снизить возможности КП США по поддержке СССР в 1950-е годы правительство США выдвинуло против лидеров этой партии обвинение в том, что они выступают за насильственное свержение американского правительства. Все они были признаны виновными и получили тюремные сроки. В результате тюремного заключения руководителей число членов КП США сократилось. Хотя КГБ продолжал высылать КП США тысячи долларов, эта партия оказалась совершенно бесполезна в деле распространения в Соединенных Штатах Америки коммунистической и советской идеологии [Andrew, Mitrokhin 1999: 111–114, 164].

В результате, несмотря на то что принимаемые в 1950-х годах КГБ меры по большей части оказались неэффективны, американские чиновники имели серьезные инциденты, указывавшие на то, что КГБ искал способы проникнуть в высшие правительственные круги. Хотя в последующие десятилетия американских чиновников, в особенности КРАД, критиковали за их одержимость идеей советского шпионажа, действия КГБ создали реальную угрозу американской безопасности, следовательно, нельзя было сомневаться в том, что Советы будут использовать культурный обмен в качестве прикрытия для диверсионных операций. В ФБР также полагали, что культурный обмен обеспечивал с виду безобидное прикрытие для подрывных действий. Кроме того, возможность использования культурной дипломатии и культурного обмена для секретных операций свидетельствовала о том, что зарубежные турне не являлись признаком снижения напряженности между США и СССР. Напротив, эти гастрольные турне предоставляли сотрудникам разведки каждой из стран возможность получать ценную информацию и заниматься шпионажем.

Увязнув в холодной войне, США и СССР искали средства распространения своих идеологий и государственных систем. Хрущёв твердо намеревался брать Запад штурмом с помощью пропаганды в рамках культурного обмена, и турне ГАБТа не указывало на смягчение напряженности в отношениях между двумя сверхдержавами. С точки зрения Советов, успех турне Большого театра стал краткосрочной победой в холодной войне, а также неотъемлемым аспектом их большой стратегии, ведущей к победе коммунизма. Аплодисменты публики и восторженные отзывы американских критиков должны были со временем перерасти в овации Советскому Союзу. Сотрудники Большого театра, в том числе Орвид, уже ставили знак равенства между рукоплесканиями исполнителям и аплодисментами Советскому Союзу. Советские театральные руководители понимали турне как победу, которая приведет к росту поддержки и одобрения советской системы. Это турне являлось значимым шагом в попытках переделать американцев в новых советских людей.

Хотя турне ГАБТа не было столь успешным, как они полагали, это не значит, что оно не имело смысла. Оно иллюстрировало идею Эренбурга о том, что оттепель — это эпоха постоянных изменений, время чередования «морозов» и «весны» [Bittner 2008: 2–3]. Американское турне ГАБТа демонстрировало как характерные для оттепели «весенние» периоды, что видно из высокой оценки советских исполнителей зрителями и критиками, так и периоды «морозов» (мотивация гастрольного турне и тот факт, что Советы использовали искусство для распространения коммунизма).

Обобщая вышесказанное, надо отметить, что спектакли и концертные программы гастрольного турне позволяют лучше понять важность роли искусства в советской внешней политике. Советское понимание искусства как оружия нападения, способного преодолеть ложные политические доктрины, говорит о том, что Советы не рассматривали культурный обмен как средство добиться потепления в международных отношениях. Из этого следует, что советское руководство не было по-настоящему заинтересовано в улучшении отношений с американцами, но стремилось использовать любые ресурсы для достижения победы в холодной войне. За отправкой Большого театра в турне стояло отнюдь не стремление добиться политической оттепели в отношениях между капиталистическим и коммунистическим мирами, а упорное желание СССР сломить антикоммунистические настроения американцев, что должно было привести к ускорению предполагаемого движения истории к глобальной победе коммунизма.

Архивы, музеи, библиотеки

Музей ГАБТа — Музей Государственного академического Большого театра России

РГАЛИ — Российский государственный архив литературы и искусства

РГАНИ — Российский государственный архив новейшей истории

РГАСПИ — Российский государственный архив социально-политической истории

Dwight D. Eisenhower Presidential Library, Abilene, KS
National Archives at College Park, College Park, MD

Первичные библиографические источники

Вишневецкий 2007 — Сергей и Лина Прокофьевы и Владимир Дукельский. Переписка. 1924–1946 / публикация И. Вишневецкого // Прокофьев С. С. Письма. Воспоминания. Статьи. М.: Дека-ВС, 2007.

Ленин 1957 — Ленин В. И. О литературе и искусстве. М.: Государственное издательство художественной литературы, 1957.

Лифшиц 1938 — Ленин о культуре и искусстве: сборник статей и отрывков / сост. М. Лифшиц. М.: Изогиз, 1938.

Плисецкая 1994 — Плисецкая М. М. Я, Майя Плисецкая. М.: Новости, 1994.

Уланова 1954 — Уланова Г. Школа балерины // Новый мир. 1954. № 3.

Уланова 1959 — Уланова Г. С. Семимильными шагами // Советская музыка. 1959. № 1.

Устав 1935 — Устав Союза советских писателей СССР. М.: ОГИЗ, 1935.

Фурсенко и др. 2006 — Архив Кремля: Президиум ЦК КПСС, 1954–1964. Черновые протокольные записи заседаний. Стенограммы. Постановления: в 3 т. / под ред. А. А. Фурсенко и др. Т. 2. Постановления, 1954–1958. М.: РОССПЭН, 2006.

Хрущёв 1957 — Хрущев Н. С. За тесную связь литературы и искусства с жизнью народа. М.: Искусство, 1957.

Хрущёв 1963 — Хрущев Н. С. Высокая идейность и художественное мастерство — великая сила советской литературы и искусства. Речь товарища Н. С. Хрущева на встрече руководителей партии и правительства с деятелями литературы и искусства 8 марта 1963 года // Новый мир. 1963. № 3.

Gruliow 1959 — Furtseva on the Arts, Literature and Foreign Travel // The Current Digest of the Soviet Press / ed. by L. Gruliow. Vol. 12. № 6–7. The Joint Committee on Slavic Studies, 1959.

Khrushchev 1970 — Khrushchev N. Khrushchev Remembers / ed., transl. by S. Talbot, with an introduction, commentary and notes by E. Crankshaw. Boston: Little, Brown and Company Inc., 1970.

Lavrovsky n. d. — Lavrovsky L. Repository of Creative Talent // S. Prokofiev: Autobiography, Articles, and Reminiscences / comp. by S. Shlifstein, transl. by R. Prokofieva. Moscow: Foreign Languages Publishing House, n. d.

Parker 2010 — Parker J. C. Crisis Management and Missed Opportunities: U.S. Public Diplomacy and the Creation of the Third World // The United States and Public Diplomacy: New Directions in Cultural and International History / ed. by K. A. Osgood, B. C. Etheridge. Diplomatic Series. Vol. 5 / series ed. J. Melissen. Leiden: Martinus Nijhoff Publishers, 2010.

Ulanova 1956 — Ulanova G. Autobiographical Notes and Commentary on Soviet Ballet with an appreciation by Lvov-Anokhin B. London: Soviet News, 1956.

Ulanova 1959 — Ulanova G. The Author of My Favorite Ballets // S. Prokofiev: Autobiography, Articles, and Reminiscences / comp. Shlifstein S., trans. Prokofieva R. Moscow: Foreign Languages Publishing House, 1959. P. 221–227.

United States Department of State 1949 — United States Department of State. Cultural Relations between the United States and the Soviet Union: Efforts to Establish Cultural-Scientific Exchange Blocked by U.S.S.R. Washington, D. C.: Government Printing Office, 1949.

Визуальные источники

Romeo and Juliet (Prokofiev S.). DVD, 1954. Directed by L. Arnstam L., Lavrovsky L., choreographed by Lavrovsky L., conducted by Rozhdestvensky G. Pleasantville, NY: Video Artist International, 2003. Act I, Scene 8: The Ball at the Capulets, Scene 9: Juliet and Paris, Scene 11: Romeo and Juliet, Scene 13: Balcony Scene; Act II, Scene 14: Revelers in the Marketplace, Scene 15: Betrothal of Romeo and Juliet, Scene 16: Fateful Battle between Tybalt and Mercutio, Scene 17: Mercutio Dies, Scene 18: Romeo Avenges Mercutio's Death, Scene 19: Death of Tybalt and Cortège; Act III, Scene 20: The Scene in Juliet's Bedroom, Scene 21: Juliet Refuses Paris, Scene 22: Juliet Alone, Scene 23: Juliet and Friar Lawrence, Scene 28: Romeo Enters Juliet's Tomb.

Swan Lake (Tchaikovsky P.). DVD, 1957. Directed by Z. Tulubyeva, choreographed by Marcus Petipa and Lev Ivanov, conducted by Yuri Faier. West Long Beach, NJ: Corinth Films, Inc., 1984. Act I, Scene 2: Siegfried's Celebration, Scene 3: The Prince and the Queen, Scene 5: Villagers' Dance, Scene 6: The Prince Goes Hunting, Scene 8: Rothbart and the Swans, Scene 10: Siegfried Meets Odette, Scene 12: Siegfried and Odette, Scene 24: Pas de Deux-Siegfried and Odile, Scene 28: Betrothal and Betrayal; Act II, Scene 10: Siegfried Meets Odette, Scene 11: Waltz, Scene 12: Siegfried and Odette, Scene 23: Spanish Dance, Scene 24: Pas de Deux- Siegfried and Odile, Scene 31: Siegfried and Odette, Scene 32: Finale; Act III, Scene 24: Pas de Deux: Siegfried and Odette, Scene 27: Coda; Act IV, Scene 30: Swans-Corps de Ballet, Scene 31: Siegfried and Odette, Scene 32: Finale.

The Best of the Bolshoi, Part 1, 1959, video recording, The Stone Flower: Gypsy Dance. Presented by Eastern Airlines in association with S. Hurok, directed by Dubin Ch. S., produced by Ted Mills.

The Best of the Bolshoi, Part 1, 1959, video recording, We Stalingrad. Choreographic work by Varkovitsky, presented by Eastern Airlines in association with S. Hurok, directed by Dubin Ch. S., produced by Ted Mills.

The Best of the Bolshoi, Part 2. Giselle: Act II. Presented by Eastern Airlines in association with S. Hurok. Directed by Charles S. Dubin. Produced by Ted Mills, video recording, 1959.

The Best of the Bolshoi, Part 2. Introduction to Giselle / by Agnes de Mille, presented by Eastern Airlines in association with S. Hurok. Directed by Charles S. Dubin. Produced by Ted Mills, video recording, 1959.

The Best of the Bolshoi, Part 2. The Stone Flower: Pas de Deux, video recording, 1959.

The Stone Flower (Prokofiev S.). DVD, 1979. Directed by Valery Gorbatsevich, choreographed by Yuri Grigorovich. Pleasantville, NY: Video Artist International, 2007. Prologue and Act I, Scene 1: Danila in Search of the Flower, Scene of Duet of Katerina and Danila, Scene 2: The Girls' Dance and The Unmarried Men's Dance, The Unmarried Men's Dance, Severian's Dance and Altercation of the Malachite Vase, Scene of Katerina and Danila, Danila's Meditation, Scene 3: Danila enticed away by the Mistress of Copper Mountain, Scene 4: The Mistress shows Danila the Treasures of the Earth, Scene and Waltz of the Diamonds, Dance of the Russian Precious Stones, Danila's Monologue and the Mistress' Reply, Danila's Monologue and the Mistress' Reply, The Mistress shows Danila the Stone Flower; Act II, Scene 1: Scene and Katerina's Dance (Thinking of Danila), Severian's Arrival, Where are you, sweet Danila? Scene 2: Katerina Sits by the Fire and Years for Danila, Scene and Dance of Katerina and the Skipping of the Fire Spirit, Katerina Follows the Fire Spirit. Ural Rhapsody, Russian Dance and Gypsy Dance; Act III, Scene 2: Severian's Rage, The Appearance of the Mistress and Scene of Severian Transfixed to the Earth, Severian Follows the Mistress; Severian Dies. Danila Tries to Escape and is Turned to Stone, Dialogue of Katerina and the Mistress, The Joy of the Reunion of Katerina and Danila, The Mistress Presents Gifts to Katerina and Danila, Scene 3: Scene of Katerina and Danila, Danila enticed away by the Mistress of Copper Mountain.

Вторичные библиографические источники

Аксютин 2004 — Аксютин Ю. Хрущёвская оттепель и общественные настроения в СССР в 1953–1964 гг. Серия «Социальная история России XX века». М.: РОССПЭН, 2004.

Берёзкин 1976 — Берёзкин В. И. Художник в советском балете // Советский балетный театр. 1917–1967 гг. / под ред. В. М. Красовской. М.: Искусство, 1976.

Богданов-Березовский 1961 — Богданов-Березовский В. М. Галина Сергеевна Уланова. 2-е изд., испр. и доп. М.: Искусство, [1961].

Глебов 1934 — Глебов И. [Асафьев Б.] Лебединое озеро: балет в 3-х действиях и 4-х картинах, музыка П. И. Чайковского / под ред. В. С. Бухштейна и др. Л.: Ленинградский государственный академический театр оперы и балета, 1934.

Гришина 1987 — Гришина Е. М. Галина Уланова. М.: Искусство, 1987.

Гришина 1990 — Гришина Е. М. Николай Фадеечев. М.: Искусство, 1990.

Гройс 2013 — Гройс Б. Gesamtkunstwerk Сталин. М.: Новое литературное обозрение, 2013.

Грошева 1962 — Грошева Е. А. Большой театр СССР в прошлом и настоящем / под ред. Д. Житомирского. М.: Советский композитор, 1962.

Еремин 2011 — Еремин А. Г. Идеологический фактор в стратегии внешней политики СССР и международных отношениях, 1945–1953 гг. // Историческая и социально-образовательная мысль. 2011. № 5 (10).

Житомирский 1957 — Житомирский Д. В. Балеты Чайковского. М.: Государственное музыкальное издательство, 1957.

Зубок 2011 — Зубок В. М. Неудавшаяся империя: Советский Союз в холодной войне от Сталина до Горбачёва / пер. с англ. М. Мусиной. М.: РОССПЭН, 2011.

Каспарьян, Каспарьян 2009 — Каспарьян К. В., Каспарьян В. Р. Анастас Микоян. Искусство возможного в политике // Ученые записки кафедры российской и зарубежной истории. Вып. XIV. М.: Пятигорск, 2009.

Келдыш и др. 1959 — Энциклопедический музыкальный словарь / отв. ред. Г. В. Келдыш; сост. Б. С. Штейнпресс, И. М. Ямпольский. М.: Государственное научное издательство «Большая советская энциклопедия», 1959.

Кеннан 1989 — Кеннан Дж. Ф. Истоки советского поведения / пер. с англ. Г. В. Задорных // США: экономика, политика, идеология. 1989. № 12.

Львов-Анохин 1984 — Львов-Анохин Б. Галина Уланова. М.: Искусство, 1984.

Медведев, Медведев 2012 — Медведев Р. А., Медведев Ж. А. Никита Хрущёв. М.: Время, 2012.

Нестьев 1973 — Нестьев И. В. Жизнь Сергея Прокофьева. 2-е изд. М.: Советский композитор, 1973.

Нихамин и др. 1985 — Нихамин В. П. и др. Внешняя политика Советского Союза / хрон. сост. П. А. Развиным; ред. коллегия: Тихвинский С. Л., Воронцов Г. А., Нихамин В. П., Сванидзе К. Х., Степанов А. И.; предисл. А. А. Громыко М.: Политиздат, 1985.

Павлов 2010 — Павлов М. Ю. Анастас Микоян: Политический портрет на фоне советской эпохи. М.: Международные отношения, 2010.

Слонимский 1937 — Слонимский Ю. И. Мастера балета: К. Дидло. Ж. Перро. А. Сен-Леон. Л. Иванов. М. Петипа. М.: Искусство, 1937.

Савкина 1982 — Савкина Н. П. Сергей Сергеевич Прокофьев. М.: Музыка, 1982.

Слонимский 1969 — Слонимский Ю. И. Жизель: Этюды. Л.: Издательство «Музыка», 1969.

Слонимский 1974 — Слонимский Ю. И. О драматургии балета // Музыка и хореография современного балета: сборник статей. Вып. 1. М.: Музыка, 1974.

Суриц 1979 — Суриц Е. Я. Хореографическое искусство двадцатых годов. М. — Л.: Искусство, 1979.

Таубман 2008 — Таубман У. Хрущёв / пер. с англ. Н. Холмогоровой. 2-е изд. М.: Молодая гвардия, 2008.

Фицпатрик 2008 — Фицпатрик Ш. Повседневный сталинизм. Социальная история Советской России в 30-е годы: город / пер. с англ. Л. Ю. Пантиной. М.: РОССПЭН, 2008.

Фокин 1999 — Фокин В. И. Международный культурный обмен и СССР в 20–30-е годы. СПб.: Изд-во Санкт-Петербургского университета, 1999.

Фурсенко, Нафтали 2018 — Фурсенко А. А., Нафтали Т. Холодная война Хрущёва: Тайная история противника Америки / пер. с англ. О. Р. Щелоковой, В. Т. Веденеевой. М.: РОССПЭН, 2018.

Хоманс 2020 — Хоманс Дж. История балета. Ангелы Аполлона / пер. с англ. О. Буховой. М.: АСТ, 2020.

Хоскинг 2003 — Хоскинг Дж. Россия и русские: в 2 т. Т. 2 / пер. с англ. В. М. Заболотного, А. Ю. Кабалкина. М.: АСТ; Транзиткнига, 2003.

Хрущёв 2016 — Хрущёв Н. С. Воспоминания. Время. Люди. Власть: в 2 кн. Кн. 2. М.: Вече, 2016.

Чайковский: Лебединое озеро 2011 — П. И. Чайковский: Лебединое озеро. М.: Государственный академический Большой театр России, 2011.

Юрчак 2014 — Юрчак А. В. Это было навсегда, пока не кончилось: Последнее советское поколение / пер. с англ. М.: Новое литературное обозрение, 2014.

Abraham 1944 — Abraham G. Eight Soviet Composers. 3rd ed. London: Oxford UP, 1944.

Alovert 1994 — Alovert N. Ballet and Moral Life of Soviet Society // Ballet Review. 1994 (Summer). Vol. 22. № 2.

André 1998 — André P. The Great History of Russian Ballet: Its Art and Choreography / ed. by E. Suritz; transl. by V. Arkadyev, I. Bershadsky, F. Kreynin. Bournemouth, England: Parkstone Publishers, 1998.

Andrew, Mitrokhin 1999 — Andrew C., Mitrokhin V. The Sword and the Shield: The Mitrokhin Archive and the Secret History of the KGB. New York: Basic Books, 1999.

Apel 1969 — Apel W. Harvard Dictionary of Music. 2nd ed. rev., enlarged. Cambridge: Belknap Press of Harvard UP, 1969.

Arndt 2005 — Arndt R. T. The Last Resort of Kings: American Cultural Diplomacy in the Twentieth Century. Dulles, VA: Potomac Books, 2005.

Ashton 1985 — Ashton G. Stories of the Ballet: Giselle. Woodbury, NY: Barron's Educational Series, 1985.

Bakst 1977 — Bakst J. A History of Russian-Soviet Music. Westport, CT: Greenwood Press, Publishers, 1977.

Barghoorn 1958 — Barghoorn F. C. Soviet Cultural Diplomacy since Stalin // Russian Review. 1958 (January). Vol. 17. № 1. P. 41–55.

Barghoorn 1960 — Barghoorn F. C. The Soviet Cultural Offensive: The Role of Cultural Diplomacy in Soviet Foreign Policy. Princeton: Princeton UP, 1960.

Barghoorn 1969 — Barghoorn F. C. Soviet Cultural Effort // Proceedings of the Academy of Political Science. 1969 (March). Vol. 29. № 3: Soviet-American Rivalry in the Middle East. P. 156–169.

Barnes 1967 — Barnes C. Fifty Years of Soviet Ballet // The Soviet Union: The Fifty Years / ed. by H. E. Salisbury. New York: A New York Times Book, Harcourt, Brace & World, Inc., 1967.

Bartlett 2001 — Bartlett R. The 20th Century, II. Political Background to the Soviet Period // Frolova-Walker M., Powell J., Bartlett R. Russian Federation // The New Grove Dictionary of Music and Musicians. 2nd edition. Vol. 21 / ed. by S. Sadie. New York: Macmillan Publishers, Limited, 2001.

Beaumont 1952 — Beaumont C. W. The Ballet Called Swan Lake. London: Wyman & Sons, Ltd., 1952.

Beaumont 1969 — Beaumont C. W. The Ballet Called Giselle. 2nd ed. Brooklyn, NY: Dance Horizons, 1969.

Bennett 2008 — Bennett K. Prokofiev's «Romeo and Juliet» and Socialist Realism: A Case Study in Intersemiotic Translation // Shakespeare and European Politics / ed. by D. Delabastita, J. Vos, P. Franssen; foreword by T. Hoenselaars. Newark: University of Delaware Press, 2008.

Bittner 2008 — Bittner S. V. The Many Lives of Khrushchev's Thaw: Experience and Memory in Moscow's Arbat. Ithaca: Cornell UP, 2008.

Bogdanov-Berezovsky 1952 — Bogdanov-Berezovsky V. M. Ulanova and the Development of Soviet Ballet / transl. by S. Garry, J. Lawson. London: MacGibbon & Kee, 1952.

Brown D. 1991 — Brown D. Tchaikovsky: A Biographical and Critical Study: To the Crisis, 1840–1878. Vol. 1. London: Victor Gollancz, 1991.

Brown I. 1959 — Brown I. Reconstructing Ballet's Past. 1: Swan Lake, Mikhailovsky Ballet // The Bolshoi Ballet, Souvenir Booklet. Metropolitan Opera House, 1959. P. 3.

Cannaugh 1998 — Cannaugh L. Soviet Musical Policy and Its Effect on Soviet Music // Morris Moore Series in Musicology. Vol. 8. Silver Springs, MD: Shazco, 1998.

Caute 2003 — Caute D. The Dancer Defects: The Struggle for Cultural Supremacy during the Cold War. New York: Oxford UP, 2003.

Coombs 1964 — Coombs P. H. The Fourth Dimension of Foreign Policy: Educational and Cultural Affairs. New York: Harper & Row Publishers, 1964.

Craine, Mackrell 2000a — Craine D., Mackrell J. Flames of Paris, the // The Oxford Dictionary of Dance. Oxford: Oxford UP, 2000.

Craine, Mackrell 2000b — Craine D., Mackrell J. Gayné // The Oxford Dictionary of Dance. Oxford: Oxford UP, 2000.

David-Fox 2002 — David-Fox M. From Illusory «Society» to Intellectual «Public»: VOKS, International Travel and Party: Intelligentsia Relations in the Interwar Period // Contemporary European History. 2002 (February). Vol. 11. № 1. Special Issue: Patronage, Personal Networks and the Party-State: Everyday Life in the Cultural Sphere in Communist Russia and East Central Europe.

David-Fox 2012 — David-Fox M. Showcasing the Great Experiment: Cultural Diplomacy and Western Visitors to the Soviet Union, 1921–1941. Oxford: Oxford UP, 2012.

Davlekamova 2011 — Davlekamova S. The Force of Destiny // П. И. Чайковский: Лебединое озеро. М.: Государственный академический Большой театр России, 2011.

De Mille 1963 — De Mille A. The Book of Dance. New York: Golden Press, 1963.

Demidov 1977 — Demidov A. The Russian Ballet: Past and Present / transl. by G. Daniels. Moscow: The Novosti Press Agency Publishing House; Garden City, NY: Doubleday & Company, Inc., 1977.

Elliott 1986 — Elliott D. New Worlds: Russian Art and Society 1900–1937 / picture research by A. Weaver. New York: Rizzoli, 1986.

Ezrahi 2012 — Ezrahi C. Swans of the Kremlin: Ballet and Power in Soviet Russia // Pitt Series in Russian and East European Studies / ed. by J. Harris. Pittsburgh: University of Pittsburgh Press, 2012.

Fayet 2010 — Fayet J.-F. VOKS: The Third Dimension of Soviet Foreign Policy // Searching for A Cultural Diplomacy / ed. by J. C. E. Gienow-Hecht, M. C. Donfried. Explorations in Culture and International History Series / gen. ed. J. C. E. Gienow-Hecht. Vol. 6. New York: Berghahn Books, 2010.

Ferenc 2004 — Ferenc A. Music in the Socialist State // Soviet Music and Society under Lenin and Stalin / ed. by N. Edmunds. London: Routledge-Curzon, 2004.

Figes 1996 — Figes O. A People's Tragedy: A History of the Russian Revolution. New York: Viking, 1996.

Figes 2002 — Figes O. Natasha's Dance: A Cultural History of Russia. New York: Picador, 2002.

Fitzpatrick 1992 — Fitzpatrick S. The Cultural Front: Power and Culture in Revolutionary Russia. Ithaca: Cornell University Press, 1992.

Gaddis 1997 — Gaddis J. L. We Know Now: Rethinking Cold War History. A Council on Foreign Relations Book. New York: Oxford UP, 1997.

Gould-Davies 2003 — Gould-Davies N. The Logic of Soviet Cultural Diplomacy // Diplomatic History. 2003 (April). Vol. 27. № 2.

Grogin 2001 — Grogin R. C. Natural Enemies: The United States and the Soviet Union in the Cold War, 1917–1991. Lanham, MD: Lexington Books, 2001.

Hank 1987 — Hank H. Foreign Policy // Khrushchev and Khrushchevism / ed. by M. McCauley. M. Bloomington: Indiana UP, 1987.

Hazan 1976 — Hazan B. A. Soviet Propaganda: A Case Study of the Middle East Conflict. New Brunswick, NJ: Transaction Books, 1976.

Hixson 1997 — Hixson W. L. Parting the Curtain: Propaganda, Culture, and the Cold War, 1945–1961. New York: St. Martin's Press, 1997.

Homans 2010 — Homans J. Apollo's Angels: A History of Ballet. New York: Random House, 2010.

Hough 1984 — Hough J. H. The Cultural Revolution and the Western Understanding of the Soviet System // Cultural Revolution in Russia. 1928–1931 / ed. by S. Fitzpatrick. Bloomington: Indiana UP, 1984.

Hurok 1953 — Hurok S. S. Hurok Presents: A Memoir of the Dance World. New York: Hermitage House, 1953.

Immerman 1999 — Immerman R. H. John Foster Dulles: Piety, Pragmatism, and Power in U.S. Foreign Policy. Wilmington DE: Scholarly Resources Inc., 1999.

Jaffe 1979 — Jaffe E. Illustrated Ballet Dictionary / illustrated by P. Lerner. New York: Harvey House, 1979.

Kameneva 1928 — Kameneva O. D. Cultural Rapprochement: The U.S.S.R. Society for Cultural Relations with Foreign Countries // Pacific Affairs. 1928 (October). Vol. 1. № 5.

Kersley, Sinclair 1964 — Kersley L., Sinclair J. A Dictionary of Ballet Terms / drawings by P. Revitt. 2nd edition enlarged. London: Adams & Charles Black, 1964.

Koegler 1982 — Koegler H. The Concise Oxford Dictionary of Ballet. 2nd ed. London: Oxford UP, 1982.

Kolchinsky 2001 — Kolchinsky I. The Revival of the Russian Literary Avant-Garde: The Thaw Generation and Beyond. München: Verlag Otto Sagner, 2001.

Kornetchuk 1995 — Kornetchuk E. Soviet Art under Government Control: From the 1917 Revolution to Khrushchev's Thaw // Nonconformist Art: The Soviet Experience, 1956–1986 / ed. by A. Rosenfeld, N. T. Dodge. New York: Thames and Hudson in association with the Jane Voorhees Zimmerli Art Museum, Rutgers, The State University of New Jersey, 1995.

Krebs 1970 — Krebs S. D. Soviet Composers and the Development of Soviet Music. New York: W.W. Norton & Company, Inc., 1970.

Kushner 2002 — Kushner M. S. Exhibiting Art at the American National Exhibition in Moscow, 1959 // Journal of Cold War Studies. 2002 (Winter). Vol. 4. № 1.

Lee 1983 — Lee C. An Introduction to the Classical Ballet. Hillsdale, NJ: Lawrence Erlbaum Associates Publishers, 1983.

Lifar 1954 — Lifar S. A History of the Russian Ballet from its Origins to the Present Day / transl. by A. Haskell. New York: Roy Publishers, n. d. [1954].

Loth 2002 — Loth W. Overcoming the Cold War: A History of Détente, 1950–1991 / transl. by R. F. Hogg. Cold War History Series / ed. by S. Dockrill. Basingstoke, Hampshire, England: Palgrave, 2002.

Lygo 2010 — Lygo E. Leningrad Poetry 1953–1975: The Thaw Generation. Oxford: Peter Lang, 2010.

Magnúsdóttir 2010 — Magnúsdóttir R. Mission Impossible? Selling Soviet Socialism to Americans, 1955–1958 // Searching for A Cultural Diplomacy / ed. by J. C. E. Gienow-Hecht, M. C. Donfried. Explorations in Culture and International History Series / gen. ed. J. C. E. Gienow-Hecht. Vol. 6. New York: Berghahn Books, 2010.

Mainiece 2011 — Mainiece V. The Ballet of Ballets: Yesterday and Today // П. И. Чайковский: Лебединое озеро. М.: Государственный академический Большой театр России, 2011.

Marks 1993 — Marks F. W. III. Power and Peace: The Diplomacy of John Foster Dulles. Westport, CT: Praeger, 1993.

Maynard 1959 — Maynard O. The American Ballet. Philadelphia: MacRae Smith Company, 1959.

McCauley 1995 — McCauley M. The Khrushchev Era, 1953–1961. New York: Longman, 1995.

Norris 2001 — Norris C. Socialist Realism // The New Grove Dictionary of Music and Musicians. 2nd edition. Vol. 23 / ed. by S. Sadie. New York: Macmillan Publishers, Limited, 2001.

Pendergast 1973 — Pendergast W. R. The Political Uses of Cultural Relations // Il Politico. 1973. Vol. 38. № 4.

Pipes 1990 — Pipes R. The Russian Revolution. New York: Alfred A. Knopf, 1990.

Pipes 1993 — Pipes R. Russia under the Bolshevik Regime. New York: Alfred A. Knopf, 1993.

Pleasant 1959 — Pleasant R. Message to Congress // Dance Magazine. Vol. 33. № 8. August 1959.

Posner 1947 — Posner S. Giselle: The Story of the Ballet / decorations J. Millen. New York: TransAtalntic Arts, Inc., 1947.

Potapov 1947 — Potapov V. Galina Ulanova // Slonimsky Y. et al. The Soviet Ballet. New York: Philosophical Library, 1947.

Prevots 1998 — Prevots N. Dance for Export: Cultural Diplomacy and the Cold War, Studies in Dance History / series ed. L. Garafola. Hanover, NH: Wesleyan UP, 1998.

Redepenning 2001 — Redepenning D. Prokofiev, Sergey: Russia, 1891–1918: The Path to Emigration // The New Grove Dictionary of Music and Musicians. 2nd edition. Vol. 20 / ed. by S. Sadie. New York: Macmillan Publishers, Limited, 2001.

Reynolds, McCormick 2003 — Reynolds N., McCormick M. No Fixed Points: Dance in the Twentieth Century. New Haven: Yale UP, 2003.

Riasanovsky, Steinberg 2005 — Riasanovsky N. V., Steinberg M. D. A History of Russia. 7th ed. Oxford: Oxford UP, 2005.

Richmond 1987 — Richmond Y. U.S.-Soviet Cultural Exchanges, 1958–1986: Who Wins? Boulder, CO: Westview Press Inc., 1987.

Richmond 2003 — Richmond Y. Cultural Exchange & the Cold War: Raising the Iron Curtain. University Park, PA: The Pennsylvania State University Press, 2003.

Richmond 2005 — Richmond Y. Cultural Exchange and the Cold War: How the West Won // The Polish Review. 2005. Vol. 50. № 3.

Roberts 1999 — Roberts G. The Soviet Union in World Politics: Coexistence, Revolution, and Cold War, 1945–1991. London: Routledge, 1999.

Robinson 1994 — Robinson H. The Last Impresario: The Life, Times, and Legacy of Sol Hurok. New York: Viking, 1994.

Robinson 1998 — Selected Letters of Sergei Prokofiev / ed., transl., intro by H. Robinson. Boston: Northeastern UP, 1998.

Robinson 2002 — Robinson H. Sergei Prokofiev: A Biography. Boston: Northeastern UP, 2002.

Rosenberg 2005 — Rosenberg V. Soviet-American Relations, 1953–1960: Diplomacy and Cultural Exchange during the Eisenhower Presidency. Jefferson, NC: McFarland & Company, Inc., Publishers, 2005.

Rosenfeld, Dodge 1995 — Nonconformist Art: The Soviet Experience, 1956–1986 / ed. by A. Rosenfeld, N. T. Dodge. New York: Thames and Hudson in association with the Jane Voorhees Zimmerli Art Museum, Rutgers, The State University of New Jersey, 1995.

Roslavleva 1979 — Roslavleva N. Era of the Russian Ballet / foreword by D. N. Valois. New York: Da Capo Press, 1979.

Roth-Ey 2011 — Roth-Ey K. Moscow Prime Time: How the Soviet Union Built the Media Empire that Lost the Cultural Cold War. Ithaca: Cornell UP, 2011.

Scammell 1995 — Scammell M. Arts as Politics and Politics in Art // Nonconformist Art: The Soviet Experience, 1956–1986 / ed. by A. Rosenfeld, N. T. Dodge. New York: Thames and Hudson in association with the Jane Voorhees Zimmerli Art Museum, Rutgers, The State University of New Jersey, 1995.

Schmelz 2009 — Schmelz P. J. Such Freedom If Only Musical. Oxford: Oxford UP, 2009.

Schwarz 1972 — Schwarz B. Music and Musical Life in the Soviet Union. 1917–1970. London: Barrie & Jenkins, 1972.

Seroff 1968 — Seroff V. Sergei Prokofiev: A Soviet Tragedy: The Case of Sergei Prokofiev, His Lifetime, His Critics, and His Executioners. New York: Funk & Wagnalls, 1968.

Siefert 2006 — Siefert M. From Cold War to Wary Peace: American Culture in the USSR and Russia // The Americanization of Europe: Culture, Diplomacy, and Anti-Americanism after 1945 / ed. by A. Stephan. New York: Berghahn Books, 2006.

Sjeklocha, Mead 1967 — Sjeklocha P., Mead I. Unofficial Art in the Soviet Union. Berkeley, CA: University of California Press, 1967.

Slonimsky N. 1950 — Slonimsky N. The Changing Style of Soviet Music // American Musicological Society. 1950. Vol. 3. № 3.

Slonimsky N. 2000 — Slonimsky N. The Great Composers and Their Works. Vol. 2 / ed. by E. Yourke. New York: Schirmer Books, 2000.

Slonimsky Y. 1947 — Slonimsky Y. The Soviet Ballet (A Survey) // Slonimsky Y. et al. The Soviet Ballet. New York: Philosophical Library, 1947.

Slonimsky Y. 1960 — Slonimsky Y. The Bolshoi Ballet Notes. 2nd rev., enlarged ed. Moscow: Foreign Language Publishing House, 1960.

Smith 2012 — Smith J. E. Eisenhower in War and Peace. New York: Random House, 2012.

Steiner 2005 — Steiner Z. The Lights That Failed: European International History 1919–1933. History of Modern Europe / gen. eds. Lord Bullock, Sir William Deakin. Oxford: Oxford UP, 2005.

Steiner 2011 — Steiner Z. The Triumph of the Dark: European International History 1933–1939. History of Modern Europe / gen. eds. Lord Bullock and Sir William Deakin. Oxford: Oxford UP, 2011.

Stupnikov 1998 — Stupnikov I. V. Flames of Paris // International Encyclopedia of Dance. Vol. 3: Fire-Kehl / founding ed. S. J. Cohen. Oxford: Oxford UP, 1998.

Suny 1998 — Suny R. G. The Soviet Experiment: Russia, the USSR, and the Successor States. Oxford: Oxford UP, 1998.

Thompson 1995 — Thompson W. J. Khrushchev: A Political Life. New York: St. Martin's Press, 1995.

Trachtenberg 1999 — Trachtenberg M. A Constructed Peace: The Making of the European Settlement, 1945–1963. Princeton Studies in International History and Politics / series eds. J. L. Snyder, R. H. Ullman. Princeton: Princeton UP, 1999.

Ulrich, Pisk 1963 — Ulrich H., Pisk P. A. A History of Music and Musical Styles. New York: Harcourt, Brace & World, Inc., 1963.

Verdy, Sperber 1977 — Verdy V., Sperber A. Giselle: A Role for a Lifetime / Ills. by M. Brown. New York: Marcel Dekker Inc., 1977.

Vickery 1970 — Vickery W. N. Alexander Pushkin // Twayne's World Authors Series (TWAS): A Survey of the World's Literature. TWAS 82 / ed. by N. P. Vaslef, U.S. Air Force Academy, gen. ed. Sylvia E. Bowman. New York: Twayne Publishers, Inc., 1970.

Volkov 1955 — Volkov N. The Soviet Ballet // World Theatre. 1955 (Spring). Vol. 4. № 2.

Werth 1961 — Werth A. Russia under Khrushchev. First American Edition. New York: Hill and Wang, 1961.

White 1998 — Forbidden Art: The Postwar Russian Avant-Garde / ed. by G. White. Los Angeles: Curatorial Assistance in association with Distributed Art Publishers, New York, 1998.

Wiley 2001 — Wiley R. J. Tchaikovsky Pytor Il'yich: First Decade in Moscow, 1866–1876 // The New Grove Dictionary of Music and Musicians. 2nd edition. Vol. 25 / ed. by S. Sadie. New York: Macmillan Publishers, Limited, 2001.

Woll 2000 — Woll J. Real Images: Soviet Cinema and the Thaw // KINO: The Russian Cinema Series / ed. by R. Taylor. London: I. B. Tauris, 2000.

Zhuk 2008 — Zhuk 6S. I. Popular Culture, Identity, and Soviet Youth in Dniepropetrovsk, 1959–84 // The Carl Beck Papers in Russian & East European Studies / ed. by W. Chase, B. Donnorummo, R. H. Linden. The Center for Russian and East European Studies, a program of the University Center for International Studies, University of Pittsburgh, № 1906, 2008.

Предметно-именной указатель

Оглавление

Научное издание

Кадра Петерсон Макдэниел
СОВЕТСКО-АМЕРИКАНСКАЯ КУЛЬТУРНАЯ ДИПЛОМАТИЯ
Американский дебют Большого театра

Директор издательства *И. В. Немировский*
Ответственный редактор *О. Немира*
Куратор серии *Р. Борисова*
Заведующий редакцией *А. Наседкин*

Дизайн *И. Граве*
Редактор *Р. Рудницкий*
Корректоры *Н. Занозина, А. Филимонова*
Верстка *Е. Падалки*

Подписано в печать 29.05.2025.
Формат издания 60 × 90 $^1/_{16}$. Усл. печ. л. 21,9.
Тираж 200 экз.

Academic Studies Press
1577 Beacon Street, Brookline, MA 02446 USA
https://www.academicstudiespress.com

ООО «Библиороссика».
198207, г. Санкт-Петербург, а/я № 8

Эксклюзивные дистрибьюторы:
ООО «Караван»
ООО «КНИЖНЫЙ КЛУБ 36.6»
http://www.club366.ru
Тел./факс: 8(495)9264544
e-mail: club366@club366.ru

Книги издательства можно купить
в интернет-магазине: www.bibliorossicapress.com
e-mail: sales@bibliorossicapress.ru

12+

Знак информационной продукции согласно
Федеральному закону от 29.12.2010 № 436-ФЗ